成都局集团公司铁路职工岗位培训系列教材

动车组列车列车长

中国铁路成都局集团有限公司　编

中国铁道出版社有限公司

2024年·北　京

内 容 简 介

本书为动车组列车列车长岗位培训教材，内容包括铁路运输相关知识，动车组车型及设备设施，专业安全管理，旅客运输相关知识，列车乘务管理，客运服务质量，收入专业管理，动车组音视频管理，列车经营管理，列车整备管理，高铁快运，铁路电报、客运记录使用，非正常情况应急处置，客运服务英语。

本书适用于集团公司“新职、转岗、晋升”人员岗前资格性培训，也可作为高职生“2＋1”定向培养教材和日常岗位适应性培训教材。

图书在版编目（CIP）数据

动车组列车列车长 / 中国铁路成都局集团有限公司编. -- 北京 ：中国铁道出版社有限公司，2024. 10.（成都局集团公司铁路职工岗位培训系列教材）. -- ISBN 978-7-113-31701-0

Ⅰ. U266

中国国家版本馆 CIP 数据核字第 2024XQ7128 号

书　　名：动车组列车列车长

作　　者：中国铁路成都局集团有限公司

责任编辑：曾丽辰　　**编辑部电话：**（010）63583273

封面设计：郑春鹏

责任校对：苗　丹

责任印制：高春晓

出版发行：中国铁道出版社有限公司（100054，北京市西城区右安门西街 8 号）

网　　址：https://www.tdpress.com

印　　刷：天津嘉恒印务有限公司

版　　次：2024 年 10 月第 1 版　2024 年 10 月第 1 次印刷

开　　本：787 mm×1 092 mm 1/16　**印张：**12.75　**字数：**297 千

书　　号：ISBN 978-7-113-31701-0

定　　价：92.00 元

本书编委会

主　　编：蒋超男

副 主 编：张远璐　王莉莉

主　　审：王　琪　刚丹清

编写人员：魏婷婷　王　帅　罗　颖

前言

随着我国铁路事业快速发展，路网规模持续扩大、技术装备不断更新、职工队伍大规模迭代，对铁路专业技能人才，尤其是“新职、转岗、晋升”人员的知识技能结构提出了更高的要求。为进一步加强职工队伍建设，加快铁路高技能人才培养，适应铁路高质量发展对职工岗位素质的要求，依据《铁路特有工种技能培训规范》、教学大纲和岗位作业标准，中国铁路成都局集团有限公司组织编写了“铁路职工岗位培训系列教材”。

本套教材从各工种岗位工作实际出发，注重专业性、实用性和指导性，以新职、转岗、晋升人员基础知识和专业技能培训为重点内容，以适应岗位需求为主要目标，严格按照《铁路特有工种技能培训规范》培训科目要求，充分依据现行基本规章和作业标准，紧密结合现场各工种岗位作业实际组织编写，内容反映各工种岗位“新技术、新设备、新工艺、新规章”变化，重点突出岗位作业标准、安全规定、应急处置。

本套教材由中国铁路成都局集团有限公司教材编审委员会组织，以专业指导委员会为平台，职工培训部统筹，职工培训基地牵头，运输、客运、货运、机务、工务、电务、供电、车辆、土房专业部门组建以现场专业技术骨干为主体的编写团队进行编写，适用于“新职、转岗、晋升”人员岗前资格性培训，也可作为高职生“2＋1”定向培养教材和日常岗位适应性培训教材。

本书为动车组列车列车长岗位培训教材，内容包括铁路运输相关知识，动车组车型及设备设施，专业安全管理，旅客运输相关知识，列车乘务管理，客运服务质量，收入专业管理，动车组音视频管理，列车经营管理，列车整备管理，高铁快运，铁路电报、客运记录使用，非正常情况应急处置，客运服务英语。本书引用的基本规章、作业标准等为编写时现行文件，与后续新发文件冲突时，以新发文件为准。

由于编者水平有限，书中难免存在疏漏和不妥之处，恳请广大读者提出宝贵意见，便于日后修订完善。

编委会

2024 年 6 月

目 录

第一章　铁路运输相关知识

第一节　高速铁路概述

国际上根据铁路线路允许运行的最高速度划分铁路种类，见表 1-1。

表 1-1　铁路分类

铁路种类	普速铁路	快速铁路	高速铁路
速度等级	100～160 千米/时	160～200 千米/时	200 千米/时(既有线上改造) 250 千米/时(新建线)

高速铁路是指新建线路允许速度达到 250 千米/时及以上，或通过既有线改造，线路允许速度达到 200 千米/时及以上的铁路。

我国高速铁路在既有“四纵四横”主骨架基础上，增加了客流支撑、标准适宜、发展需要的支线高速铁路，同时充分利用既有铁路，形成以“八纵八横”主通道为骨架、区域连接线衔接、城际铁路补充的高速铁路网。

“八纵”通道为沿海通道、京沪通道、京港(台)通道、京哈—京港澳通道、呼南通道、京昆通道、包(银)海通道、兰(西)广通道；“八横”通道为绥满通道、京兰通道、青银通道、陆桥通道、沿江通道、沪昆通道、厦渝通道、广昆通道。在“八纵八横”主通道的基础上，又规划布局了高速铁路区域连接线，目的是进一步完善路网，扩大高速铁路覆盖。另外，在优先利用高速铁路、普速铁路开行城际列车服务城际功能的同时，规划建设支撑和带领新型城镇化发展、有效连接大中城市与中心城镇、服务通勤功能的城市群城际客运铁路。“八纵八横”的线路网络通道规划见表 1-2。

表 1-2　“八纵八横”的线路网络通道

“八纵”通道	
沿海通道	大连(丹东)—秦皇岛—天津—东营—潍坊—青岛(烟台)—连云港—盐城—南通—上海—宁波—福州—厦门—深圳—湛江—北海(防城港)高速铁路
京沪通道	北京—天津—济南—南京—上海(杭州)高速铁路，包括南京—杭州、蚌埠—合肥—杭州高速铁路
京港(台)通道	北京—衡水—菏泽—商丘—阜阳—合肥(黄冈)—九江—南昌—赣州—深圳—香港(九龙)高速铁路；另支线为合肥—福州—台北，包括南昌—福州(莆田)铁路
京哈—京港澳通道	哈尔滨—长春—沈阳—北京—石家庄—郑州—武汉—长沙—广州—深圳—香港高速铁路，包括广州—珠海—澳门高速铁路
呼南通道	呼和浩特—大同—太原—郑州—襄阳—常德—益阳—邵阳—永州—桂林—南宁高速铁路

续上表

"八纵"通道	
京昆通道	北京—石家庄—太原—西安—成都(重庆)—昆明高速铁路,包括北京—张家口—大同—太原高速铁路
包(银)海通道	包头—延安—西安—重庆—贵阳—南宁—湛江—海口(三亚)高速铁路,包括银川—西安以及海南环岛高速铁路
兰(西)广通道	兰州(西宁)—成都(重庆)—贵阳—广州高速铁路
"八横"通道	
绥满通道	绥芬河—牡丹江—哈尔滨—齐齐哈尔—海拉尔—满洲里高速铁路
京兰通道	北京—呼和浩特—银川—兰州高速铁路
青银通道	青岛—济南—石家庄—太原—银川高速铁路
陆桥通道	连云港—徐州—郑州—西安—兰州—西宁—乌鲁木齐高速铁路
沿江通道	上海—南京—合肥—武汉—重庆—成都高速铁路,包括南京—安庆—九江—武汉—宜昌—重庆、万州—达州—遂宁—成都高速铁路
沪昆通道	上海—杭州—南昌—长沙—贵阳—昆明高速铁路
厦渝通道	厦门—龙岩—赣州—长沙—常德—张家界—黔江—重庆高速铁路
广昆通道	广州—南宁—昆明高速铁路

第二节　《铁路技术管理规程》客运相关规定

《铁路技术管理规程》(以下简称《技规》)由高速铁路和普速铁路两部分组成,本书主要介绍高速铁路部分。

一、列车分类及运行等级顺序

列车是指编成的车列并挂有机车及规定的列车标志。动车组列车为自走行固定编组列车。

1. 列车按运输性质分类

(1)旅客列车(动车组列车,特快、快速、普通旅客列车等)。

(2)特快货物班列。

(3)军用列车。

(4)货物列车(快速货物班列、快运、重载、直达、直通、冷藏、自备车、区段、摘挂、超限及小运转列车等)。

(5)路用列车。

2. 列车运行等级顺序

原则上按速度从高到低排序,同速度等级的列车原则上按以下等级顺序:

(1)动车组列车。

(2)特快旅客列车。

(3)特快货物班列。

(4)快速旅客列车。

(5)普通旅客列车。

(6)军用列车。

(7)货物列车。

(8)路用列车。

开往事故现场救援、抢修、抢救的列车，应优先办理。特殊指定的列车或列车种类，其等级应在指定时确定。

二、列车乘务组

1. 列车应设有列车乘务组，列车乘务组按下列规定组成：

(1)动车组列车应有动车组司机，其他列车应有机车乘务人员。

(2)动车组列车应有随车机械师，其他旅客列车应有车辆乘务人员。

(3)旅客列车应有客运乘务组。

2. 车辆乘务员、客运乘务组等列车乘务人员发现下列危及行车和人身安全情形时，应使用紧急制动阀(紧急制动装置)停车：

(1)车辆燃轴或重要部件损坏。

(2)列车发生火灾。

(3)有人从列车上坠落或线路内有人死伤。

(4)其他危及行车和人身安全必须紧急停车时。

使用车辆紧急制动阀时，不必先行破封，立即将阀手把向全开位置拉动，直到全开为止，不得停顿和关闭。遇弹簧手把时，在列车完全停车以前，不得松手。在长大下坡道上，必须先看制动主管压力表，如压力表指针已由定压下降 100 千帕时，不得再行使用紧急制动阀(遇折角塞门关闭时除外)。

动车组列车遇上述情况时，随车机械师、客运乘务组等列车乘务人员应立即报告司机采取停车措施；来不及报告时，应使用客室紧急制动装置停车。

列车乘务人员应将使用紧急制动阀(紧急制动装置)的情况报告司机。

三、接发列车

动车组列车由列车长确认旅客上下完毕后，通知司机关闭车门；列车进站停车时，司机按动车组停车位置标停车，确认列车停稳、对准停车位置后开启车门。按钮不在司机操作台上的，由列车长通知随车机械师关闭车门；列车到站停稳后，由随车机械师开启车门。如自动开关门装置故障或特殊情况需单独开关车门时，由司机通知列车工作人员手动开关车门。

动车组列车在车站出发，动车组列车司机在确认行车凭证和开车时间，车门关闭后，即可起动列车。

四、应急处置

1. 动车组列车空调失效

空调失效超过 20 分钟不能恢复但列车能够正常运行时，列车长可视情况通知司机向列车调度员提出在前方最近客运站停车的请求，列车调度员安排列车在前方最近客运站停车。

列车在停车站安装好防护网、打开部分车门后，列车调度员根据司机的报告，向司机（救援时还包括救援司机）及沿途各站发布打开车门限速 60 千米/时（通过邻靠高站台的线路时限速 40 千米/时）运行的调度命令。

列车因故停车不能维持运行且空调失效超过 20 分钟不能恢复时，列车长应及时与司机、随车机械师沟通，视情况做出打开车门决定，并通知司机转报列车调度员。

安装防护网、打开车门由列车长组织列车乘务员进行，司机、随车机械师配合。防护网的安装需在列车停车状态下进行，安装位置为运行方向左侧（非会车侧）车门处。防护网安装完毕，打开车门后，由列车长组织列车工作人员值守，直到车门关闭。列车长确认防护网安装牢固、看护到位后报告司机。

需要组织旅客下车或换乘其他列车时，应在车站站台进行。必须在站内不邻靠站台的线路或区间组织旅客下车或换乘时，需经铁路局集团公司主管运输副局长（总调度长）批准。

2. 列车运行途中车辆故障

动车组车窗玻璃破损导致车厢密封失效时，列车长或随车机械师应通知司机，司机控制动车组列车限速 160 千米/时运行并报告列车调度员（车站值班员），车站值班员报告列车调度员。

动车组空气弹簧故障时，随车机械师应通知司机限速要求（CRH2/CRH380A/CHR380AL 型动车组限速 120 千米/时，其余车型限速 160 千米/时），司机控制动车组列车限速运行并报告列车调度员（车站值班员），车站值班员报告列车调度员。

当车载信息监控装置提示轴承温度超过报警温度时，司机应立即停车，报告列车调度员（车站值班员）停车原因和停车位置，通知随车机械师处理，车站值班员报告列车调度员。列车调度员（车站值班员）应立即通知区间内后续列车停车，并不得再向该区间放行列车。随车机械师检查后，需要限速运行时，通知司机限速要求，司机报告列车调度员（车站值班员）后，按限速要求运行。不能继续运行时，及时请求救援。

发现或接到转向架监测故障、车辆下部异音、异状的通知时，司机（列车工作人员）应立即采取紧急停车措施，司机向列车调度员（车站值班员）报告，车站值班员报告列车调度员。列车调度员（车站值班员）应立即通知区间内后续列车停车，不再向该区间放行列车。司机在接到列车调度员已发布邻线列车限速 160 千米/时及以下调度命令的口头指示后，通知随车机械师下车检查处理。随车机械师检查后，需要限速运行时，通知司机限速要求，司机报告列车调度员（车站值班员）后，按限速要求运行。不能继续运行时，及时请求救援。

3. 列车发生火灾、爆炸

（1）司机发现列车发生火灾、爆炸或接到列车发生火灾、爆炸的通知及报警时，须立即停车（停车地点应尽量避开长大隧道等，选择便于旅客疏散的地点），报告列车调度员（车站值班员），车站值班员报告列车调度员。列车调度员（车站值班员）接到报告后，立即通知邻线相关列车及本线后续列车停车，不再向区间放行列车。现场需停电时，列车调度员通知供电调度员停电。需组织旅客疏散时，司机得到邻线列车已扣停的通知后，转告列车长组织列车乘务人员将旅客疏散到安全地带。

（2）重联动车组列车需解编时，由随车机械师负责引导，司机确认并拉开安全距离。解编后，动车组应分别按规定采取防溜措施。

动车组以外的列车需要分隔甩车时，应根据风向等情况而定。一般为先甩下列车后部的未着火车辆，再甩下着火车辆，然后将机后未着火车辆拉至安全地段。对甩下的车辆，在车站由车站人员负责采取防溜措施；在区间由司机、车辆乘务员负责采取防溜措施。

4. 启用热备动车组

(1)动车组故障无法及时修复时，应及时启用热备动车组。热备动车组定员少于故障动车组实际人数时，有条件时，使用定员能满足需要的其他动车组组织旅客换乘。

(2)跨局出动热备动车组时，由国铁集团调度向铁路局集团公司发布调度命令。

(3)有关单位在接到调度命令后，应迅速完成热备动车组出动前的各项准备工作，具备条件后及时发车。

(4)对担当换乘任务的动车组列车应优先放行，确保及时到位及返回归位。

(5)在站内组织旅客换乘时，应尽量安排在同一站台的两个站台面进行。

(6)在区间组织旅客换乘时，列车调度员组织担当换乘任务的动车组列车进入邻线指定位置停车。担当换乘任务的列车到达邻线指定位置停妥后，司机向列车调度员报告。列车调度员通过申请换乘的列车司机通知列车长组织旅客换乘。担当换乘任务的列车长确认旅客换乘完毕后通知司机，司机得到列车长通知，确认车门关闭，具备开车条件后起动列车，并向列车调度员报告。

第三节 《中国铁路成都局集团有限公司高速铁路行车组织细则》客运相关规定

根据国铁集团《铁路技术管理规程（高速铁路部分）》和《高速铁路行车组织细则编制规则》，成都局集团公司制定了《中国铁路成都局集团有限公司高速铁路行车组织细则》（以下简称《成都局集团公司行细》），自 2018 年 4 月 1 日起施行，适用于成都局集团公司管内 200 千米/时及以上的铁路和 200 千米/时以下仅运行动车组列车的铁路。

一、配备 GSM-R 手持终端和无线对讲设备的规定

1. 以下岗位根据行车作业需求可配备无线列调对讲设备，在 GSM-R 区段可配备GSM-R 手持终端：

(1)车务部门：列车调度员、车站值班员（车务应急值守人员）、助理值班员、站内道口（含平过道）看护人员、列尾作业员。

(2)机务部门：机车调度员、机车（动车组）司机、救援列车主任、机务段机车调度室调度员、机车派班室调度员、机务集控室值班员。

(3)工务部门：道口看守人员、雨中巡守人员、防洪看守点人员、巡道工、道口工、大型养路机械作业防护员、自轮运转特种设备司机。

(4)客运部门：列车长、客运值班员。

(5)车辆部门：动车组调度员、随车机械师、车辆乘务员。

(6)其他部门：自轮运转特种设备司机。

(7)施工单位指派的胜任人员（装卸车负责人）及线路施工、维修作业防护人员。

2. GSM-R 手持终端和无线对讲设备的使用要求。使用 GSM-R 手持终端的作业人员，

须按规定注册功能号。GSM-R 手持终端和无线列调对讲设备通话时应使用标准用语，不得用于涉密业务和无关行车的通话。

3. 遇火灾、自然灾害、列车被迫停车妨碍邻线等紧急情况危及行车安全时，列车司机、随车机械师（车辆乘务员）、工务巡检人员、道口看守人员、车站助理值班员可使用 GSM-R 手持终端发起“299”紧急呼叫。

二、动车组列车车站上水作业的规定

1. 入动车所（库）、存车场（有上水设施的）的动车组列车应在动车所（库）、存车场上水。

动车组列车在站折返、途中补（给）水或动车所（库）、存车场不具备上水能力时，在车站上水。

2. 动车组列车在车站（完成当日乘务运行交路的终到站除外）进行上水作业的，作业人员上水作业完毕，须关（锁）闭上水口盖板并确认后，通知车站客运人员，车站客运人员通知列车长，列车长须得到车站客运人员的确认后，方可按要求报告司机（或随车机械师）关闭车门。

3. 动车组列车完成当日乘务运行交路，在终到站进行上水作业的，列车长确认具备退乘条件后通知车站客运人员并组织退乘，作业人员上水作业完毕，须关（锁）闭上水口盖板并确认后，通知车站客运人员，车站客运人员确认列车客运作业完毕后通知司机关闭车门。

三、动车组列车车站吸污作业的规定

1. 吸污作业分工

动车组列车车站吸污作业采用固定式吸污设备、移动吸污车进行，动车组列车车站吸污作业由车站负责。

2. 吸污作业联系制度

（1）动车组列车在车站（动车组列车完成当日乘务运行交路的终到站除外）进行吸污作业的，作业人员吸污作业完毕，须关闭吸污口盖板并确认后，通知车站客运人员，车站客运人员通知列车长，列车长须得到车站客运人员的确认后，方可按要求报告司机（或随车机械师）关闭车门。

（2）动车组列车完成当日乘务运行交路，在终到站进行吸污作业的，列车长确认具备退乘条件后通知车站客运人员并组织退乘，作业人员吸污作业完毕，须关闭吸污口盖板并确认后，通知车站客运人员，车站客运人员确认列车客运作业完毕后通知司机关闭车门。

四、动车组列车开关车门的规定

1. 作业组织

（1）在始发站，车门作业组织规定。动车组列车在始发站始发前，应将车门保持关闭状态。车站放行旅客前，司机（按钮不在司机操作台上的由随车机械师）根据列车长的通知开门。

（2）在中间站（含折返站），车门作业组织规定。车站客运（值班）员确认客运作业（含旅客乘降、上水、吸污等）完毕后，通知列车长。列车长接到客运作业完毕的通知后，再次确认旅客乘降完毕，通知司机（随车机械师）关闭车门。

（3）在无吸污、上水作业终到站，车门作业组织规定。列车长确认旅客下车完毕，随车保洁、餐服人员等终到作业结束后，通知司机（随车机械师）关闭车门。

（4）在完成当日乘务运行交路有吸污、上水作业终到站，车门作业组织规定。列车长确认旅客乘降作业完毕，具备退乘条件时，列车长与车站站台客运人员联控后组织退乘；车站站台客运人员确认列车客运乘务组退乘完毕，确认列车吸污、上水等作业完毕后通知司机关闭车门。

（5）空载动车组办理快运业务时，车门作业组织规定。空载动车组在始发站、卸车站停靠站台后，由中铁快运装卸车负责人通知司机开门；装（卸）车完毕、押运人员上车后，由中铁快运装卸车负责人通知司机关闭车门。

动车组车门开关按钮不在司机操纵台上时，司机通知随车机械师开关车门。

列车工作人员不得擅自开关车门。

（6）动车组营业站滞留期间车门作业组织规定。动车组在营业站长时间滞留时，遇旅客提出取消行程、应急送餐或下交疾病旅客等紧急情况需要临时开启车门时，列车长应及时与司机、随车机械师沟通，视情况做出打开车门决定并明确开门位置后通知车站客运值班员。司机接到列车长开启车门的通报后转报列车调度员（非集控站报车站值班员）。旅客乘降完毕或餐食配送完成后，客运乘务人员应及时关闭车门，并由列车长通报随车机械师、司机和车站客运值班员，司机同时转报列车调度员（非集控站报车站值班员）。

2. 开关门其他规定

（1）动车组手动开、关门时，执行“谁开门、谁关门”的原则。

（2）动车组在办理客运业务的车站遇自动开关门装置故障时，司机及时通知随车机械师和列车长（自动开关门装置不在司机室操作台时由随车机械师通知列车长），由客运乘务组手动开关门。

（3）特殊情况，动车组涉及旅客上下车等非正常情况时，由客运乘务组负责手动开关门。利用动车组列车运送人员处理故障等情况由随车机械师负责手动开关门。

（4）手动关门后，司机在动车组起动前应通过车载信息监控装置确认（自动开关门装置不在司机室操作台时由随车机械师确认）。

五、其他规定

1. 作业人员下车

（1）下车作业人员通过司机向列车调度员请求下车，列车调度员按邻线限速 160 千米/时及以下（具体限速值以现场作业人员请求为准）下达调度命令，限速位置按停车列车位置前后各 1 千米确定。

（2）作业人员原则上应在非邻线侧作业。下车作业人员进入邻线侧作业需扣停邻线列车时，通过司机向列车调度员申请，列车调度员扣停邻线列车（已越过停车地点的邻线列车除外）。作业完毕后，下车作业人员应立即通过司机向列车调度员报告。

（3）司机在接到列车调度员已发布邻线限速调度命令或扣停邻线列车的口头指示后，通知有关作业人员。作业人员与司机在双方手册上相互签认后方可下车作业。列车长应安排客运乘务组做好车门防护工作。

2. 利用旅客列车运送故障处理人员的规定

(1)电务、工务、供电人员需搭乘动车组列车处理故障时，应在登乘站“行车设备检查登记簿”内登记，注明所属单位、搭乘理由、负责人及职名、搭乘人数、上下车地点。车站值班员向列车调度员报告。受时间原因限制时，搭乘人员可通过所属站段调度室向调度所专业调度员申请，调度所专业调度员转告列车调度员。

(2)列车调度员经调度所值班主任(副主任)准许后，向指定动车组列车及登乘人员发布准许登乘的调度命令。调度命令中应注明上、下车地点。登乘人员原则上在操纵端司机室后车厢站台侧上车。

(3)动车组列车司机接到调度命令后，应及时向随车机械师和列车长转达。司机按调度命令规定的停车地点停车。

(4)需在区间下车时，下车人员按规定通过司机向列车调度员请求下车。列车调度员准许下车后，随车机械师人工开启列车运行方向驾驶室后方左(非会车)侧车门，客运乘务组配合做好人员上、下车。

(5)随车机械师向故障处理负责人确认人员全部下车并撤至安全地点或确认故障处理人员全部上车后，随车机械师人工关闭车门并通知司机，司机报告列车调度员，确认行车凭证后即可开车。

第二章　动车组车型及设备设施

第一节　动车组车型及设备设施分布

动车组是一种由动车(有动力)和拖车(无动力)组成的自带动力、固定编组、两端均可操纵驾驶、整列一体化设计的一组列车。动车组是高速铁路的标志性装备。

我国铁路动车组主要可分为三个系列:CRH 系列(和谐号)动车组、CRH380 系列(和谐号)动车组、CR 系列(复兴号)动车组。

一、CRH 系列动车组

为实现第六次全国铁路大面积提速,铁道部引进时速 200 千米及以上速度级动车组设计和制造技术,并在此基础上开发出我国的动车组系列产品。

(一)CRH1A 型动车组

CRH1A 型动车组(图 2-1)由青岛四方庞巴迪铁路运输设备有限公司(以下简称 BST)生产制造。采用 8 辆编组,5 动 3 拖,设 2 辆一等座车,5 辆二等座车,1 辆餐车/二等座车合造车,定员为 692～712 人,最高运营速度为 250 千米/时。

图 2-1　CRH1A 型动车组

1. CRH1A 型动车组定员见表 2-1。

表 2-1　CRH1A 型动车组定员　　单位:人

车体号									
1021	顺　号	1 车	2 车	3 车	4 车	5 车	6 车	7 车	8 车
	车　种	ZY	ZE	ZE	ZE	ZEC	ZE	ZE	ZY
	标记定员	72	101	101	101	43	101	101	72

续上表

	顺　　号	1车	2车	3车	4车	5车	6车	7车	8车
车体号1021	合计定员	692							
	超成定员(15%)	72	116	116	116	49	116	116	72
	合计超成定员	773							
车体号1022—1040	顺　　号	1车	2车	3车	4车	5车	6车	7车	8车
	车　　种	ZY	ZE	ZE	ZE	ZEC	ZE	ZE	ZY
	标记定员	64	92	92	92	47	92	92	64
	合计定员	635							
	超成定员(15%)	64	106	106	106	54	106	106	64
	合计超成定员	712							

2. CRH1A型动车组安全设备设施定位分布见表2-2。

表2-2　CRH1A型动车组安全设备设施定位分布　　单位:个

车厢号	司机室	1	2	3	4	5	6	7	8	司机室	合计
车　种		ZY	ZE	ZE	ZE	ZEC	ZE	ZE	ZY		
防护网	—	—	—	—	4	—	4	—	—	—	8
工具梯	—	1	—	—	—	1	1	—	1	—	4
应急渡板	—	—	—	—	—	1	—	—	—	—	1
紧急破窗锤	—	6	6	6	6	5	6	6	6	—	47
灭火器	1	4	4	4	4	5	4	4	4	1	35
车门数量	—	2	2	2	2	2	2	2	2	—	16
紧急开门装置	—	2	2	2	2	2	2	2	2	—	16
紧急制动装置	—	1	1	1	1	1	1	1	1	—	8
防火隔断门	—	3	4	4	4	3	4	4	3	—	29
备　注	(1)1号车、8号车两端司机室各1具5千克二氧化碳灭火器。 (2)CRH1A型动车组餐位定员24人(6个桌子、12排、每排2人)。 (3)此设施表为635定员列车的设备位置,其余定员车型设备位置均有部分差距										

3. CRH1A型动车组车门装置及使用方法。

(1)车门分布情况。CRH1A型动车组共有16个车门,车门在列车中部,每节车厢各2个车门;在每个车门下方均设有1个隔离锁;每节车厢车门板壁一侧均设有本地操作锁(绿、黄、红3个显示灯)、紧急开门装置、紧急制动装置;另一侧车门板壁设有播音手持器。

(2)不同时机操作方法。

①在有电的情况下司机集控操作。适用于有电情况下,需要全列开关门时。

②在有电情况下司机释放手动操作。

a. 由司机释放,绿色按钮灯亮起。

b. 用手按压绿色按钮,车门自动打开。关门时,由司机集控复位关门。适用于有电情况下,不需要开启全列车门,只需开启单个车门时使用。

(3)在有电的情况下的手动本地操作。

①用三角钥匙开“本地操作”，黄灯亮起。

②用三角钥匙开“开/关本地车门”，车门完全打开前不得松手。

③关门时，使用三角钥匙将“开/关本地车门”复位即可。适用于有电情况下，遇突发状况，临时开启单个车门时使用。

注意：“本地操作”开门后，必须使用“本地操作”关闭车门，恢复集控状态。

(4)在无电情况下的手动紧急操作。

①打开车门一侧紧急装置面板，用三角钥匙将紧急开门手柄拧动至解锁位置，用双手按住车门(非玻璃部分)用力向外推动，再向开门方向平推，直至车门全开。

②关门时，先用三角钥匙将紧急开门手柄拧动至复位位置，关闭面板，再手动关门，直至听到“咣”的一声后，车门关闭到位。适用于无电情况下，遇突发状况(如空调故障、临时断电、接触网故障等)需临时开启单个或多个车门时使用。

(二)CRH2A 型动车组

CRH2A 型动车组(图 2-2)由中车青岛四方机车车辆股份有限公司生产制造。采用 8 辆编组，4 动 4 拖，设 1 辆一等座车，6 辆二等座车，1 辆餐车/二等座车合造车，定员为 613 人，最高运营速度为 250 千米/时。

图 2-2　CRH2A 型动车组

1. CRH2A 型动车组定员见表 2-3。

表 2-3　CRH2A 型动车组定员　　单位：人

顺　　号	1 车	2 车	3 车	4 车	5 车	6 车	7 车	8 车
车　　种	ZY	ZE	ZE	ZE	ZEC	ZE	ZE	ZE
标记定员	48	90	90	77	63	90	90	65
合计定员	613							
超成定员(15%)	48	104	104	89	72	104	104	75
合计超成定员	700							

2. CRH2A 型动车组安全设备设施定位分布见表 2-4。

表 2-4　CRH2A 型动车组安全设备设施定位分布　　单位：个

车厢号	司机室	1	2	3	4	5	6	7	8	司机室	合计
车　种		ZY	ZE	ZE	ZE	ZEC	ZE	ZE	ZE		
防护网	—	—	—	—	—	—	—	8	—	—	8
工具梯	—	1	—	—	—	—	—	—	1	—	2
应急渡板	—	—	—	1	—	1	—	—	—	—	2
紧急破窗锤	2	4	4	4	4	5	4	4	4	2	37
灭火器	1	4	4	4	4	6	4	4	4	1	36
车门数量	—	2	4	4	4	2	4	4	2	—	26
紧急开门阀	—	2	4	4	4	2	4	4	2	—	26
火灾报警按钮	—	2	2	2	2	2	2	2	2	—	16
紧急停车按钮	—	2	2	2	2	2	2	2	2	—	16
紧急制动装置	—	—	—	—	—	2	—	—	—	—	2
防火隔断门	—	—	1	1	2	1	1	1	1	—	8
备　注	(1)CRH2A 型动车组 4 号车厢 2 个车门为宽门，其中 1 具防护网为专用(宽网)。 (2)1 号车、8 号车两端司机室各 1 具 5 千克二氧化碳灭火器										

3. 车门装置及使用方法。

(1)车门分布情况。CRH2A 型动车组共有 26 个车门，车门在车厢两端，1 号、5 号(靠6 号车一端)，在 1 号、6 号、8 号车厢车门下方分别设有 1 个隔离锁，其余车厢车门上方分别设有 1 个隔离锁；1 号、6 号、8 号车门分别设有本地操作锁；每个车门上方均设有紧急开门阀。

(2)不同时机操作方法。

①有电情况下司机集控操作。适用于有电情况下，需要全列开关门时。

②在有电的情况下的手动本地操作(由机械师操作)。

③手动紧急开门操作。

a. 用四角钥匙打开车门上方“紧急开门阀”面板。

b. 顺时针迅速扳动风管阀门上红色把手至垂直方向，听见放风完毕后，手动拉开车门。

c. 将风管阀门上红色把手复位，车门即自行关闭。

d. 用四角钥匙锁闭车门上方“紧急开门阀”面板。适用于有电(无电)情况下，遇突发状况(如空调故障、临时断电、接触网故障等)需临时开启单个或多个车门时使用。

(三)CRH3A 型动车组

CRH3A 型动车组由中车长春轨道客车股份有限公司生产制造。采用 8 辆编组，其中一等座车 1 节、二等座车 6 节、二等座与餐车合造车 1 节，定员为 613 人，最高运营速度 250 千米/时。

1. CRH3A 型动车组定员见表 2-5。

表 2-5 CRH3A 型动车组定员

单位:人

顺号	1 车	2 车	3 车	4 车	5 车	6 车	7 车	8 车
车种	ZY	ZE	ZE	ZE	ZEC	ZE	ZE	ZE
标记定员	48	90	90	77	63	90	90	65
合计定员	613							
超成定员(15%)	48	104	104	89	72	104	104	75
合计超成定员	700							

2. CRH3A 型动车组安全设备设施定位分布见表 2-6。

表 2-6 CRH3A 型动车组安全设备设施定位分布

单位:个

车厢号	司机室	1	2	3	4	5	6	7	8	司机室	合计
车种		ZY	ZE	ZE	ZE	ZEC	ZE	ZE	ZE		
防护网	—	—	4	—	—	—	—	4			8
逃生梯	—	—	—	—	—	2	—	—	—	—	2
应急渡板	1	—	—	—	—	—	—	—	—	1	2
紧急破窗锤	2	4	4	4	4	5	4	4	4	2	37
灭火器	1	4	4	4	4	6	4	4	4	1	36
车门数量	—	2	4	4	4	2	4	4	2	—	26
紧急制动装置	—	2	2	2	2	4	2	2	2	—	18
紧急解锁装置	—	2	4	4	4	2	4	4	2	—	26
防火隔断门	—	1	2	2	2	2	2	2	1	—	14
备注	(1)1 号车、8 号车两端司机室各 1 具 5 千克二氧化碳灭火器。 (2)5230 车底与 5231 及后续车底内部构造有所差异										

3. 车门装置及使用方法。

(1)车门分布情况。CRH3A 型动车组共有 26 个车门,车门在车厢两端,1 号、5 号(靠 4 号车一端)、8 号车各 2 个车门,其余车厢各 4 个车门;在每个车门下方分别设有 1 个隔离锁(1 车、8 车车门下方另设有安全锁);每个车厢车门板壁均设有紧急解锁装置、本地操作装置;另一侧板壁上方设有播音手持器。

(2)不同时机操作方法。

①有电情况下司机集控开关门操作。适用于有电情况下,需要全列开关门时。

②在有电情况下司机释放,手动操作。

a. 由司机释放,绿色开门按钮灯亮起。

b. 用手按压绿色开门按钮,车门自动打开。

c. 关门时，按下红色关门按钮，车门自动关闭。

(3)紧急开门操作。

①内紧急解锁操作。

a. 有电时，运行速度 15 千米/时以下，用四角钥匙转动紧急锁锁芯 90 度或按下红色紧急按钮，车门持续发出蜂鸣声，再向外拉红色紧急操作手把，车门解锁，手动推开车门，用钥匙转动紧急锁锁芯复位后，蜂鸣声停止，按下红色关门按键，车门自动关闭。

b. 无电时，直接拉开红色紧急操作手把解锁，需手动关闭车门。

②外紧急开门操作。不限速度，均可在车体外车门旁向外拉白色紧急操作手把，可手动开启车门，需手动关闭车门。

(四)CRH3A-A 型动车组

CRH3A-A 型动车组由中车长春轨道客车股份有限公司在 CR300BF 型"复兴号"动车组的基础上生产制造，隶属新造城际列车范畴，设计时速 200 千米，采用 4 节编组，车长仅为 101.4 米，能更好地适应城际运行需求。

(五)CRH3C 型动车组

CRH3C 型动车组(图 2-3)由中车唐山机车车辆有限公司生产制造。采用 8 辆编组，4 动4 拖，设 1 辆一等座车，6 辆二等座车，1 辆餐车/二等座车合造车，定员为 556 人，最高运营速度 350 千米/时。

图 2-3　CRH3C 型动车组

1. CRH3C 型动车组定员见表 2-7。

表 2-7　CRH3C 型动车组定员　　单位：人

顺　号	1 车	2 车	3 车	4 车	5 车	6 车	7 车	8 车
车　种	ZET	ZE	ZE	ZEC	ZY	ZE	ZE	ZET
标记定员	8+60	80	80	50	50	80	80	8+60
合计定员	556							
超成定员(15%)	77	92	92	58	50	92	92	77
合计超成定员	630							

2. CRH3C 型动车组安全设备设施定位分布见表 2-8。

表 2-8 CRH3C 型动车组安全设备设施定位分布 单位:个

车厢号	司机室	1	2	3	4	5	6	7	8	司机室	合计
车 种		ZET	ZE	ZE	ZEC	ZY	ZE	ZE	ZET		
防护网	—	—	—	—	8/11	—	—	—	—	—	8/11
逃生梯	—	—	—	—	1	—	—	—	—	—	1
应急渡板	—	—	—	—	1/2	—	—	—	—	—	1/2
紧急破窗锤	—	4	6	6	4	6	6	6	4	—	42
灭火器	—	4	4	4	4	4	4	4	4	—	32
车门数量	—	2	4	4	—	2	4	4	2	—	22
紧急制动装置	—	3	2	2	3	2	2	2	3	—	19
紧急解锁装置	—	2	4	4	4	2	4	4	2	—	26
防火隔断门	—	1	2	2	2	2	2	2	1	—	14
备 注	(1)4 号餐车配备 4 千克水基型、干粉灭火器各 2 具。 (2)防护网数量(8 具或 11 具)、应急渡板(1 具或 2 具)根据车底实际配置情况来确定。 (3)机械师室内以及 1 号、8 号车特等座客室内通过门上部板壁各配有 1 个紧急制动装置										

3. 车门装置及使用方法。

(1)车门分布情况。CRH3C 型动车组共有 22 个车门,车门在车厢两端。4 号车无车门,1 号、5 号(靠 4 号车一侧)、8 号车各 2 个车门,2 号、3 号、6 号、7 号车各 4 个车门,分别设有 1 个隔离锁,每个车厢车门板壁分别设有紧急解锁装置。司机室、机械师室以及 2 号、3 号、5 号、6 号、7 号车门处分别设有播音手持器。

(2)不同时机操作方法。

①有电情况下司机集控操作。适用于有电情况下,需要全列开关门时。

②在有电情况下司机释放,手动操作。

a. 由司机释放,绿色开门按钮灯亮起。

b. 用手按压绿色开门按钮,车门自动打开。

c. 关门时,按下红色关门按钮,车门自动关闭。

(3)紧急开门操作。

①内紧急解锁操作。

a. 有电时,运行速度 15 千米/时以下,用四角钥匙任意转动紧急锁锁芯 90 度或按下红色紧急按钮,车门持续发出蜂鸣声,再向外拉红色紧急操作手把,车门解锁,手动推开车门,用钥匙转动紧急锁锁芯复位后,蜂鸣声停止,按下红色关门按键,车门自动关闭。

b. 无电时,直接拉开红色紧急操作手把解锁,需手动关闭车门。

②外紧急开门操作。不限速度,均可在车体外车门旁向外拉红色紧急操作手把,可手动开启车门,需手动关闭车门。

(六)CRH6A-A 型动车组

旧型 CRH6A-A 型动车组列车仅有 1 个卫生间,位于列车中部。每个车厢均设有爱心凳。1 号、4 号车厢分别有 6 个爱心凳,2 号、3 号车厢有 10 个爱心凳。CRH6A-A 型动车组列车，每个车厢座椅第一排和最后一排正下方设有 1 个充电插座，可供两孔和三孔充电器使用。

新型 CRH6A-A 型动车组列车配备有 2 个电茶炉，分别位于 1 号、3 号车(靠近 2 号车)两侧位置。旧型 CRH6A-A 型动车组列车没有配备电茶炉。卫生间全列共有 4 个，分别位于 1 号、3 号车(靠近 2 号车)两侧位置。

1. CRH6A-A 型动车组定员见表 2-9。

表 2-9　CRH6A-A 型动车组定员　　单位：人

顺　　号	1 车	2 车	3 车	4 车
车　　种	ZE	ZE	ZE	ZE
标记定员	50	74	74	50
合计定员	248			
最大载客量	147	197	197	147
合计最大载客量	688			

2. CRH6A-A 型动车组安全设备设施定位分布见表 2-10。

表 2-10　CRH6A-A 型动车组安全设备设施定位分布　　单位：个

车厢号	司机室	1	2	3	4	司机室	合计
车　种		ZE	ZE	ZE	ZE		
防护网	—	—	4	—	—	—	4
工具梯	—	—	—	1	—	—	1
应急渡板	—	—	—	1	—	—	1
紧急破窗锤	—	4	4	4	4	—	16
灭火器	1	4	4	4	4	1	18
车门数量	2	4	4	4	4	2	20
紧急手柄	—	4	4	4	4	—	16
火灾报警按钮	—	2	2	2	2	—	8
紧急停车按钮	—	2	2	2	2	—	8
紧急通话装置	—	2	2	2	2	—	8
防火隔断门	—	1	2	2	1	—	6
备　注	1 号车、4 号车两端司机室各 1 具 5 千克二氧化碳灭火器						

3. 车门装置及使用方法。

(1)车门分布情况。CRH6A-A 型动车组共有 20 个车门(其中两端司机室各有 2 个车门供司机上下)，车门在车厢两端，每个车厢各 4 个车门；每个车门下方设有 1 个隔离锁；每个车厢两端板壁均设有紧急手柄、紧急通话装置；仅 2 号车乘务室设有 1 个播音手持器。

(2)不同时机操作方法。在有电情况下司机集控操作。适用于有电情况下，需要全列开关门时。

(3)紧急开门操作。当车速在10千米/时以下时,操作车内紧急手柄可手动打开车门。操作车内紧急手柄时,使用四角钥匙顺时针旋转至解锁位置(或打碎保护罩,顺时针旋转手柄至解锁位置),手动打开车门。关门时,使用四角钥匙逆时针旋转(或逆时针旋转手柄)至复位位置,手动关闭车门。当速度达到10千米/时以上时,操作车内紧急手柄不能打开车门。

二、CRH380系列动车组

(一)CRH380A、CRH380AL型动车组

CRH380A型动车组(图2-4)是由中车青岛四方机车车辆股份有限公司在CRH2C型动车组基础上自主研发的高速动车组,最高运营速度350千米/时。CRH380A型动车组采用6动2拖的编组方式,定员为480~556人。CRH380AL型动车组采用14动2拖的编组方式,定员为1 099人。

图2-4　CRH380A型动车组

1. CRH380A型动车组定员见表2-11,CRH380AL型动车组定员见表2-12。

表2-11　CRH380A型动车组定员　　单位:人

顺　　号	1车	2车	3车	4车	5车	6车	7车	8车
车　　种	ZYS	ZE	ZE	ZE	ZEC	ZE	ZE	ZES
标记定员	5+28	85	85	75	63	85	85	5+40
合计定员	556							

表2-12　CRH380AL型动车组定员　　单位:人

顺　　号	1车	2车	3车	4车	5车	6车	7车	8车
车　　种	ZYS	ZY	ZY	ZE	ZE	ZE	ZE	ZE
标记定员	3+10	56	56	85	73	85	85	85
顺　　号	9车	10车	11车	12车	13车	14车	15车	16车
车　　种	ZEC	ZE	ZE	ZE	ZE	ZE	ZE	ZYS
标记定员	38	85	85	85	85	85	85	3+10
合计定员	1 099							

2. CRH380A 型动车组安全设备设施定位分布见表 2-13，CRH380AL 型动车组安全设备设施定位分布见表 2-14。

表 2-13　CRH380A 型动车组安全设备设施定位分布　　单位：个

车厢号	司机室	1	2	3	4	5	6	7	8	司机室	合计
车　种		ZYS	ZE	ZE	ZE	ZEC	ZE	ZE	ZES		
防护网	—	—	—	—	—	8	—	—	—	—	8
工具梯	—	1	—	—	—	—	—	—	1	—	2
应急渡板	—	—	—	1	—	—	—	1	—	—	2
紧急破窗锤	2	2+4	4	4	4	5	4	4	2+4	2	41
灭火器	1	4	4	4	4	6	4	4	4	1	36
车门数量	—	2	4	4	4	—	4	4	2	—	24
紧急开门阀	—	2	4	4	4	—	4	4	2	—	24
火灾报警按钮	—	2	2	2	2	2	2	2	2	—	16
紧急停车按钮	—	2	2	2	2	2	2	2	2	—	16
紧急制动装置	—	—	—	—	—	2	—	—	—	—	2
防火隔断门	—	1	1	1	1	1	1	1	—	—	7
备　注	(1)CRH380A 型动车组 4 号车厢 2 个车门为宽门，其中 1 具防护网为专用(宽网)。 (2)1 号车、8 号车两端司机室各 1 具 5 千克二氧化碳灭火器										

表 2-14　CRH380AL 型动车组安全设备设施定位分布　　单位：个

车厢号	司机室	1	2	3	4	5	6	7	8	9	10	11	12	13	14	15	16	司机室	合计
车　种		ZYS	ZY	ZY	ZE	ZE	ZE	ZE	ZE	ZEC	ZE	ZE	ZE	ZE	ZE	ZE	ZYS		
防护网	—	—	—	—	—	—	—	—	—	28	—	—	—	—	—	—	—	—	28
工具梯	—	2	—	—	—	—	—	—	—	—	—	—	—	—	—	—	2	—	4
应急渡板	—	—	—	1	—	—	—	—	—	2	—	—	—	—	—	1	—	—	4
紧急破窗锤	2	4	4	4	4	4	4	4	4	5	4	4	4	4	4	4	4	2	69
灭火器	1	4	4	4	4	4	4	4	4	6	4	4	4	4	4	4	4	1	68
车门数量	—	2	4	4	4	4	4	4	4	—	4	4	4	4	4	4	2	—	56
紧急开门阀	—	2	4	4	4	4	4	4	4	—	4	4	4	4	4	4	2	—	56
火灾报警按钮	—	2	2	2	2	2	2	2	2	2	2	2	2	2	2	2	2	—	32
紧急停车按钮	—	2	2	2	2	2	2	2	2	2	2	2	2	2	2	2	2	—	32
紧急制动装置	—	—	—	—	—	—	—	—	—	2	—	—	—	—	—	—	—	—	2
防火隔断门	—	—	1	1	1	1	1	1	1	1	1	1	1	1	1	1	1	—	15
备　注	(1)CRH380AL 型动车组 5 号车厢 2 个车门为宽门，其中 1 具防护网为专用(宽网)。 (2)1 号车、16 号车两端司机室各 1 具 5 千克二氧化碳灭火器																		

3. 车门装置及使用方法。

(1)车门分布情况。CRH380A、CRH380AL 型动车组共有 24 个车门，车门在车厢两端。1 号、8 号车厢各2 个车门，5 号车厢无车门，其余车厢各 4 个车门；在 1 号、6 号(靠 5 车一端)、8 号车厢车门下方分别设有 1 个隔离锁，其余车厢车门上方分别设有 1 个隔离锁；1 号、6 号(靠 5 号车一端)、8 号车厢车门设有本地操作；每个车门上方均设有紧急开门阀。

(2)不同时机操作方法。

①有电情况下司机集控操作。适用于有电情况下，需要全列开关门时。

②在有电的情况下的手动本地操作(由机械师操作)。

③手动紧急开门操作。

a. 用四角钥匙打开车门上方“紧急开门阀”面板。

b. 顺时针迅速扳动风管阀门上红色把手至垂直方向，听见放风完毕后，手动拉开车门。

c. 将风管阀门上红色把手复位，车门即自行关闭。

d. 用四角钥匙锁闭车门上方“紧急开门阀”面板。适用于有电(无电)情况下，遇突发状况(如空调故障、临时断电、接触网故障等)需临时开启单个或多个车门时使用。

(二)CRH380D 型动车组

CRH380D 型动车组(图 2-5)是由 BST 研发的 CRH380 系列高速动车组，采取 8 辆编组，4 动 4 拖，定员约为 556 人，最高运营速度为 350 千米/时。

图 2-5　CRH380D 型动车组

1. CRH380D 型动车组定员见表 2-15。

表 2-15　CRH380D 型动车组定员　单位：人

顺　　号	1 车	2 车	3 车	4 车	5 车	6 车	7 车	8 车
车　　种	ZYS	ZE	ZE	ZE	ZEC	ZE	ZE	ZES
标记定员	5+28	85	85	75	63	85	85	5+40
合计定员	556							

2. CRH380D型动车组安全设备设施定位分布见表2-16。

表2-16 CRH380D型动车组安全设备设施定位分布

单位：个

车厢号	司机室	1	2	3	4	5	6	7	8	司机室	合计
车　种		ZYS	ZE	ZE	ZE	ZEC	ZE	ZE	ZES		
防护网	—	—	—	—	—	8	—	—	—	—	8
工具梯	—	1	—	—	—	1	—	—	1	—	3
应急渡板	—	—	—	2	—	—	—	—	—	—	2
紧急破窗锤	1	4	4	4	4	5	4	4	4	1	35
灭火器	1	4	4	4	4	6	4	4	4	1	36
车门数量	—	2	4	4	4	2	4	4	2	—	26
紧急开门装置	—	2	4	4	4	2	4	4	2	—	26
紧急制动装置	—	1	1	1	1	1	1	1	1	—	8
紧急断电按钮	—	—	—	—	—	1	—	—	—	—	1
防火隔断门	—	1	2	2	2	2	2	2	1	—	14
备　注	1号车、8号车两端司机室各1具5千克二氧化碳灭火器										

3. 车门装置及使用方法。

(1)车门分布情况。CRH380D型动车组共有26个车门，车门在车厢两端，1号、5号(靠4号车一端)、8号车各2个车门，其余车厢各4个车门；在每个车门上下方分别设有1个隔离锁(使用隔离锁时，必须2个隔离锁同时使用才能起到隔离的作用)；每个车厢小座位号端车门板壁均设有紧急制动装置、本地操作锁(绿、黄、红3个显示灯)、紧急开门装置；另一侧板壁上方设有播音手持器。

(2)不同时机操作方法。

①在有电情况下司机集控操作。适用于有电情况下，需要全列开关门时。

②在有电情况下司机释放，手动操作。

a. 由司机释放，绿色按钮灯亮起。

b. 用手按压绿色按钮，车门自动打开。

c. 关门时，由司机集控复位关门。适用于有电情况下，不需开启全列车门，只需开启单个车门时使用。

(3)在有电情况下由司机释放后本地操作。

①由司机释放，绿色按钮灯亮起。

②用三角钥匙开“本地操作”，黄灯亮起，三角锁自动复位。

③用三角钥匙开红灯处“开/关本地车门”，车门自动打开，三角锁自动复位。

④关门时，用三角钥匙开红灯处“开/关本地车门”复位，车门自动关闭，三角锁自动复位。适用于有电情况下，不需开启全列车门，只需开启单个车门时使用。

注意：“本地操作”开门后，必须使用“本地操作”关闭车门，恢复集控状态。

(4)在有电的情况下司机未释放的“本地操作”。

①用三角钥匙开红灯处“开/关本地车门”，直到车门完全打开前不得松开。

②关门用三角钥匙开红灯处“开/关本地车门”复位，约10～15秒后，车门自动关闭，三

角锁自动复位。

适用于有电情况下，遇突发状况（如空调故障等）需临时开启单个车门时使用。

注意："本地操作"开门后，必须使用"本地操作"关闭车门，恢复集控状态。

（5）在无电情况下的手动紧急开门操作。

①打开车门一侧紧急开门装置面板，直接将紧急开门装置拧动至解锁位置后松手，紧急开门装置自动复位，关闭面板，然后双手按住车门（非玻璃部分）用力向外推动，再向开门方向平推，直至车门全开，卡紧。

②关门时，先手动关门，直至听到"咣"的一声后，车门关闭到位。

注意：如有电时，使用紧急开门，车门将发出蜂鸣报警声，使用"本地操作"关闭车门可消除报警声。

适用于无电情况下，遇突发状况（如空调故障、临时断电、接触网故障）需临时开启单个或多个车门时使用。

三、CR 系列动车组

CR 系列动车组又称"复兴号"动车组列车，为中国标准动车组，中国具有完全自主知识产权、达到世界先进水平的动车组列车。

中国标准动车组采用 CR200/300/400 命名，分别对应 160、250 和 350 千米三种时速等级。已有 CR400AF、CR400BF、CR300AF、CR300BF、CR200J 五种型号。

（一）CR400 系列动车组（CR400AF 与 CR400AF-Z 相同）

CR400AF 型动车组（图 2-6）由中车青岛四方机车车辆股份有限公司生产制造，为动力分散式动车组列车，采用 8 辆编组，4 动 4 拖，定员人数为 576 人，最高运营速度 350 千米/时。

图 2-6　CR400AF 型动车组

1. CR400AF 型动车组定员见表 2-17。

表 2-17　CR400AF 型动车组定员　　单位：人

顺　　号	1 车	2 车	3 车	4 车	5 车	6 车	7 车	8 车
车　　种	ZYS	ZE	ZE	ZE	ZEC	ZE	ZE	ZES
标记定员	5+28	90	90	75	63	90	90	5+40
合计定员	576							

2. CR400AF型动车组安全设备设施定位分布见表2-18。

表2-18　CR400AF型动车组安全设备设施定位分布　　单位:个

车厢号	司机室	1	2	3	4	5	6	7	8	司机室	合计
车　种		ZYS	ZE	ZE	ZE	ZEC	ZE	ZE	ZES		
防护网	—	—	—	—	13	—	—	—	—	—	13
工具梯	—	1	—	—	—	—	—	—	1	—	2
应急渡板	—	—	—	—	1	1	—	—	—	—	2
紧急破窗锤	2	6	4	4	4	5	4	4	6	2	41
灭火器	1	5	4	4	4	6	4	4	5	1	38
车门数量	—	2	4	4	4	2	4	4	2	—	26
紧急制动装置	—	3	2	2	2	4	2	2	3	—	20
紧急解锁装置	—	2	4	4	4	2	4	4	2	—	26
防火隔断门	—	1	2	2	2	2	2	2	1	—	14
备　注	1号车、8号车两端司机室各1具4千克干粉灭火器										

3. 车门装置及使用方法。

(1)车门分布情况。CR400AF型动车组共有26个车门,车门在车厢两端。1号、5号、8号车各2个车门,其余车厢各4个车门;在车门下方分别设有1个隔离锁;1号、8号车还设有保险锁;每个车厢都有手持播音柱,1号、8号车在司机室,5号车在乘务室和机械师室,其他车在车门通过台旁板壁上。

(2)不同时机操作方法。

①有电情况下司机集控操作。适用于有电情况下,需要全列开关门时。

②在有电情况下司机释放,手动操作。

a. 由司机释放,绿色开门按钮灯亮起。

b. 用手按压绿色开门按钮,车门自动打开。

c. 关门时,按下红色关门按钮,车门自动关闭。

(3)紧急开门操作。

①内紧急解锁操作。

a. 有电时,用四角钥匙任意转动紧急锁锁芯90度或按下红色紧急按钮,车门持续发出蜂鸣声,再向外拉红色紧急操作手把,车门解锁,手动推开车门,用钥匙转动紧急锁锁芯复位后,蜂鸣声停止,按下红色关门按键,车门自动关闭。

b. 无电时,直接拉开红色紧急操作手把解锁,需手动关闭车门。

②外紧急开门操作。无电时,在车体外车门旁向外拉红色紧急操作手把,可手动开启车门,需手动关闭车门。

(二)CR300系列动车组

CR300AF型动车组(图2-7)由中车青岛四方机车车辆股份有限公司生产制造,为动力分散式动车组列车,采用8辆编组,4动4拖,定员人数为613人,最高运营速度250千米/时。

图 2-7　CR300AF 型动车组

1. CR300AF 型动车组定员见表 2-19。

表 2-19　CR300AF 型动车组定员　　单位：人

顺　　号	1 车	2 车	3 车	4 车	5 车	6 车	7 车	8 车
车　　种	ZY	ZE	ZE	ZE	ZEC	ZE	ZE	ZE
标记定员	48	90	90	77	63	90	90	65
合计定员	613(一等座 48,二等座 565)							

2. CR300AF 型动车组安全设备设施定位分布见表 2-20。

表 2-20　CR300AF 型动车组安全设备设施定位分布　　单位：个

车厢号	司机室	1	2	3	4	5	6	7	8	司机室	合计
车　　种		ZY	ZE	ZE	ZE	ZEC	ZE	ZE	ZE		
紧急破窗锤	2	4	4	4	4	5	4	4	4	2	37
灭火器	1	4	4	4	4	2 干粉,3 水型	4	4	4	1	35
紧急窗敲击点	2	4	4	4	4	5	4	4	4	2	37
应急渡板	—	—	—	—	1	1	—	—	—	—	2
防护网	—	—	—	—	13 (1 宽、12 窄)	—	—	—	—	—	13
登顶梯	—	—	—	—	—	1	—	—	—	—	1
乘客紧急报警装置	—	2	2	2	2	旅客车厢 2 个 乘务室 1 个 机械师室 1 个	2	2	2	—	18
紧急制动手柄	—	2	2	2	2	2	2	2	2	—	16
乘务室	—	—	—	—	—	1	—	—	—	—	1
外端拉门	—	1	2	2	2	2	2	2	1	—	14
烟火报警器	1	7	7	7	7	6	7	7	7	1	57
车门	—	2	4	4	4	2	4	4	2	—	26
卫生间	—	1	2	2	2	0	2	2	1	—	12
洗手池	—	1	1	1	0	0	1	1	1	—	6

续上表

车厢号	司机室	1	2	3	4	5	6	7	8	司机室	合计
车　种		ZY	ZE	ZE	ZE	ZEC	ZE	ZE	ZE		
大件行李处	—	1	1	1	1	1	1	1	1	—	8
广播柱	1	0	1	1	1	1	1	1	0	1	8
备　注	1 号车、8 号车两端司机室各 1 具 5 千克二氧化碳灭火器										

(三)CR200 系列动车组

CR200J 型动车组(图 2-8)是由国铁集团和中国中车股份有限公司牵头,中车唐山机车车辆有限公司、中车南京浦镇车辆有限公司、中车大连机车车辆有限公司、中车青岛四方机车车辆股份有限公司、中车株洲电力机车有限公司、中车大同电力机车有限公司等六家公司联合研制,是中国铁路首款动力集中式动车组,最高运营速度为 160 千米/时。短编组的 CR200J 型动车组为单端推拉式的动力集中式列车,最大编组为 1 动 8 拖,定员为 720 人;长编组的 CR200J 型动力集中电力动车组为双端牵引的电力动车组,最大编组为 2 动 18 拖,定员为 1 102 人。

图 2-8　CR200J 型动车组

1. CR200J 型动车组定员见表 2-21。

表 2-21　CR200J 型动车组定员　　单位:人

顺　号	1 车	2 车	3 车	4 车	5 车	6 车	7 车	8 车
车　种	ZE	ZE	ZE	ZEC	ZE	ZE	ZE	KZ
标记定员	98	98	98	76	98	98	98	56
合计定员	720							
超成定员(15%)	113	113	113	87	113	113	113	56
合计超成定员	821							

2. CR200J 型动车组安全设备设施定位分布见表 2-22。

表 2-22　CR200J 型动车组安全设备设施定位分布　　单位:个

车厢号	动力车	1	2	3	4	5	6	7	8	合计
车　种		ZE	ZE	ZE	ZEC	ZE	ZE	ZE	KZ	
活动车窗	—	5	5	5	5	5	5	5	5	40
紧急破窗锤	—	5	5	5	5	5	5	5	5	40
灭火器	—	4	4	4	4	4	4	4	4	32
紧急制动阀	—	1	1	1	1	1	1	1	1	8
人力制动机	—	1	1	1	1	1	1	1	1	8
紧急断电按钮	—	1	1	1	1	1	1	1	1	8
广播设备	—	—	—	—	—	1	—	—	—	1
车　门	—	4	4	4	2	4	4	4	4	30
紧急解锁装置	—	4	4	4	2	4	4	4	4	30
外端门	—	2	2	2	1	2	2	2	1	14
内端门	—	2	2	2	3	2	2	2	2	17
监　控	—	6	6	6	6	6	6	6	6	48
烟雾报警器	—	5	5	5	5	5	5	5	6	41
备　注	(1)1 号动力车、8 号控制车司机室内以及各车厢分别有 2 具 2 千克干粉、2 具 2 千克水型灭火器。 (2)部分 CR200J 型动车组配备防护网									

3. 车门装置及使用方法。

(1)CR200J 型动车组车门开启方法。

①司机集控开门:在有电的情况下司机集控操作。适用于有电情况下,需要全列开关门时。

②司机释放:通知司机释放车门,司机确认已释放;用三角钥匙将内操作锁打开,车门开启,车门补偿器自动伸出;如遇低站台,需在开门前解锁踏板开关,打开踏板,车门开启后车门补偿器不伸出。关门时需先关闭车门踏板,用三角钥匙将内操作锁拧至复位位置,车门自动关闭。

③手动紧急解锁:打开紧急解锁保护罩;旋转手柄至解锁位置,用双手按住车门(非玻璃部分)用力向外推动,再向开门方向平推,直至车门全开;高站台需打开车门补偿器时,使用三角钥匙将踏板上车门补偿器锁拧至解锁状态,手动拉出补偿器;低站台时解锁踏板开关,打开踏板并固定;关门时,如低站台先将踏板放下,用三角钥匙将踏板开关复位;如高站台先手动将补偿器收回,用三角钥匙将踏板上车门补偿器锁复位;将紧急解锁手柄复位,关闭面板,再手动关门,直至听到"咣"的一声后,车门关闭到位。

(2)CR200J 型动车组站台补偿器的操作方法。

①司机集控操作开关车门,站台补偿器随车门的开关自动伸缩。

②手动打开车门，使用三角钥匙将站台补偿器锁拧至解锁位，手动拉出站台补偿器。使用完毕后，关门前手动收回站台补偿器，并使用三角钥匙将站台补偿器锁复位。

(3)CR200J 型动车组车门翻板的使用时机及操作方法。

①使用时机：列车接入低站台时。

②操作方法。

a. 列车长与司机确认不采取集控开门。

b. 需手动打开车门时，先踩住翻板，再使用三角钥匙将翻板锁拧至解锁位，然后松开翻板，翻板自动弹起卡在侧墙上。

c. 用三角钥匙顺时针拧动翻板卡座，放下翻板，踩住翻板后再使用三角钥匙将翻板锁拧至复位位置。

(4)紧急制动阀的操作方法。

使用车辆紧急制动阀时，不必先行破封，立即将阀手把向全开位置拉动，直到全开为止，不得停顿和关闭。遇弹簧手把时，在列车完全停车以前，不得松手。在长大下坡道上，必须先看制动主管压力表，如压力表指针已由定压下降 100 千帕时，不得再行使用紧急制动阀(遇折角塞门关闭时除外)。

(5)人力制动机的使用时机及使用方法。

①使用时机：列车在区间被迫停车遇自动制动机故障，电气化区段接触网停电，在 4‰及以上、12‰及以下坡道上停车时。

②操作方法。

a. 列车长接到随车机械师或机车鸣笛通知就地制动时，列车长需确认拧紧人力制动机的数量和车厢，组织列车乘务员拧紧车厢人力制动机，需关闭防火隔断门，拔出铅封，顺时针转动拧紧，随车机械师逐车确认拧紧是否到位。

b. 列车长接到随车机械师或机车鸣笛通知缓解时，遵循“谁拧紧、谁松开”的原则，组织乘务员缓解人力制动机，逆时针转动缓解，缓解是否到位由随车机械师逐车确认。

(6)紧急断电按钮使用时机及使用方法。

①位置：1、2、3、5、6、7、8 号车厢位于一位端紧急制动阀左上方，4 号车(餐车)位于吧台对面灭火器上部。

②使用时机：车内发生火灾爆炸时。

③使用方法：先破封，顺时针拧开外盖，按下按钮，即可断开车厢电源。

(7)防火隔断门使用方法。

使用三角钥匙将防火隔断门打开(锁眼内红色线条对着绿色原点)，使用三角钥匙将防火隔断门关闭(锁眼内红色线条对着红色原点)。

(8)车厢客室端门。

①自动开关。使用三角钥匙将客室端门解锁(锁眼内红色线条对着绿色原点)，并打开端门上部滑槽内的黑色按钮，客室端门为自动开关状态。

②手动开关。使用三角钥匙将客室端门解锁(锁眼内红色线条对着绿色原点)，手动开关客室端门。

(9)乘务室电器设备操作。

①音量调节器：手动旋转调节器按钮可调节本车厢乘务室内音量。

②照明控制器：手动旋转照明控制器至“集控”“停止”“半灯”“全灯”位置，即可调节车厢内照明，日常情况下照明控制器应随时处于“集控”状态。

③洗脸间灯操控器：手动旋转操控器即可调节洗脸间灯的照明情况，日常情况下操控器应随时处于“集控”状态。

④液位指示灯：乘务室配电柜上有厕所液位指示灯，列车乘务员可根据指示灯显示情况了解厕所污物箱液位。

⑤轴温外置报警器：如发现轴温外置报警器亮红灯闪烁时，列车乘务员及时通知列车长，列车长告诉随车机械师、司机，由机械师确认后采取措施。

⑥火灾报警控制器（烟雾报警器）：如发现火灾报警控制器显示报警时，列车乘务员及时通知列车长，并根据控制器上显示的车厢号赶赴报警车厢，列车长和机械师共同确认报警原因后，由机械师采取措施，并告知司机（4 号餐车火灾报警控制器在吧台对面右侧灭火器上部）。

三、四种特殊车型应急开启车门操作方法

（一）特殊车型及原因

1. 车型

CRH3A 型、CRH3C 型、CRH6A-A 型、CRH380D 型动车组。

2. 原因

由于列车运行时速达到 5 千米以上，车门将自动关闭。因此，涉及以上四种车型发生空调故障，列车需挂网开门运行时，需应急开启车门操作。

（二）应急操作方法

1. CRH3A 型动车组应急开启动车组车门操作

断开车门电源，防护网安装完毕，用四角钥匙打开车门上方壁板，取掉壁板内两端挂绳后打开壁板至全开位置，操作车门电源控制开关按钮，断开该车门电源开关，打开车门。待动车组空调设备故障恢复正常具备关闭车门运行的条件时，列车长接到司机停车关闭车门通知后，组织列车员在停车后恢复车门操作，防护值守人员手动关闭车门、开启门控电源开关。

2. CRH3C 型动车组应急开启动车组车门操作

（1）隔离站台补偿器：在列车停车状态下听从列车长指挥，在运行方向左侧（非会车侧）车门处对应车门位置，用四角钥匙顺时针转动站台补偿器隔离锁芯至“关”位置（隔离锁芯在站台补偿器旁面板位置）。

（2）断开车门电源：防护网安装完毕，用四角钥匙打开车门上方壁板，取掉壁板内两端挂绳后打开壁板至全开位置，操作车门电源控制开关按钮，断开该车门电源，打开车门。待动车组空调设备故障恢复正常具备关闭车门运行的条件时，列车长接到司机停车关闭车门通知后，组织列车乘务员在停车后恢复车门操作，防护值守人员手动关闭车门、开启门控电源开关、站台补偿器恢复至“开”位置。

3. CRH6A-A 型动车组应急开启动车组车门操作

防护网安装完毕，用四角钥匙打开车门旁上方壁板，操作车门电源控制开关按钮，断开该车门电源开关，打开车门。待动车组空调设备故障恢复正常具备关闭车门运行的条件时，

列车长接到司机停车关闭车门通知后，组织列车员在停车后恢复车门操作，防护值守人员手动关闭车门、开启门控电源开关。班组也可协调机械师在配电柜内直接断开和恢复门控电源开关。

4. CRH380D 型动车组应急开启动车组车门操作

(1)隔离站台补偿器：在列车停车状态下听从列车长指挥，用三角钥匙打开运行方向左侧(非会车侧)车门处对应车门站台补偿器控制盒地面盖板，再用三角钥匙转动车门站台补偿器控制锁芯由绿点位转动至红点位进行隔离。

(2)断开车门电源：用四角钥匙打对应开车门控制面板，操作车门电源控制开关按钮，断开该车门电源，锁闭车门控制面，板后安装防护网，防护网安装完毕，打开车门。待动车组空调设备故障恢复正常具备关闭车门运行的条件时，列车长接到司机停车关闭车门通知后，组织列车乘务员在停车后恢复车门操作，防护值守人员手动关闭车门、开启门控电源开关、站台补偿器恢复至绿点位并锁闭地面盖板。

第二节　动车组车种、车辆号及席位号编制规则

一、动车组型号编制规则

1. CR 系列动车组车种及车辆号示意如图 2-9 所示。

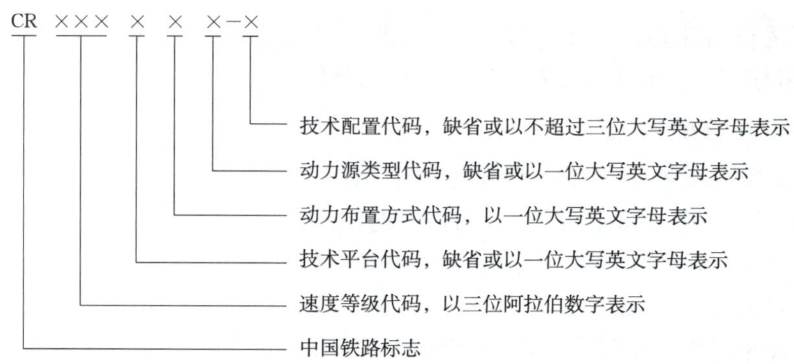

图 2-9　CR 系列动车组车种及车辆号示意

2. CRH380 系列动车组车种及车辆号示意如图 2-10 所示。

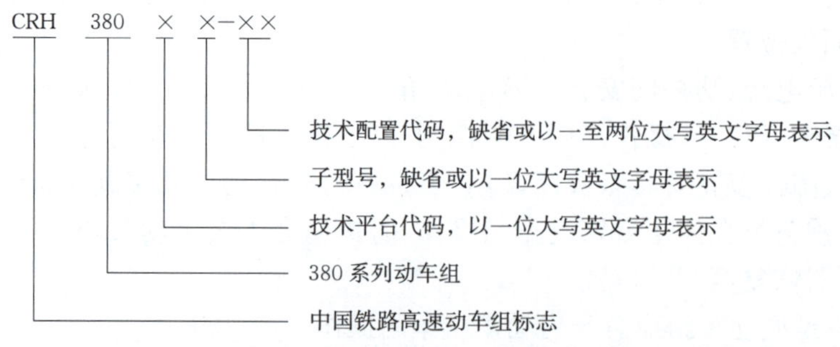

图 2-10　CRH380 系列动车组车种及车辆号示意

3. CRH 系列动车组车种及车辆号示意如图 2-11 所示。

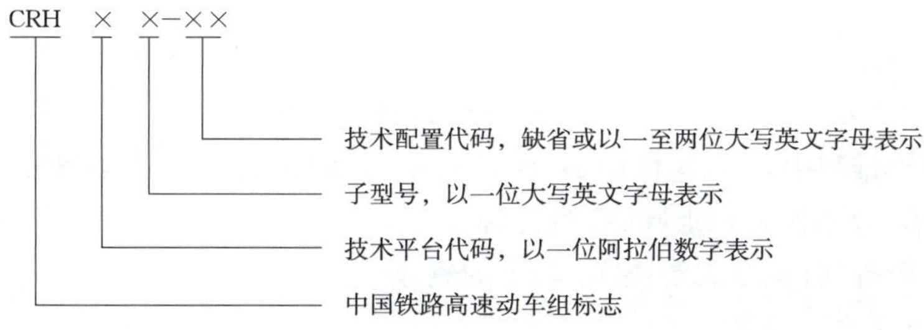

图 2-11 CRH 系列动车组车种及车辆号示意

二、动车组车种编制规则

动车组中的车辆车种代码是车种名称的汉语拼音缩写，车种代号、车种名称及英文见表 2-23。

表 2-23 车种代号、车种名称及英文

序 号	车种代号	车种名称	英 文
1	ZY	一等座车	First Class Coach
2	ZE	二等座车	Second Class Coach
3	KZ	控制车/一等座车	Control Coach/ First Class Coach
4	SW	商务座车	Business Coach
5	ZYS	一等/商务座车	First Class/Business Coach
6	ZES	二等/商务座车	Second Class/Business Coach
7	ZEC	二等座车/餐车	Second Class/Dining Coach
8	ZYT	一等/特等座车	First Class/Premier Coach
9	ZET	二等/特等座车	Second Class/Premier Coach
10	WR	软卧车(动力分散)	Soft Sleeper Coach
11	WY	硬卧车(动力分散) 一等卧车(动力集中)	Hard Sleeper Coach First Class Sleeper Coach
12	WE	二等卧车(动力集中)	Second Class Sleeper Coach
13	WG	高级软卧车	Luxury Sleeper Coach
14	CA	餐车	Dining Coach
15	WRC	软卧车/餐车	Soft Sleeper/Dining Coach
16	JC	检测车	Detection Car
17	DGN	多功能车	Multi-function Coach

注：动力集中动车组的动力车车种代号按机车相关规定执行。

示例:ZE 516205 为二等座车，车组号为 5162 ,05 为车辆号。

三、动车组席位号编制规则

1. 座席席位号

座席位置采用 A、B、C、D、F 五个字母表示，具体要求如下：

(1)3+2 座椅排列中，3 人座椅用 A、B、C 表示，分别代表靠窗、中间和靠走廊位置，2 人座椅用 D、F 表示，分别代表靠走廊、靠窗位置。

(2)2+2 座椅排列（包括二等座车/餐车的餐座）分别用 A、C 和 D、F 表示，2+1 座椅排列分别用 A、C 和 F 表示。

(3)1+1 座椅排列（包括二等座车/餐车的餐座）分别用 A 和 F 表示。

无论何种座席排列，A、F 代表靠窗座席，C、D 代表靠走廊座席。

2. 卧铺席号

(1)卧铺动车组的卧铺席号采用数字表示，其中上铺为双号，下铺为单号，从 1 位端开始向 2 位端编排。带卧铺包间的包间号用数字表示，编号自 1 开始编排，从 1 位端开始向 2 位端编排。纵向卧铺席号顺序编号为 1 位端 1 位侧、1 位端 2 位侧……2 位端 1 位侧、2 位端 2 位侧。

(2)坐卧两用动车组的座席号为下铺数字+字母 A、B、C 表示，其中 A 为靠窗，C 为靠走廊。

第三节　动车组列车警示标识

动车组列车警示标识用于禁止或提醒旅客，按照功能分为禁止和提示两种类型，见表 2-24。

表 2-24　警示标识

名　称	标　识	说　明
紧急破窗锤 消防专用	紧急破窗锤 消防专用 Emergency Hammer	含义：紧急破窗锤消防专用标识 规格：35 毫米×80 毫米 颜色：■黑■红 说明：蓄光型自发光膜
紧急出口	紧急出口 Emergency Exit	含义：紧急逃生通道标识 规格：40 毫米×110 毫米 颜色：■黑■绿 说明：蓄光型自发光膜
当心夹手 1	当心夹手 Caution Keep Hands Clear	含义：车门处当心夹手标识 规格：87 毫米×70 毫米 颜色：■黑■黄

续上表

名　称	标　识	说　明
当心夹手 2	当心夹手 Caution Keep Hands Clear	含义:车门处当心夹手标识 规格:87 毫米×70 毫米 颜色:■黑■黄
注意安全	注意安全 Caution	含义:注意安全标识 规格:87 毫米×70 毫米 颜色:■黑■黄
小心台阶	小心台阶 Caution Watch Your Step	含义:小心台阶标识 规格:87 毫米×70 毫米 颜色:■黑■黄
当心碰头	当心碰头 Caution Watch Your Head	含义:当心碰头标识 规格:87 毫米×70 毫米 颜色:■黑■黄
保持安静	温馨提示 为使司机专心驾驶，请保持安静! Keep Quiet	含义:动车组司机室门两侧标识 参考标准:《公共信息图形符号　第 1 部分:通用符号》(GB/T 10001.1—2023) 规格:56 毫米×225 毫米 颜色:■黑

续上表

名　称	标　识	说　明
紧急制动 危险请勿动	紧急制动 危险请勿动 Emergency Brake No Touching	含义：紧急制动标识 规格：95 毫米×60 毫米 颜色：■黑■红
紧急按钮 1	紧急用 Emergency 发生火灾时请按上面的按钮 Please press the button above when there is a fire 紧急用 Emergency 发生火灾时请按上面的按钮 Please press the button above when there is a fire	含义：列车紧急停车按钮标识 规格：40 毫米×60 毫米 颜色：■红
紧急按钮 2	紧急用 Emergency 发生火灾时请按下面的按钮 Please press the button below when there is a fire 紧急用 Emergency 发生火灾时请按下面的按钮 Please press the button below when there is a fire	含义：列车紧急停车按钮标识 规格：40 毫米×60 毫米 颜色：■红
紧急呼救	SOS 紧急呼救按钮 Emergency Call Button	含义：紧急呼救标识 规格：35 毫米×105 毫米 颜色：■黑■红

续上表

名　称	标　识	说　明
高压危险	高压危险 Danger High Voltage	含义:高压危险标识 规格:87 毫米×70 毫米 颜色:■黑■黄
小心烫伤	小心烫伤 Caution Hot 温馨提示 为了您和他人的安全 请接半杯开水	含义:小心烫伤标识 规格:50 毫米×90 毫米 颜色:■黑■黄
贵重物品 注意保管	贵重物品注意保管 Take Care of Your Belongings	含义:贵重物品注意保管标识 规格:87 毫米×70 毫米 颜色:■黑
紧急断电	紧急断电 Emergency Power Off	含义:紧急断电标识 规格:40 毫米×80 毫米 颜色:■黑
禁扔杂物	请勿将卫生纸以外的东西扔入便器以免造成设备故障 For the safety of equipment ,please do not throw anything other than toilet paper into the toilet	含义:请勿将卫生纸以外的东西扔入便器以免造成设备故障标识 规格:50 毫米×80 毫米 颜色:■黑■黄■灰

续上表

名　　称	标　　识	说　　明
蜂鸣器	听到蜂鸣器发声时请联络乘务员 Please contact the crew upon buzzer sounding.	含义：蜂鸣器标识 规格：50 毫米×80 毫米 颜色：■黑■红
紧急呼叫按钮	紧急呼叫按钮 Emergency Call Button 除紧急意外时请勿使用， 按下按钮时列车即呼叫报警。 Only for emergency. push the button to alarm.	含义：紧急呼叫按钮标识 规格：50 毫米×80 毫米 颜色：■红
紧急开门阀	紧急开门阀 Emergency Door Handle Inside 将里面的阀门关闭，可用手拉开侧门 乘务员发出指示时请遵守， Pull the handle inside to open this door by hand,please follow the crew's instruction when it is given	含义：紧急开门阀标识 规格：50 毫米×80 毫米 颜色：■红
灭火器	灭火器 Fire Extinguisher	含义：灭火器标识 规格：60 毫米×60 毫米 颜色：■黑■红
禁止吸烟	禁止吸烟 No Smoking	含义：禁止吸烟标识 规格：87 毫米×70 毫米 颜色：■黑■红

续上表

名　　称	标　　识	说　　明
禁止倚靠	禁止倚靠 Do Not Lean on Door	含义:禁止倚靠标识 参考标准:《电梯、自动扶梯和自动人行道乘用图形标志及其使用导则》(GB/T 31200—2014) 规格:87 毫米×70 毫米 颜色:■黑■红
请勿丢弃废弃物	请勿丢弃废弃物 No Littering	含义:请勿丢弃废弃物标识 参考标准:《公共信息图形符号　第 1 部分:通用符号》(GB/T 10001.1—2023) 规格:87 毫米×70 毫米 颜色:■黑■红
禁止放重物	禁止放重物 No Heavy Luggage	含义:禁止放重物标识 规格:87 毫米×70 毫米 颜色:■黑■红
禁止烟火	禁止烟火 No Burning	含义:禁止烟火标识 参考标准:《安全标志及其使用导则》(GB 2894—2008) 规格:200 毫米×500 毫米 颜色:■黑■红
禁止通行	禁止通行 Staff Only	含义:禁止通行标识 规格:100 毫米×300 毫米 颜色:■黑■红
旅客止步	旅客止步 Staff Only	含义:旅客止步标识 参考标准:《公共信息图形符号　第 1 部分:通用符号》(GB/T 10001.1—2023) 规格:100 毫米×300 毫米 颜色:■黑■红

第四节　动车组设备设施的使用时机及方法

一、紧急破窗锤

1. 配置数量

CRH1A 型动车组共有 47 把，CRH2A 型动车组共有 37 把，CRH3C 型动车组共有 42 把，CRH3A 型动车组共有 37 把，CRH380A 型动车组共有 41 把，CRH380AL 型动车组共有 69 把，CRH380D 型动车组共有 35 把，CRH6A-A 型动车组共有 16 把，CR400AF 型动车组共有 41 把，CR200J 型动车组共有 40 把。

2. 使用时机

在紧急情况下，使用紧急破窗锤击碎车窗玻璃逃生。

3. 使用方法

(1)及时取下紧急破窗锤。

(2)敲击红点至最外层。

(3)用力往外推玻璃，玻璃推落后可逃生。在敲击过程中注意旅客和自身安全。

二、应急渡板

1. 配置数量及存放位置

CRH1A 型动车组有 1 具应急渡板，定位于 5 号车 ATP 柜内；CRH2A 型动车组共有 2 具应急渡板，定位于 3 号、5 号车车辆备品柜内；CRH3A 型动车组共有 2 具应急渡板，定位于两端司机室工具柜内；CRH3C 型动车组共有 1 具或 2 具应急渡板(根据车底实际配置情况确定)，定位于 4 号车车辆备品柜内；CRH380A 型动车组共有 2 具应急渡板，定位于3 号、7 号车备品柜内；CRH380AL 型动车组共有 4 具应急渡板，分别定位于 3 号、15 号车备品柜内各 1 具，9 号车备品柜 2 具；CRH380D 型动车组共有 2 具应急渡板，定位于 3 号车备品柜内；CRH6A-A 型动车组共有 1 具应急渡板，定位于 3 号车工具柜内；CR400AF 型动车组共有 2 具应急渡板，定位于 4 号、5 号车工具柜内。其中，CRH2A、CRH380A、CRH380AL、CRH380D、CRH6A-A、CR400AF 型动车组应急渡板与应急梯合二为一，黄黑色相间一面为应急梯，银色一面为应急渡板。CRH3A、CRH3C 型动车组应急渡板与应急梯合二为一，但外形构造与其他车型有区别。

(1)CRH2A、CRH380A、CRH380AL、CRH380D、CRH6A-A、CR400AF 型动车组应急渡板与应急梯配有扶手杆 4 根，扶手绳 2 根。扶手杆上部有供穿扶手绳的孔洞，下部可插入应急渡板固定扶手绳。应急渡板分为两层，下层为可伸缩板，伸缩板侧面有一个旋钮，调整至适当位置后，需将旋钮扭紧。扶手绳一端有 1 个紧绳器和 1 个稍大的挂钩，另一端有 1 个稍小的挂钩。

(2)CRH3A、CRH3C 型动车组应急渡板由上下两部分组成，需上下部分使用螺纹旋钮固定组装，拉伸固定扶手杆使用。扶手绳一端有 1 个紧绳器和 2 个挂钩，1 个紧绳器分三部分组成，前部紧绳器为长度固定的挂钩部分，将挂钩挂于应急渡板(梯)圆环处，此段长度已固定无法调节；中部紧绳器打开后，同时拉开提手和中部卡置阀门，前后拉伸绳带，手动一合一闭可根据需要调试长短，长短固定后，关闭装置；后部紧绳器有一米多长绳带，调节好长度后将未使用一段绑扎好，避免调试长短时绳带过长卡住紧绳器。

(3)CR200J 型动车组应急渡板，松开两端固定绳后从工具柜内取出，分成上下两段。平铺于地面后，将有圆环挂钩的一组梯子放至在车门后端，无圆环挂钩一组放至在车门前端将两组梯子进行组装，先顺时针松开中部黑色螺旋钮，上下两段对接后，逆时针调紧固定。两端用手向内按压后取出扶手杆，将中部固定圆环筒向上提升，确保扶手稳固，依次取出 4 个扶手杆，并反复检查是否固定准确。将固定绳一端套在渡板圆环挂钩处，确保挂钩不掉落。开门搭放渡板，将绳索抛扔至救援方，两方开始拉起，放至平稳后故障车一方先将固定绳钩在圆环上，再在车门扶手缠绕一圈后将绳子递给救援方，救援方接过绳索从车门扶手缠绕一圈，再从渡板第一根扶手缠绕一圈后挂在绳索上固定，故障车再将紧绳器调好固定。搭设完毕后，试踩踏无异常后，做好防护可开始换乘。

2. CRH2A、CRH380A、CRH380AL、CRH380D、CRH6A-A、CR400AF 型动车组应急渡板使用方法

(1)安放方法

①救援动车组在出动后，取出应急渡板就近放置在车门通过台，将伸缩板一侧对向拟开车门，松开伸缩板旋钮(松开即可，不可将旋钮过度松开造成旋钮掉落)。

②将 2 个扶手绳稍小的挂钩分别勾在伸缩板末端的圆圈内，将 4 个扶手杆分别插入渡板两侧的孔洞内。等待救援车底与故障车底平行对位停靠。

③车底对位完成后，救援车呼叫故障车，同时打开车门。

④救援车将扶手绳紧绳器滑至稍大挂钩末端，两人同时将紧绳器一端的扶手绳向故障车车内方向抛扔。

⑤故障车工作人员接到扶手绳后，将应急渡板向本车车内拉，直至渡板稳固安放在本车(救援车一端渡板下部有 2 个防滑机构，需将其板起后落入车底门槽内卡紧，CRH380D 型动车组除外)。若两车距离较近，则不使用伸缩板，拧紧旋钮；若两车距离较远，则使用伸缩板，并将伸缩板调整至适当位置后，拧紧旋钮。

⑥应急渡板安放平稳后，故障车取下挂在伸缩板末端圆圈内的稍小挂钩，将扶手绳抛扔回救援车。

⑦救援车接到扶手绳后，将稍小挂钩从渡板扶手杆上部的孔洞中穿过，操作人员要握紧扶手杆，脚呈八字形站立，注意安全。

⑧故障车人员将已经穿过 2 个扶手杆的扶手绳挂钩挂在伸缩板末端的圆圈内。

⑨救援车将扶手绳稍大挂钩紧绕车门扶手杆上部并挂在紧绳器上的圆圈内，使用紧绳器将扶手绳拉紧。若扶手绳较长，可在车门扶手杆上缠绕几圈后再使用紧绳器拉紧；渡板安放平稳，扶手绳拉紧，才可组织人员换乘摆渡。发生旅客区间转乘或其他需要疏散旅客时使用，可以使旅客撤离到平行停放的另一列车中或作为梯子下到轨道上。

⑩确认应急渡板安放平稳，扶手绳拉紧，才可组织人员换乘。

(2)回收步骤

①救援车松开紧绳器，故障车取下挂在伸缩板末端圆圈内的挂钩，将扶手绳退出扶手杆上部的孔洞。

②救援车将扶手绳收回后，抛扔给故障车，故障车将扶手绳稍小挂钩挂在伸缩板末端圆

圈内，将紧绳器滑至扶手绳末端，两人手拉扶手绳同时抬起应急渡板。

③救援车工作人员抬起应急渡板并向后移动，直至应急渡板全部收回车内，故障车将紧绳器用力抛向救援车，救援车收回扶手绳。

④救援车关闭车门，呼叫列车长。

⑤救援车取下扶手杆，缩回伸缩板，拧紧旋钮，放回车辆备品柜。

3. CRH2A、CRH380A、CRH380AL、CRH380D、CR400AF 型动车组应急梯使用方法

(1)安放方法

①取出应急梯放置在车门通过台，将伸缩板一侧对向拟开车门，松开伸缩板旋钮(松开即可，不可将旋钮松开过度造成旋钮掉落)。

②将 4 个扶手杆分别插入渡板两侧的孔洞内。

③列车长命令打开车门后，将伸缩板一侧伸向车外，伸缩板伸出车外并倾斜后，伸缩板自行伸出，直至落在地面放稳。

④一名人员下车，下车时握紧扶手杆，到达地面后，调整应急梯位置，上部标有“上”字样的两个卡口卡在车门滑槽内，下部标有“下”字样的两个卡口落地稳固后，拧紧伸缩板旋钮。

⑤车上人员将扶手绳稍小挂钩穿过扶手杆上部孔洞，车下人员将挂钩挂在伸缩板末端的圆圈内。

⑥车上人员将扶手绳稍大挂钩绕过车门扶手杆并挂在紧绳器上的圆圈内，使用紧绳器将扶手绳拉紧。若扶手绳较长，可在车门扶手杆上缠绕几圈后再使用紧绳器拉紧。

(2)回收步骤

①车上人员松开紧绳器，车下人员取下挂在伸缩板末端圆圈内的挂钩，将扶手绳退出扶手杆上部的孔洞。

②车上人员两人抬起过应急梯并向后移动，直至应急梯全部收回车内。

③车下人员使用工具梯上车。

④车上人员取下扶手杆，缩回伸缩板，拧紧旋钮，放回车辆备品柜。

4. CRH3A、CRH3C 型动车组应急渡板使用方法

(1)安放方法

①存放于两端司机室工具柜内应急渡板，松开两端固定绳后从工具柜内取出，分成上下两段。

②平铺于地面后，将有圆环挂钩的一组梯子放置在车门后端，无圆环挂钩一组放置在车门前端将两组梯子进行组装，先顺时针松开中部黑色螺旋钮，上下两段对接后，逆时针调紧固定。

③两端用手向内按压后取出扶手杆，将中部固定圆环筒向上提升，确保扶手稳固，并依次取出 4 个扶手杆，并反复检查是否固定准确。

④将固定绳一端套在渡板圆环挂钩处，确保挂钩不掉落。

⑤开门搭放渡板，将绳索抛扔至救援方，两方开始拉起，放置平稳后故障车一方先将固定绳钩在圆环上，再在车门扶手缠绕一圈后将绳子递给救援方，救援方接过绳索从车门扶手缠绕一圈，再从渡板第一根扶手缠绕一圈后挂在绳索上固定，故障车再将紧绳器调好固定。

⑥搭设完毕后，试踩踏无异常后，做好防护可开始换乘。

(2)回收方法

按安放方法逆向操作回收。

5. CRH3A、CRH3C 型动车组应急梯使用方法

(1)安放方法

①存放于两端司机室工具柜内应急渡板，松开两端固定绳后从工具柜内取出，分成上下两段。

②平铺于地面后，将有圆环挂钩的一组梯子放置在车门后端，无圆环挂钩一组放置在车门前端将两组梯子进行组装，先顺时针松开中部黑色螺旋钮，两段对接后，逆时针调紧固定。

③两端用手向内按压后取出扶手杆，将中部固定圆环筒向上提升，确保扶手稳固，并依次取出 4 个扶手杆，并反复检查是否固定准确。

④依次打开应急梯脚踏板，并保持垂直方向。

⑤打开车门后，将应急梯一侧伸向车外，并向地面方向倾斜，直至落在地面放稳。

⑥车上人员将扶手绳挂钩绕过车门扶手杆并挂在应急梯圆环挂钩处，调试扶手绳长度，使用紧绳器将扶手绳拉紧，固定于车门处。若扶手绳较长，可在车门扶手杆上缠绕几圈后再使用紧绳器拉紧。

⑦应急梯架设完毕后工作人员进行预踩踏，确保无安全隐患后开始疏散旅客下车，设置好防护。

(2)回收方法

按安放方法逆向操作回收。

三、工具梯(逃生梯)

CRH1A 型动车组，存放于 1 号、8 号车 ATP 柜内及 5 号车通过台、6 号车备品柜内各 1 具；CRH2A 型动车组以及 CRH380A 型动车组，存放于 1 号车、8 号车 ATP 柜内各 1 具；CRH3A 型动车组，存放于 5 号车工具柜内 2 具；CRH3C 型动车组，存放于 4 号车工具柜内 1 具；CRH380AL 型动车组，存放于 1 号、16 号车工具柜内各 2 具；CRH380D 型动车组，存放于 1 号、8 号车备品柜内及 5 号车空调柜内各 1 具；CRH6A-A 型动车组，存放于 3 号车工具柜内；CR400AF 型动车组，存放于 1 号、8 号车工具柜内各 1 具，用于机械师下车处理故障时使用，紧急情况下可供疏散旅客使用。

四、防护网

1. 配置数量及存放位置

CRH1A 型动车组共有 8 具防护网，定位于 4 号、6 号车洁具柜内；CRH2A 型动车组共有 8 具防护网，定位于 7 号车洁具柜内；CRH3A 型动车组共有 8 具防护网，定位于 2 号、7 号车备品柜内；CRH3C 型动车组共有 8 具或 11 具防护网(根据车底实际配置情况确定)，存放于 4 号车工具柜内；CRH380A 型动车组共有 8 具防护网，定位于 5 号车储物柜内；CRH380AL 型动车组共有 28 具防护网，定位于 9 号车工具柜内；CRH380D 型动车组共有 8 具防护网，定位 5 号车工具柜内；CRH6A-A 型动车组共有 4 具防护网，定位于 2 号车客运备品柜内；CR400AF 型动车组共有 13 具防护网，定位于 4 号车工具柜内。

2. 使用要求

在动车组列车出现应急情况需挂放防护网时，列车长指挥，汇报本务司机和动车调度，确认挂放防护网的数量和方向，及时挂网；原则为动车组列车靠站台一侧，区间时应避开邻

线来车一侧，两侧均有邻线时，为运行方向的左侧。

3. 挂放方法

(1)取出防护网(CRH2A、CRH380A、CRH380AL、CR400AF型动车组注意区分大小网)。

(2)传送至使用防护网车厢。

(3)快速安装。将网卡螺丝松到一定程度，在安装第一个卡位时，将手臂穿过防护网，起到固定防护网的作用；以顺时针方向，依次从左上部开始，然后右上部、右下部、左下部，用钥匙或手动将防护网四个卡位拧紧，安装完成。CRH2A、CRH380A、CRH380AL型动车组还需将防滑塞安装到位。

4. 拆卸方法

拆卸顺序与安装顺序相反，以逆时针方向，从左下部开始，然后右下部、右上部、左上部，依次松取网卡螺丝，拆除防护网。

五、火灾报警按钮

1. 按钮位置

(1)CRH1A、CRH3A、CRH3C、CRH380D型动车组：无火灾报警按钮。

(2)CRH2A、CRH380A、CRH380AL型动车组：火灾报警按钮于各车厢内端间壁上部，左侧按钮为火灾报警按钮。

(3)CRH6A-A型动车组：火灾报警按钮于各车厢内端左侧间壁中部，左侧按钮为火灾报警按钮。

2. 使用时机

动车组列车发生火灾爆炸时使用。

3. 使用方法

CRH2A、CRH380A、CRH380AL、CRH6A-A型动车组：用手按下红色按钮，启动蜂鸣器报警且司机室MON或HMI显示屏显示报警信息，司机立即通知机械师和列车长到现场确认处置，不会触发紧急制动和控车。

六、紧急停车按钮

1. 按钮位置

(1)CRH1A、CRH3A、CRH3C、CRH380D型动车组：无紧急停车按钮。

(2)CRH2A、CRH380A、CRH380AL型动车组：各车厢内端间壁上部，右侧按钮为紧急停车按钮。

(3)CRH6A-A型动车组：火灾报警按钮于各车厢内端左侧间壁中部，右侧按钮为紧急停车按钮。

2. 使用时机

客运乘务组等列车乘务人员发现下列危及行车和人身安全情形时，应使用紧急停车按钮：

(1)车辆燃轴或重要部件损坏。

(2)有人从列车上坠落或线路内有人死伤。

(3)其他危及行车和人身安全必须紧急停车时。

3. 使用方法

CRH2A、CRH380A、CRH380AL、CRH6A-A 型动车组：用手按下红色按钮，启动蜂鸣器报警且司机室 MON 或 HMI 显示屏显示报警信息，司机立即通知机械师和列车长到现场确认处置，不会触发紧急制动和控车。

七、紧急制动装置

1. 按钮位置

(1)CRH1A、CRH380D 型动车组：紧急制动装置位于各车门口板壁中上部。

(2)CRH3A、CRH3C、CR400AF 型动车组：紧急制动装置位于各车厢内端间壁上部。此外，CRH3A、CR400AF 型动车组客运乘务室及机械师室内各配有 1 个紧急制动装置；CRH3C 型动车组机械师室内以及 1 号、8 号车特等座客室内通过门上部板壁各配有 1 个紧急制动装置。

(3)CRH2A、CRH380A、CRH380AL 型动车组：客运乘务室及机械师乘务室内各有1 个紧急制动装置。

2. 使用时机

当客运乘务组等列车乘务人员发现下列危及行车和人身安全情形，随车机械师、客运乘务组等列车乘务人员来不及报告司机时，应使用监控室(乘务室)紧急制动装置停车：

(1)车辆燃轴或重要部件损坏。

(2)列车发生火灾。

(3)有人从列车上坠落或线路内有人死伤。

(4)其他危及行车和人身安全必须紧急停车时。

3. 使用方法

(1)CRH1A、CRH380D 型动车组：按破面板后，拉动紧急制动手柄，紧急制动即被启动，列车控制系统制动进入以下程序：

①司机室“暂停乘客启动的紧急制动”按钮开始闪亮。紧急通话单元启动，司机可以和乘客或乘务员进行语音通话，以决定要采取的措施。

②如司机在 10 秒内按下暂停按钮，并至少保持 3 秒，紧急制动取消，否则，列车将自动发生紧急制动。

(2)CRH2A、CRH380A、CRH380AL 型动车组：直接破除铅封，取下防护罩，将红色制动拉手拉到底，中途不得松手。监控室(机械师用)、乘务员室(客运用)内的紧急制动拉手拉下后，直接触发制动系统排风，进行紧急制动。

(3)CRH3A、CRH3C 型动车组：不必破封，直接拉下紧急制动手柄，拉下后手柄卡住，紧急制动即被启动，触发全列车紧急制动。需用四角钥匙才能复位。

(4)CR400AF 型动车组：在客室内，拉下紧急制动拉闸手柄，自动触发乘客紧急报警，全列车紧急制动。对讲灯亮起时讲话，实现和司机的对讲通话，对讲由司机话筒端挂断复位或紧急制动拉闸手柄复位(转动手柄左侧四角锁)。在乘务室内，紧急制动拉闸手柄被拉下后，乘客紧急制动环路断开，触发全列车紧急制动，司机可以操纵司机台上的乘客紧急制动报警复位按钮，缓解紧急制动使动车组继续行驶，以选择适当位置停车。当紧急制动拉闸手柄恢复后，乘客紧急制动环路重新建立，紧急制动指令取消。在监控室(机械师室)内，紧急制动拉闸手柄被拉下后，触发全列车紧急制动，紧急制动不能被司机旁路，只有在动车组停车后，通过复位紧急制动拉闸，主控司机室进行紧急制动复位操作后，才能缓解紧急制动。

八、紧急断电按钮

1. 按钮位置

CRH380D 型动车组餐车吧台内(后厨门对面)设有 1 个紧急断电按钮。

2. 使用时机

餐车内台紧急断电按钮用于切断厨房电器电源。当发生冒烟、火灾等紧急情况时，可通过按下紧急断电按钮，切断厨房电器供电电源。

3. 使用方法

紧急情况下取下外盖，按下紧急断电按钮，所属用电设备立即失电且不能自动恢复。若需重新供电，手动顺时针旋转紧急断电按钮至弹起复位后，可进行供电操作。

九、防火隔断门

1. 配置位置及数量

(1)CRH1A 型动车组客室门及风挡门均具有防火隔断作用，全列共计 29 扇。

(2)CRH2A、CRH3A、CRH3C、CRH380A、CRH380D、CRH380AL 型动车组相连车厢墙板内设有防火隔断门。

①CRH2A 型动车组共计 8 扇(4 号车厢与 5 号车厢连接处有 2 扇)。

②CRH3A、CRH3C 型动车组共计 14 扇。

③CRH380A 型动车组共计 7 扇。CRH380D 型动车组共计 14 扇。

④CRH380AL 型动车组共计 15 扇。

(3)CRH6A-A 型动车组共计 6 扇(1 号、4 号车厢各 1 扇，2 号、3 号车厢各 2 扇)。

(4)CR400AF 型动车组共计 14 扇(1 号、8 号车厢各 1 扇，其余车厢各 2 扇)。

2. 使用时机

发生火灾等特殊情况时，在旅客及其财物疏散后，可按规定操作打开门板侧面的防火隔断门，将相邻两车隔断。防火隔断门为防火性能的不锈钢材质，发生火灾时，可阻止或延缓火势蔓延。

3. 使用方法

(1)CRH1A、CRH380D 型动车组防火隔断门，遇烟雾报警时将自动合拢。

(2)CRH2A、CRH380A、CRH380AL 型动车组防火隔断门使用时，往里按下门扣，松手门扣弹出，直接拉动关闭防火隔断门即可。

(3)CRH3A、CRH6A-A 型动车组防火隔断门使用时，由乘务人员手动关闭。

(4)CRH3C 型动车组防火隔断门使用时，平常状态触摸按钮开门，连接处风挡两侧不同车厢的门联动，门到达全开位置后，延时 10 秒，自动关门，发生火灾时手动关闭。

(5)CR400AF 型动车组防火隔断门使用时，有电情况下，通过门扇两侧的开门按钮开门，延时 10 秒后自动关闭。无电情况下，使用四角钥匙旋转门框顶部锁芯至解锁状态，手动合拢防火隔断门，再使用四角钥匙将门沿处锁芯旋转至红点。

十、其他安全设备设施配置及使用方法

根据车辆部门要求，为确保 CR200J 型动车组运用安全、线路设备安全以及邻线运行列车的安全，避免发生 CR200J 型动车组客室内人员乱扔异物打击邻线列车或轨边设备以及雨天或洗车作业造成车内进水等安全隐患，车辆部门已对 CR200J 型动车组客室手动车窗锁芯进行施封，在空调状态良好情况下，原则上禁止打开手动车窗。

1. 配置数量

客室两端分别有 4 个活动窗，乘务室内有 1 个活动窗，全列共计 40 个。

2. 使用时机

空调失效、车内温度急剧升高的情况下，可打开活动窗进行通风换气。

3. 使用方法

使用三角钥匙，将活动车窗的锁芯对准绿点，打开车窗。

第五节 《铁路动车组运用维修规程》相关规定

1. 枢纽车站原则上应设置热备动车组，数量、车型及热备地点应相对固定。具体执行以下规定：

（1）热备动车组数量及热备地点纳入列车运行图中公布，按运用动车组管理。

（2）热备动车组司乘人员须按运营要求配备，动车组热备期间应处于升弓供电状态，确保接令后在车站热备的动车组 10 分钟、在车站外热备的动车组 20 分钟具备车站发车条件。

（3）热备动车组出动按调度命令执行。

2. CRH2C 型动车组和 CRH380A 型动车组不允许超员，其余动车组超员率不得超过 15%。运行中人员过于集中时应进行疏散。

3. 动车组正常运行中，严禁打开气密窗。

4. 动车组终到后，由列车长、随车机械师、乘警（安全员）对全列进行检查，确认车内固定服务设施状态正常，无遗留火种和闲杂人员。

5. 动车组运行途中，列车乘务组要加强外接电器使用监管，发现违规使用超过额定功率的电器设备或其他防火安全隐患问题时，须立即采取措施坚决制止。空气断路器自动分闸、熔断器熔断后，未查明具体原因前不得复位或更换。

6. 餐饮工作人员应经过动车组餐车设备操作培训后上岗作业。客运段须向动车段申请动车组餐车设备操作培训，经动车段培训合格后填写培训内容，并由动车段盖章确认。

7. 餐饮工作人员应正确使用微波炉、烤箱、咖啡机等电器设备，使用中严禁离开操作区域，每日使用完毕后必须及时清除内部油垢、杂物并彻底清洁。车辆部门须加强餐饮工作人员对微波炉、烤箱、冰箱等电器设备规范使用情况的监督检查，发现违规使用时，立即采取措施，消除火灾隐患。

8. 动车组车内严禁吸烟，严禁使用明火取暖、照明。列车工作人员发现旅客使用超过额定功率的电器设备、在车内吸烟、向站台缝隙扔烟头、向动车组各孔洞塞烟头等火灾安全隐患问题时，应立即制止，必要时通知公安部门处理。

9. 严禁用水冲刷车厢内地板、墙板及电器设备，以免影响列车绝缘。

10. 动车组始发前,列车长对客运应急备品进行清点,列车长、随车机械师双方在“动车组固定服务设施状态检查记录”签字确认。动车组最后一个交路终到回库前,随车机械师对客运应急备品进行清点,列车长、随车机械师双方在“动车组固定服务设施状态检查记录”签字确认。客运段结合动车组二级修或扣修对客运应急备品、微波炉及客运备品进行定期检查、维护保养,保持数量齐全。客运应急备品、微波炉需维修时,客运段凭动车组客运备品报修单向动车段报修。

11. 动车组固定服务设施由客运段使用管理、动车段配备齐全,保持状态良好。动车组出(入)所前,动车段、客运段应共同检查固定服务设施的状态,办理一次性交接,填写签认“动车组固定服务设施状态检查记录”,动车组随车机械师、列车长各持一份,作为交接点验的依据。

12. 列车乘务组应加强动车组运行途中车内固定服务设备设施检查,发现不正确使用、丢失或人为损坏固定服务设施的作业人员或旅客,应及时报告列车长,按铁路局集团公司相关管理办法进行严肃追责,按价索赔。

13. 动车组爱车工作应做到以下方面:

(1)规定的揭示揭挂和固定服务设施不得任意加改或拆除。

(2)严禁在车内乱钉、乱贴、乱挂、增加摆放物品。

(3)严禁敲击、冲撞、剐蹭车体、车门及车内设施。

(4)售货等移动小车应有防撞胶皮。

(5)动车组车内外各标识原则上应保持新造出厂时的技术规范,未经国铁集团、铁路局集团公司车辆部门批准,任何单位、任何个人不得擅自更改。

(6)广告应规范设置,广告贴、挂的位置、数量必须获得国铁集团、铁路局集团公司车辆部门批准。

第三章　专业安全管理

第一节　安全检查及反恐防暴

一、安全检查

铁路旅客运输安全检查，是指铁路运输企业在车站、乘降所、旅客列车对旅客及其随身携带、托运的物品进行禁限物品检查的活动。

本书所称禁限物品，是指国家铁路局会同公安部规定并公布的《铁路旅客禁止、限制携带和托运物品目录》中的物品。铁路运输企业应当在企业网站、车站和旅客列车内通过多种方式公告《铁路旅客禁止、限制携带和托运物品目录》，宣传铁路禁止、限制携带和托运物品等规定。

1. 铁路运输企业是铁路旅客运输安全检查的责任主体，应当按照法律、行政法规、规章规定，组织实施铁路旅客运输安全检查工作，保障资金投入，制定管理制度，完善作业程序，落实作业标准，确保旅客运输安全。

铁路运输企业应当在车站和旅客列车根据安全检查需要，配备必要的安全检查人员。

铁路运输企业应当对安全检查人员进行教育和培训，如实记录教育和培训情况。未经教育和培训合格的人员，不得上岗作业。对不适合继续从事安全检查工作的人员，铁路运输企业应当及时将其调离安全检查工作岗位。安全检查人员应当具备禁限物品识别和处置、安全检查设备操作、放射性防护等必要的专业知识，熟悉有关规章制度和操作规程，掌握本岗位的操作技能和应急处理措施。

铁路运输企业应当结合铁路旅客运输安全检查实际，针对客流高峰、恶劣气象及设备故障等突发情况，制定有效的应急预案或者应急措施，并定期实施应急演练。

2. 旅客应当接受并配合铁路运输企业依法开展的安全检查工作。旅客随身携带和托运物品应当遵守国家禁止或者限制运输的相关规定，不得夹带国家规定的危险物品或者其他违禁物品。

旅客不接受或者拒绝配合安全检查，或者不听从铁路运输企业工作人员劝阻，坚持携带、夹带禁止或者超过规格、数量限制随身携带的物品的，铁路运输企业应当拒绝运输。旅客违法携带、夹带或者托运时夹带禁限物品，将禁止托运的物品匿报、谎报为其他物品托运，造成人身伤害或者财产损失的，依法承担民事责任。

依照法律、行政法规和国家铁路局的规定可以免检的物品和人员，从其规定。

3. 铁路运输企业应当对旅客及其随身携带或者托运的物品进行安全检查。旅客及其随身携带或者托运的物品应当经安全检查设备检查。旅客随身携带或者托运的物品因尺寸、形状、重量等原因无法经安全检查设备检查的，应当实施人工检查。人工检查应当在视频监控设备覆盖的场所实施。

对旅客进行人身检查时，应当依法保障旅客合法权益不受侵害。对女性旅客进行人身检查，应当由女性安全检查人员实施。

铁路运输企业因安全检查工作损毁旅客物品的，依法承担民事责任。

4. 对在不具备站场封闭条件的乘降所上车的人员，旅客列车上的安全检查人员应当对其及其携带物品进行安全检查；对已经在车站通过安全检查的人员，旅客列车上的安全检查人员可以对其及其携带物品进行必要的安全检查。

对实施安全检查的旅客列车，铁路运输企业应当加强日常安全管理，指定专人组织实施安全检查，对发现的可疑物品及时检查处置。

5. 安全检查人员发现可疑物品时应当实施人工检查。人工检查时，一般由旅客自行出示携带或者托运物品，必要时可以由安全检查人员检查，但旅客应当在场。安全检查人员认为不适合公开检查或者旅客申明不宜公开检查的，可以根据实际，移至适当场合检查。

安全检查中发现旅客携带禁止或者超过规格、数量限制随身携带的物品，或者托运禁止托运的物品时，安全检查人员应当向旅客告知铁路旅客运输安全检查有关规定。

安全检查中发现旅客托运和随身携带枪支子弹、爆炸物品、管制器具、易燃易爆物品、毒害品、腐蚀性物品、放射性物品、感染性物质，或者旅客声称本人托运和随身携带上述禁限物品的，铁路运输企业应当按照法律、行政法规、规章的规定采取必要的先期处置措施；涉嫌违反治安管理或者犯罪的，及时报告公安机关。鞭炮、发令纸、摔炮、拉炮等爆炸物品应当按照规定处理。

旅客列车上发现禁止托运和随身携带的物品，或者超过规格、数量限制随身携带的物品时，应当妥善处置，并移交前方停车站。

对查获的枪支子弹、爆炸物品、管制器具、易燃易爆物品、毒害品、腐蚀性物品、放射性物品、感染性物质，铁路运输企业应当按照国家有关规定及时处理。

对及时发现旅客携带禁止或者超过规格、数量限制随身携带的物品，或者托运禁止托运的物品，有效避免、减少旅客运输安全事故的单位和个人，依法给予表彰奖励。

6. 在安全检查过程中，发生殴打、辱骂安全检查人员，冲闯、堵塞安全检查通道，破坏、损毁、占用安全检查设备、场地等扰乱安全检查工作秩序、妨碍安全检查人员正常工作行为的，铁路运输企业应当予以制止；发生涉嫌违反治安管理行为或者犯罪行为的，及时报告公安机关。

7. 任何单位和个人严禁擅自调换、变卖、私拿私藏、私自处置安全检查发现或者旅客自弃的禁止托运和随身携带的物品以及超过规格、数量限制随身携带的物品。

8. 旅客列车上不得销售禁止和超过规格、数量限制随身携带的物品。

二、反恐防暴

（一）等级确定

铁路反恐怖和治安防范实行等级防范，由低至高依次分为三级防范、二级防范、一级防范。其中，三级防范为常态下防范，二级防范和一级防范为非常态下加强和超常防范。

1. 三级反恐怖和治安防范等级标准

三级防范即治安防范，是指在整体安全形势、治安态势和情报研判相对平稳时，应当始终保持的基本性人防、物防和技防措施。在此期间，各单位带班领导必须在岗在位，值班人员认真履职，随时做好应急处置准备，适当加强重点部位、岗位、要害处所防范力量。

(1)列车成立由列车长负责，其他工作人员组成的反恐怖防范工作小组，具体业务由乘警指导、检查、督促落实。无乘警值乘的，铁路企业应选配经培训合格的专职安全员，重联动车组列车不少于 2 人。

(2)列车工作人员应按规定落实旅客实名制验票验证和车上行李物品安全检查工作。

(3)列车工作人员在运行途中应加强对车厢通过台、厕所等重点部位的巡检。

(4)列车所有工作人员均应进行任前背景核查和岗前培训，核查通过、考试合格后方准予上岗。对有不适合情形的人员，应当及时调整工作岗位并报告公安机关。

(5)列车工作人员应每半年各开展 1 次以上反恐怖(治安防范)知识培训，班组每月开展 1 次以上反恐怖应急处突演练。

(6)列车所有工作人员要注意日常工作中涉恐人员、物品、线索信息收集，一旦发现关注人员乘车，立即报告公安机关。关注人员乘车信息要及时通报到达车站，变更下车站的要及时通知下车站。以“五分钟报告”和“第一站处置”为刚性要求，有重点嫌疑的要上报至公安局指挥中心。

(7)乘警支队落实列车警情就近报告制度。做好列车途停车站派出所之间的协调工作，畅通信息渠道，需要警力支援的及时通知前方车站，对查获的各类人员和危险品要及时移交前方车站。

2. 二级反恐怖和治安防范等级标准

二级防范是指在接到指向性重大反恐维稳预警信息或者遇有重大活动、重要节日、敏感期安全保卫，担负二级警卫任务以及集中开展专项行动等时期，在落实三级防范要求基础上，采取的加强性人防、物防和技防措施。在此期间，各单位主要负责人 24 小时值班备勤，并保持足够备勤力量，全体安保人员和反恐应急处置人员应保持 24 小时通讯畅通。

(1)前往重点地区的列车每趟车乘警不少于 2 人；单组动车组可由一名乘警和一名专职安全员值乘，并按规定配齐配全相关装备。每趟前往重点地区的列车增派小分队武装护乘，每个小分队不少于 3 人，并由干部带队。值乘列车到达铁路公安局确定的客运治安检查站时，乘警、添乘干部必须下车巡视，并与站警交接，互通警情。

(2)前往重点方向的列车车班要利用列车广播反复宣传“严禁携带危险品上车”的规定。在进入外围防线车站前，车班要对车上旅客及行李开展 100％的安全检查。

列车安全员、列车乘警日常岗位应在司机室外预留座位处防控，并督导司机室人员落实对添乘验证、验人及登记制度。

(3)前往重点方向的列车始发、停靠车站须安排民警接送，并与列车乘警办好站车交接，互通警情，落实以站保车措施。

3. 一级反恐怖和治安防范等级标准

一级防范是指在暴恐活动突出、社会治安形势严峻，或者遇有重大突发事件、接到重点反恐维稳情报信息、国家级重大活动安保、担负一级以上警卫任务等时期，在落实二级防范要求基础上，采取的特殊性人防、物防和技防措施。在此期间，各单位进入最高级别戒备状态，领导干部落实包保责任，同时密切与相关单位的联系，争取最大支持配合；各单位主要负责人 24 小时值班，分管领导下沉一线重要岗位盯岗，值班安保人员应增至最大可行数量，反恐应急处置人员全体在单位备勤。

无乘警值乘的重点方向列车，公安机关抽调警力护乘，客运部门抽调领导干部添乘包保。反恐重点地区或重点方向列车增加警力护乘，客运、车辆部门加强乘务力量，对车厢巡视的频次提升至最高。

(二)组织结构

动车组要建立公安、客运、司乘、检车、餐饮、保洁等多部门一体的应急处突联动机制；动车组根据实际情况组建小分队，有乘警的由乘警负责，没有乘警的由列车长负责。

1. 无乘警的，列车长全面负责列车反恐防暴现场指挥工作。

2. 有乘警的，乘警负责带领应急处突小分队成员，具体实施反恐防暴现场处置。执行警情通报，负责信息对口上报。

3. 列车司机负责坚守司机室，根据列车长的指令采取紧急停车，并与列调联系做好停车后司机室的防护。

4. 随车机械师在列车长的统一指挥下，做好设施设备应急处置工作，在旅客撤离现场时做好相关配合工作。

5. 专职安全员应服从列车长的指挥，纳入“六乘一体”管理，负责维护列车内的秩序，制止威胁列车正常运营的行为，保护旅客和乘务人员人身财产安全。

无警列车安全员在参与现场处置时，针对正在实施的暴恐行为，以制止其暴恐行为，制服、约束暴恐嫌疑人(肇事人)为限度。制服、约束暴恐嫌疑人(肇事人)后要保护现场，做好嫌疑人(肇事人)在约束期间的安全防护工作，等待并配合公安部门调查取证。

6. 保洁人员负责协助列车乘务人员，做好旅客疏散和情绪安抚工作。

7. 反恐配备装备：动车组(每个车组)配置防割手套、伸缩棍、约束带、伸缩式腰叉、臂盾。进京、沪、疆、藏、昆列车应配备一条防爆毯。

配置地点：防割手套、伸缩棍、约束带、伸缩式腰叉、臂盾存放于应急备品柜或广播室，防爆毯存放于餐车。

若设有列车安全员，防割手套、伸缩棍、约束带、手持查危仪由列车安全员随身携带。

第二节　危险品的识别及处理

一、《铁路旅客禁止、限制携带和托运物品目录》

(一)禁止托运和随身携带的物品

1. 枪支、子弹类(含主要零部件)

(1)军用枪、公务用枪：手枪、冲锋枪、步枪、机枪、防暴枪等以及各类配用子弹。

(2)民用枪：气枪、猎枪、运动枪、麻醉注射枪等以及各类配用子弹。

(3)道具枪、发令枪、钢珠枪、催泪枪、电击枪等以及各类配用子弹。

(4)上述物品的样品、仿制品。

2. 爆炸物品类

(1)弹药：炸弹、照明弹、燃烧弹、烟幕弹、信号弹、催泪弹、毒气弹、手雷、地雷、手榴弹等。

(2)爆破器材：炸药、雷管、导火索、导爆索、震源弹、爆破剂等。

(3)烟火制品:礼花弹、烟花(含冷光烟花)、鞭炮、摔炮、拉炮、砸炮等各类烟花爆竹,发令纸、黑火药、烟火药、引火线,以及“钢丝棉烟花”等具有烟花效果的制品等。

(4)上述物品的仿制品。

3. 管制器具

(1)管制刀具:根据《管制刀具分类与安全要求》(GA 1334—2016)认定为管制刀具的专用刀具(匕首、刺刀、佩刀、三棱刮刀、猎刀、加长弹簧折叠刀等)、特殊厨用刀具(加长砍骨刀、加长西瓜刀、加长分刀、剔骨刀、屠宰刀、多用刀等)、开刃的武术与工艺礼品刀具(武术刀、剑等)以及其他管制刀具(超过 GA/T 1335《日用刀具分类与安全要求》规定的尺寸规格限制要求的各种刀具)。

(2)其他器具:警棍、军用或者警用匕首、催泪器、电击器、防卫器、弩、弩箭等。

4. 易燃易爆物品

(1)压缩气体和液化气体:氢气、甲烷、乙烷、环氧乙烷、二甲醚、丁烷、天然气、乙烯、氯乙烯、丙烯、乙炔(溶于介质的)、一氧化碳、液化石油气、氟利昂、氧气(供病人吸氧的袋装医用氧气除外)、水煤气等。

(2)易燃液体:汽油(包括甲醇汽油、乙醇汽油)、煤油、柴油、苯、酒精、酒精体积百分含量大于 70%或者标志不清晰的酒类饮品、1,2—环氧丙烷、二硫化碳、甲醇、丙酮、乙醚、油漆、稀料、松香油等。

(3)易燃固体:红磷、闪光粉、固体酒精、赛璐珞、发泡剂 H、偶氮二异庚腈等。

(4)自燃物品:黄磷、白磷、硝化纤维(含胶片)、油纸及其制品等。

(5)遇湿易燃物品:金属钾、钠、锂、碳化钙(电石)、镁铝粉等。

(6)氧化剂和有机过氧化物:高锰酸钾、氯酸钾、过氧化钠、过氧化钾、过氧化铅、过醋酸、双氧水、氯酸钠、硝酸铵等。

5. 毒害品

氰化物、砒霜、硒粉、苯酚、氯、氨、异氰酸甲酯、硫酸二甲酯等高毒化学品以及灭鼠药、杀虫剂、除草剂等剧毒农药。

6. 腐蚀性物品

硫酸、盐酸、硝酸、氢氧化钠、氢氧化钾、有液蓄电池(含氢氧化钾固体、注有酸液或碱液的)、汞(水银)等。

7. 放射性物品

指含有放射性核素,并且其活度和比活度均高于国家规定豁免值的物品,详见《放射性物品分类和名录(试行)》。

8. 感染性物质

包括可感染人类的高致病性病原微生物菌(毒)种和感染性样本,详见《人间传染的病原微生物名录》中危害程度分类为第一类、第二类的病原微生物。

9. 其他危害列车运行安全的物品

(1)可能干扰列车信号的强磁化物。

(2)硫化氢及有强烈刺激性气味或者有恶臭等异味的物品。

(3)容易引起旅客恐慌情绪的物品。

(4)不能判明性质但可能具有危险性的物品。

(5)法律、行政法规、规章规定的其他禁止携带、运输的物品。

(二)禁止随身携带但可以托运的物品

1. 锐器:菜刀、水果刀、剪刀、美工刀、雕刻刀、裁纸刀等日用刀具(刀刃长度超过60毫米),手术刀、刨刀、铣刀等专业刀具,刀、矛、戟等器械。

2. 钝器:棍棒、球棒、桌球杆、曲棍球杆等。

3. 工具农具:钻机、凿、锥、锯、斧头、焊枪、射钉枪、锤、冰镐、耙、铁锹、镢头、锄头、农用叉、镰刀、铡刀等。

4. 其他:反曲弓、复合弓等非机械弓箭类器材,消防灭火枪,飞镖、弹弓,不超过50毫升的防身喷剂等。

5. 持有检疫证明、装于专门容器内的小型活动物,铁路运输企业应当向旅客说明运输过程中通风、温度条件,但持工作证明的导盲犬和作为食品且经封闭箱体包装的鱼、虾、蟹、贝、软体类水产动物可以随身携带。

(三)限制随身携带的物品

1. 包装密封完好、标志清晰且酒精体积百分含量大于或者等于24%、小于或者等于70%的酒类饮品累计不超过3 000毫升。

2. 香水、花露水、喷雾、凝胶等含易燃成分的非自喷压力容器日用品,单体容器容积不超过100毫升,每种限带1件。

3. 指甲油、去光剂累计不超过50毫升。

4. 冷烫精、染发剂、摩丝、发胶、杀虫剂、空气清新剂等自喷压力容器,单体容器容积不超过150毫升,每种限带1件,累计不超过600毫升。

5. 安全火柴不超过2小盒,普通打火机不超过2个。

6. 标志清晰的充电宝、锂电池,单块额定能量不超过100瓦时含有锂电池的电动轮椅除外。

7. 法律、行政法规、规章规定的其他限制携带、运输的物品。

二、危险品检查及处理

旅客列车上查获的危险品,由列车工作人员妥善保管,由乘警按照公安站车交接程序向前方站派出所移交(无乘警时由列车长移交前方站,车站会同公安派出所依法处理)。列车长应会同乘警指定妥善地点暂存查获的危险品。鞭炮、发令纸、摔炮、拉炮等易爆物品应立即作浸湿处理。列车上查获的不宜让旅客随身携带或旅客交由列车暂为保管物品由列车工作人员负责登记、保管和返还。

第三节　旅客人身伤害及携带品损失处理

一、旅客人身伤害防控管理

1. 列车要从设备设施、安全警示标识、作业标准、安全宣传、乘降组织、安检查危、重点旅客服务等方面,强化风险研判,细化完善卡控措施和管理制度,确保旅客人身伤害日常防范管理到位,杜绝责任事故。

2. 列车工作人员要履行安全宣传义务，通过宣传，不断增强旅客自身安全防范意识，减少旅客不安全行为的发生。列车广播、显示屏应加入旅客人身伤害防控宣传，同时客运人员要采取警示宣传、口头宣传等形式，向重点旅客本人、同行人或监护人主动介绍安全注意事项、旅行安全常识。应针对车门压伤、开水烫伤、地面湿滑摔伤、行李架落物砸伤等容易造成旅客人身伤害情况进行安全宣传，并在上述处所的醒目位置设置安全警示标识。

3. 列车应加强安全设备设施管理，做到配置齐全、作用良好，通过技术改良、设备更新等手段，不断提高设备保安全的水平，为旅客提供安全的旅行环境。列车应加强对设备设施（包括辅助设施）的巡检，发现设备设施故障及时督促相关人员修复，对暂时不能修复地做好记录，同时要采取设置警示、专人防护等有效措施，确保旅客安全。

4. 列车应加强重点人群、重点地点、重点时段的防控，重点对老年、儿童、饮酒等旅客；对车门与站台间隙、洗漱间、厕所门、通过门、卧车铺梯、边凳、饮水处等处所；对用餐时段、紧急制动、通过隧道等旅客人身伤害发生较频繁的时间；对挤压伤、摔碰伤、烫伤等伤害进行防控，并制定切实有效的防控措施。

5. 列车工作人员重点关注老、幼、病、残、孕等重点旅客，落实逐人、逐项安全宣传措施，做到重点照顾、重点服务、重点交接。列车发现旅客行为（精神）异常时应立即向班组长和公安部门汇报，通过广播寻医，采取隔离措施、指定有经验的人员看护或重点服务。保证环境宽松和空气流通，避免激化情绪，同时做好防跳、防砸、防伤人的安全卡控工作。

二、旅客人身伤害现场处置及报告

1. 列车发生旅客人身伤害时，要以抢救旅客生命为首要原则，严格按照相关法律法规和国铁集团、铁路局集团公司处理旅客人身伤害的相关规定进行现场处置。列车应根据实际配备音视频记录仪、录音笔等必要留证设备，确保现场取证、证据收集的完整性。

2. 发生旅客人身伤害时，要及时组织现场查验（遇有旅客死亡或因刑事、治安事件造成旅客人身伤害时公安部门必须参加），必须开启音视频记录仪，记载救治和处置过程、旅客自述内容、站车交接过程等。全面收集、梳理相关证据资料，检查旅客所持车票、“乘意险”及有效身份证件信息等，收集不少于两份同行人或见证人（非铁路员工）的证言（旁证材料），同时收集查验记录、现场照片、录像、抢救医生信息等其他相关证据，形成比较完整的证据链，并妥善保管。铁路公安应积极予以协助，发生违法犯罪或旅客死亡的证人证言原则上由警察以询问笔录的形式进行。

3. 列车发生旅客人身伤害事件时，应立即组织抢救，并通过广播寻找旅客中的医务工作者协助救助。医务工作者实施救助前，应先确认其身份、姓名、单位，并做好记录；实行紧急救护时，医务工作者应将患者病情、医疗措施风险告知患者或同行旅客。抢救无效或抢救结束时，由医务工作者确认并在客运记录上注明。

4. 列车向车站移交伤害旅客时，车站不得拒绝接收。办理移交手续时，列车应当编制客运记录和旅客携带品清单一式两份，一份由列车存查，一份连同车票、证明材料、相关证人或联系方式等一并移交。因时间来不及记明详细内容时，可在客运记录中简要记明日期、车次、下交原因，并必须在 3 日内向处理单位补交有关材料。

因旅客人身伤害需交车站处理时，应移交前方县、市所在地车站或者当地具备公共医疗条件的停车站。列车因旅客人身伤害严重需紧急停车处理或发生 3 人以上疑似食物中毒时，列车长应通过运行所在铁路局集团公司客运调度请求在前方县、市所在地车站或者当地具备公共医疗条件的车站停车，接到报告后，客运调度应当立即根据列车长提出的请求，通知有关车站及值班主任(列车调度员)，需要停车处理的停车处理。由客运调度通知车站做好救护准备工作，受理站应组织有关人员接车，并做好救治准备，办理完交接后尽快组织开车。特殊情况来不及编制客运记录时，列车长或其指定的专人应随同伤害旅客下车办理交接。涉及第三人时，应将第三人同时交站处理。

列车发生旅客人身伤害向车站移交受伤害旅客时，车站接到预先通知的，应提前做好救护准备工作；编制客运记录要实事求是反映旅客受伤过程。

旅客不同意下车处理时，应当由旅客出具拒绝下车治疗的书面声明或在客运记录上签字确认。

5. 列车发现旅客在区间坠车时，应立即使用紧急制动阀停车，列车长、公安应立即下车查看旅客情况，若发现旅客伤亡，应立即通知就近车站联系 120 等医疗机构组织救治，特殊情况下也可迅速将旅客抬上列车送至前方有救治条件的停车站紧急救治；若经 120 等医疗机构确认旅客已无生命迹象，应将旅客移至道旁，用适当物品予以覆盖，同时通知就近车站处理。不具备停车条件或迟延发现时，列车长应当报告运行所在铁路局集团公司客运调度，客运调度员接到报告后立即通知值班主任，值班主任通知相关列车调度员和铁路公安局信息指挥中心，由列车调度员和铁路公安局信息指挥中心分别通知邻近车站及车站铁路公安派出所派人寻找。列车长要立即组织调查核实旅客乘车情况，并将调查情况及可能发生的区间、人员特征等情况做出详细记录。列车运行至前方停车站时，列车长应拍发电报，向发生地和列车担当铁路局集团公司主管部门报告。车站、公安派出所接到列车请求协查的通知后，应立即派人查找，并及时将查找情况通知列车，列车应尽快向处理站办理交接手续。

6. 在站内或区间线路上发现有伤亡旅客时，车站应当迅速通报，会同公安到达现场勘察旅客伤亡情况，并对伤亡旅客的车票及身份信息进行检查确认，做好查验记录、现场照片、录像等其他相关证据的收集，并及时通知相关列车；列车接到通报后，应立即会同乘警调查，查找该旅客在列车上的遗留线索，妥善保管旅客携带物品，收集证人证言记录有关情况(如该旅客及其携带品、同行人情况、事发前和事发时在车内的动态、车内有关设备设施情况、治安状况、旅客密度等)，并派人到处理站办理交接手续。

7. 因斗殴等治安或刑事案件所致肇事者本人或他人身体伤害需交站处理时，站车客运、公安均应参与站车交接，并共同在客运记录上签字。需送往医院救治时，由车站客运部门负责。

8. 对发生或移交的人身伤害事件应加强追踪处理，杜绝列车发生人身伤害移交车站后和车站将旅客送医院后不闻不问，双方相互推诿造成事件升级。

9. 要严格执行信息首报告制度，按照规定程序上报旅客人身伤害信息，杜绝迟报、瞒报、谎报现象，避免增加后续处置难度。

10. 发生旅客人身伤害时，可用电话向所在单位或上级主管部门报告概况；发生群伤、重伤以上旅客人身伤害时，应在第一时间向铁路局集团公司客运部报告，随后向相关铁路局集团公司主管部门拍发速报，并逐级向上级主管部门和宣传部门报告。

11. 旅客人身伤害发生(接收)后 72 小时内将事件基本信息录入“铁路局集团公司旅伤管理信息系统”及“国铁集团旅伤系统”，按流程提交站段主管部门、主管领导审核。遇人身伤害事件是在本铁路局集团公司其他单位站车发生的时，还应由处理站段主管部门将信息移送至发生单位复核。

12. 对于未录入旅伤系统的旅客人身伤害事件，铁路局集团公司对处理费用将不予清算。

三、旅客人身伤害善后处置

1. 站车在善后处置过程中，不能相互推诿。旅客伤害处理人员及其他成员要积极配合，形成合力，协商对策，共同应对。

2. 旅客当时未索赔，事后在法定时限内向铁路索赔且能够证明其人身伤害是在铁路运输过程中发生的，发生站车应本着实事求是的原则，妥善开展后续处理。列车补编客运记录移交旅客就医所在地车站或旅客发、到站处理，被移交站应当受理。

3. 旅客人身伤害的处理原则上由当时站车办理交接的车站进行，如遇特殊情况，可移交旅客就医所在地车站或就近客运站处理，但需报铁路局集团公司客运部备案。发生单位应当在10日内收集并向处理单位移交相关证据材料。

4. 旅客人身伤害事件处理发生法律诉讼时，在铁路局集团公司的授权下，由涉案单位指定一名代理人与铁路局集团公司企法部法律顾问共同代表铁路运输企业应诉。

5. 在旅客人身伤害处置过程中要妥善控制局面，不得激化矛盾，做好新闻媒体的沟通工作，主动做好舆论控制工作，杜绝出现上访、群访、闹访、媒体炒作及其他危害铁路声誉的行为。

四、旅客携带品损失

1. 旅客携带品由自己负责看管。旅客需妥善放置携带品，不得影响公共空间使用和安全。

2. 在铁路运送期间发生旅客携带品毁损、灭失时，铁路运输企业过错造成的，应当承担赔偿责任。旅客证明其确已携带进站乘车，且能够确定携带品价格的，按下列规定赔偿：

(1)旅客出具发票(或者其他有效证明)证明购买价格时，以扣除物品合理折旧、损耗后的净值予以赔偿。

(2)以处理单位所在地价格评估机构确定的物品价格予以赔偿。

3. 旅客在车站发现携带品损失时，应当在离开车站前向发生站声明。在列车上发现时，应当在下车前声明，由列车长开具客运记录交到站处理。

第四节　动车组列车禁烟

一、管理要求

1. 动车组列车各部位均禁止吸烟。动车组办客站和动车组列车要通过图形标识、广播、电子显示等方式加强动车组全列全程禁烟的宣传。

2. 运行中发生烟火报警，列车长要立即会同乘警(专职安全员)、随车机械师赶赴事发车厢，查明报警原因按规定处置。如因吸烟导致报警，要及时排查烟头、烟灰位置，熄灭烟头，收集旁证材料，排查吸烟人员，并按章交公安部门处理。

3. 发现吸烟行为工作人员要及时劝阻，并由公安机关依法查处，根据公安机关处理结果纳入旅客信用信息管理。

二、"233"禁烟宣传工作法

列车明确烟雾报警卡控作业标准，落实"233"禁烟宣传工作法，即两个重点区域（车门处、厕所内）；三个时间段（上下车时、用餐时、旅途困乏时）；三种人群（男性旅客、初次乘车旅客、长时间乘车旅客）。针对烟雾报警高发区段制定针对性的宣传方案，工作人员向重点旅客做好宣传劝阻。充分发挥安全员、乘服员流动岗位作用；重点区段可适当增加禁烟广播宣传频次等，提升风险防范效果。

三、动车组列车禁烟宣传广播词

动车组列车全程禁止吸烟，根据《铁路安全管理条例》规定，在动车组列车上吸烟属违法行为，违反时由公安机关责令改正，并对个人处500元以上2 000元以下罚款，同时还将记录个人身份信息，纳入铁路旅客信用信息记录管理。铁路公安郑重提醒：列车车厢和卫生间内均安装有烟雾报警装置，吸烟会触发报警危及行车安全，造成列车降速运行或者紧急停车，请您不要在列车任何部位吸烟，否则将依法追究吸烟者责任。

第五节　动车组列车卫生防疫

铁路站车卫生管理是保障铁路站车运营安全和服务质量的重要环节，关系广大旅客、铁路职工身心健康和乘车体验，包括食品安全、饮用水卫生、公共场所卫生、疾病防治等公共卫生管理。

一、食品安全

1. 列车从事食品经营的，应依法取得营业执照、食品经营许可证等有效经营资质。从事直接入口食品工作的从业人员应具有健康合格证明，遵守铁路食品安全管理要求，规范站车食品经营。

2. 列车食品经营应实行统一采购进货制度。采购进货时，应索取并查验供货者的相关许可证、营业执照和产品合格证明等文件，符合食品安全追溯要求。

落实进货查验制度，实行信息化管理，能够准确记录和及时查询经营食品的生产日期、保质期。

3. 列车食品经营储存食品应符合温度、时间等食品安全控制条件，要降低食品经营损耗率，控制水分活性高的食品，定期查验食品的生产日期和保质期，及时清理变质、超过保质期及其他不符合食品安全标准的食品，并做好相关记录。

4. 餐车经营冷（热）藏快餐食品时，严格执行"四控一规范"制度，控制储藏温度、保质时间、食品标注和剩余食品，规范管理食品经营活动。保质期24小时以内的冷（热）藏盒饭生产日期应标注到年、月、日、时、分，要采取"售前自检"措施。严禁销售腐败变质、超过保质期和感官性状异常的快餐食品。

5. 从事互联网订餐餐饮服务的应具有互联网订餐最大加工与配送能力，配送食品及包装符合食品安全要求。互联网订餐要严格控制加工与配送时间，常温储运配送时，食品加工、车站转运、列车配送均应在 30 分钟以内完成，保证旅客可在加工后 2 小时内食用。

二、饮用水卫生

铁路疾控机构应组织列车供水站（含客整所和动车所上水站）每季水质检测，检测报告应上报各铁路局集团公司和铁路卫生监督机构，并通报有关单位，对水质达不到卫生标准的，不得向旅客列车供水，督导落实整改措施，经检验合格后恢复供水。

铁路疾控所定期开展饮用水卫生监测，并在 20 个工作日内出具检验报告；对检验不合格的，应在 2 个工作日内通报相关单位和铁路卫监所；发现危害严重的，应立即通报并向有关部门报告。铁路卫监所对自备水供应和给水作业依法开展经常性卫生监督检查，对新改扩建的给水设施开展预防性卫生监督。

三、公共场所卫生

1. 列车公共场所应设置与旅客流量相适应且性能良好的卫生设施设备，从业人员应取得有效健康合格证明。

2. 列车公共场所应符合法律法规和卫生标准规范要求，建立健全卫生管理制度，加强从业人员培训和健康管理，保持环境整洁、空气清新、清洁卫生、无异味，并按规定进行卫生检测。

3. 公共用品用具配备数量应能满足经营需要，并做好清洁消毒。公用水杯、果盘、拖鞋及个人吸氧装置，使用前应当清洗消毒并按卫生要求保管，不能保证一客一消毒时，应当配置一次性用品。旅客列车的被单、被套、褥单、枕巾等贴身卧具、用品，应当一客一换。

4. 公共场所厕所应符合卫生要求。

（1）保持清洁，地面无积水，无纸屑、烟头、痰迹和杂物，便器内无积便和尿垢，定期进行消毒、杀虫。座式便器应提供一次性衬垫。

（2）清洁厕所使用专用工具，要定时清洗消毒擦拭工具保持工具清洁。

（3）出库始发列车不得带有垃圾、粪便和污水，废弃物必须在指定车站定点投放或在指定场所卸污。

（4）旅客列车保洁时，应加强列车室内外清洁，更换的卧具备品不能直接落地、踩踏，彻底清洁座席缝隙、卧铺缝隙、电取暖器、垃圾箱、动车组座椅底部转向架槽等边角缝隙，清除病媒生物滋生地。卫生清扫工具应配备数量充足，分类存放、使用和管理，及时清洗，保持清洁。

（5）动车组卫生间设置“动车组厕所保洁作业巡视检查记录”，公示厕所卫生所长、设备所长、保洁作业流程、质量标准。保洁人员每半小时巡视一次，列车员每小时巡视一次，列车长每 2 小时巡视。普速旅客列车列车员每小时全面冲洗一次厕所，交接班进行一次厕所全面卫生保洁，列车长每 2 小时进行一次巡视检查。

四、疾病防治

1. 定期组织预防传染病的健康教育，倡导文明健康的生活方式，加强环境整治，消除鼠、蟑、蚊、蝇、臭虫等病媒生物危害。

2. 旅客列车上发现根据国家规定需要采取应急控制措施的传染病病人、疑似传染病病人，应当以最快的方式通知前方停靠站和上级营运单位，接报后，应按规定逐级上报。

3. 对患有传染病或疑似传染病的旅客，站车单位应组织现场应急处置，在铁路疾控机构指导下，采取必要的隔离控制患病旅客的临时性措施，落实消毒等措施，并在指定站或目的地车站下交。同时，按照传染病相关处置要求，采取有效防控措施。

4. 出现疫情时，铁路疾控机构要指导站车单位控制传染病疫情，同时应委派专人赶赴现场，开展流行病学调查，控制传染源，切断传播途径，保护易感人群，做好终末消毒，并采取必要的防控措施，加强联防联控，结合疫情状况，利用实名制售票等信息，甄别密切接触者，协调地方疾控部门做好患者移交和密切接触者医学观察提报等疫情控制工作。

5. 旅客列车应配备急救药箱，培训红十字救护员，对旅客在乘车中突发疾病、创伤，能够提供及时的紧急救助和简易救护治疗，保障旅客身体健康和生命安全。

第四章　旅客运输相关知识

第一节　《中国国家铁路集团有限公司铁路旅客运输规程》相关规定

一、名词解释

1. 旅客：持有铁路有效乘车凭证的人。

2. 儿童：《中国国家铁路集团有限公司铁路旅客运输规程》（以下简称《国铁集团客规》）所指的儿童是指符合购买铁路儿童优惠票条件和免费乘车条件的未成年人。

3. 联程车票：旅客分段购买的，出发地至目的地间可联程接续的多段车票；前段车票到站与后段车票发站应为同一或同城铁路客运营业站（以下简称车站），且前段车票到站时间与后半段车票开车时间间隔不超过 24 小时。

4. 铁路车票销售代理人：与铁路运输企业签有代售合同，办理铁路车票销售经营业务的独立法人组织。

5. 席位：车票载明的车厢，以及座位或铺位位置。

6. 席别：旅客列车席位的类别，包括硬座、软座、二等座、一等座、特等座、商务座、硬卧、软卧、高级软卧、二等卧、一等卧等。

7. 改签：旅客变更乘车日期、时间、车次、席位、席别和到站时需办理的签证手续。

8. 客运记录：在旅客或行李运输过程中因特殊情况，铁路运输企业与旅客之间需记载某种事项或车站与列车之间办理业务交接的纸质或电子凭证。

9. 时间：以北京时间为准，从零时起计算，实行 24 小时制。以上、以下、以前、以后、以内、以外均含本数，超过、未满、不足均不含本数。

二、铁路旅客运输合同

1. 铁路旅客运输合同是明确铁路运输企业与旅客之间权利义务关系的协议。

2. 铁路旅客运输合同从售出车票时起成立，至按车票规定运输结束旅客出站时止，为合同履行完毕。旅客运输的运送期间自检票起至到站出站时止计算。旅客自行中途下车，出站时铁路旅客运输合同履行终止。

三、车票

1. 车票是铁路旅客运输合同的凭证，可以采用电子数据形式或者纸质形式。本规程车票是以电子数据形式体现的铁路旅客运输合同的凭证，并实施车票实名制管理。

2. 车票（特殊票种除外）主要信息应包含：

(1)发站和到站站名。

(2)车厢号、席位号、席别。

(3)票价。

(4)车次。

(5)乘车日期和开车时间。

(6)有效期。

(7)旅客身份证件信息。

3. 车票票价为旅客购票时的执行票价。铁路运输企业调整票价时,已售出的车票不再补收或退还票价差额。

4. 除有效期有其他规定的车票外,车票当日当次有效。旅客自行中途上车、下车的,未乘区间的票款不予退还。

四、售票条件

1. 车票最远发售至本次列车终到站。铁路运输企业另有规定的票种除外。

2. 儿童优惠票。

(1)除需要乘坐旅客列车通勤上学的学生和铁路运输企业同意在旅途中监护的儿童外,未满 14 周岁的儿童应当随同成年人旅客旅行。

①随同成年人乘车的儿童,年满 6 周岁且未满 14 周岁的应当购买儿童优惠票;年满 14 周岁,应当购买全价票。每一名持票成年人旅客可免费携带一名未满 6 周岁且不单独占用席位的儿童乘车,超过一名时,超过人数应当购买儿童优惠票。儿童年龄按乘车日期计算。

②旅客携带免费乘车儿童时,应当在购票时向铁路运输企业提前申明,购票申明时使用的免费乘车儿童有效身份证件为其乘车凭证。

③免费乘车的儿童单独使用席位时应购买儿童优惠票。

④儿童优惠票的乘车日期、车次及席别应与同行成年人所持车票相同,到站不得远于成年人车票的到站。

(2)无票儿童办理进站补票和列车补票时,儿童优惠票应与同行成年人所持车票席别相同。旅客购票后,再行单独购买儿童优惠票时,可通过人工售票窗口办理,但应符合儿童优惠票发售有关规定。

成人旅客要求与儿童共用一个卧铺时,可按卧铺对应等级座席儿童优惠票价补售同席儿童优惠票。

(3)对于应购票而未购票的儿童旅客应引导购票后乘车。对于无法提供有效身份证件的免费乘车儿童,如根据实际情况能够判定为免费乘车儿童的,可允许先上车再补办申明手续;不能判明时应引导儿童旅客先办理临时乘车身份证明。

(4)儿童在列车上办理越站时,以越站车票乘车日期计算年龄。

(5)未满 6 周岁儿童凭新生儿出生医学证明可以办理免费乘车申明;年满 6 周岁的儿童不可凭新生儿出生医学证明购票和乘车。

3. 学生优惠票。

(1)在全日制高等学校(含国务院教育行政部门、省级人民政府审批设置的实施高等学历教育的民办学校),承担研究生教育任务的科学研究机构,军事院校,普通中、小学和中等职业学校（含有实施学历教育资格的公办及民办中等专业学校、职业高中、技工学校），国务院或国家宗教事务局批准的正式宗教院校就读的学生、研究生，家庭居住地和学校所在地不在同一城市时，凭附有标注减价优惠区间和火车票学生优惠卡的学生证（中、小学生凭加盖学校公章的书面证明），优惠区间应加盖院校公章，每学年（10 月 1 日至次年 9 月 30 日）可购买家庭居住地至院校（实习地点）所在地之间四次单程的学生优惠票。新生凭录取通知书、毕业生凭盖有院校公章的学校书面证明当年可购买一次学生优惠票。学生优惠票限于使用普通旅客列车硬座、硬卧和动车组列车二等座。

学生每学年乘车前应通过 12306 网站或到车站指定售票窗口或自动售票机办理一次本人居民身份证件与火车票学生优惠卡的优惠资质核验手续。通过车站指定售票窗口或自动售票机办理学生优惠资质核验手续时，应出具本人有效身份证件和学生证（附有火车票学生优惠卡），没有火车票学生优惠卡，火车票学生优惠卡所载信息不全、不能识别或者与学生证记载不一致的，无法通过学生优惠资质核验。

未办理或未通过优惠资质核验购买学生优惠票乘车时，列车应先办理补收票价差额手续，开具客运记录。旅客到站后可凭车补车票、学生证和购票时所使用的有效身份证件（列车如开具纸质客运记录，还应携带纸质客运记录），30 日以内到车站售票窗口办理资质核验和退票手续。车站核实学生所购学生优惠票符合有关规定后，为其办理资质核验，扣减学生火车票优惠卡次数，退还车补车票票款，不收退票费。

华侨学生和港澳台学生可购买学校所在地车站至口岸城市车站间的学生优惠票。铁路运输企业另有规定的除外。

学生证的减价优惠区间更改时，应重新加盖院校公章，并修改火车票学生优惠卡内相关信息。

学生优惠票根据减价优惠区间按相对近径路或合理径路发售。在减价优惠区间内购买联程车票时，扣减一次优惠乘车次数。超过减价优惠区间的，不发售学生优惠票。优惠乘车次数按学年使用有效，当学年不能使用下一学年的次数，当学年未使用的不能留作下学年使用。

（2）通过优惠资质核验的学生乘车时，列车应通过手持作业终端核验学生优惠票区间与学生证中填写优惠区间是否一致。如区间不一致时，对于已购学生优惠票区间超过学生证记载的优惠区间的，核收超过区间的票价差额，已核减的优惠次数不予退还；对于不符合学生证中优惠乘车区间或不符合减价优惠条件的，按全程全价核收票价差额，按规定核收加收票款，退还已核减的优惠次数。

（3）未通过优惠资质核验购买学生优惠票乘车时，列车应先办理补收票价差额手续。如已购学生优惠票区间与学生证中优惠区间一致时，则按优惠区间补全票价并开具客运记录；如学生已购车票区间超过学生证记载的优惠区间乘车的，分别核收超过区间的票价差额和已购车票区间与优惠区间一致部分的票价差额，并开具客运记录；对于不符合学生证中优惠乘车区间或不符合减价优惠条件的，按全程全价核收票价差额，按规定核收加收票款，退还已核减的优惠次数。

旅客到站后可凭车补车票、学生证和购票时所使用的有效身份证件（列车如开具纸质客运记录，还应携带纸质客运记录），30 日以内到车站售票窗口办理资质核验，核验通过的退还已购车票与优惠区间一致部分的车补车票；核验未通过的退还已核减的优惠次数，车补车票不退。

(4)旅客已购学生优惠票区间的发到站与学生证优惠区间的发到站为同城车站，视为区间一致。

(5)已购学生优惠票区间超过学生证记载的优惠区间时，如所乘列车不停靠学生证优惠区间的发到站时，按学生证优惠区间内与发到站最近列车停靠站办理补收票价差额手续。

4. 优待票。

(1)持中华人民共和国残疾军人证、中华人民共和国伤残人民警察证、国家综合性消防救援队伍残疾人员证的人员凭证可以购买优待票。

(2)退役军人事务部等相关部门已推送过减价优待资质信息的旅客，可直接通过12306网站和车站售票窗口购买优待票；客票系统查询不到减价优待资质信息的旅客，需凭减价优待凭证到车站售票窗口购买优待票。车站售票窗口对于能够查询到减价优待资质信息的旅客，可直接发售优待票；查询不到时需凭旅客提供的减价优待凭证发售优待票。站车对于购买优待票的旅客，要按规定核验相应减价优待凭证。

5. 在无人售票的乘降所上车的人员，可在列车内购票。

五、乘车条件

1. 旅客的乘车凭证是购票时使用的有效身份证件；随行免费乘车儿童的乘车凭证是其申明时所使用的儿童有效身份证件。

2. 旅客应当按有效车票载明的日期、时间、车次、车厢号、席位号和席别乘车。

3. 持低票价席别车票的旅客不能在高票价席别的车厢(区域)滞留。

4. 视力残疾旅客可以携带取得导盲犬工作证(载有导盲犬使用者信息，盖有公安部门或残疾人联合会公章，或带有国际导盲犬联盟标识“IGDF”)，用于辅助视力残疾人工作、生活的导盲犬进站乘车。旅客进站、乘车时，需主动出示残疾人证、导盲犬工作证、动物健康免疫证明等证件，携带的导盲犬接受安全检查。

六、列车运行中断对旅客的安排

1. 运行中断，列车不能继续运行时，应妥善安排被阻旅客，及时告知相关出行信息。

2. 运行中断，旅客可以按照铁路运输企业的安排返回发站、中途站退票或绕道旅行，退票按照《国铁集团客规》第五十一条办理。

3. 铁路运输企业组织原列车绕道运输时，旅客原票不补不退，但中途下车铁路旅客运输合同即履行终止。

4. 由于运行中断影响旅行，旅客要求出具证明时，车站应开具文字证明。

七、赔偿责任和免责范围

1. 在铁路运送期间旅客发生急病、分娩、遇险时，铁路运输企业应当尽力采取救助措施并做好记录。

铁路运输企业应当对铁路运送期间发生的旅客人身损害承担赔偿责任；旅客自身健康原因造成的或者铁路运输企业证明伤亡是旅客故意、重大过失造成的，铁路运输企业不承担赔偿责任。

在铁路运送期间因第三人原因造成旅客人身损害的，由第三人承担赔偿责任。铁路运输企业有过错的，应当在能够防止或者制止损害的范围内承担相应的补充赔偿责任。铁路运输企业承担补充赔偿责任后，有权向第三人追偿。

2. 在铁路运送期间发生旅客携带品毁损、灭失时，铁路运输企业过错造成的，应当承担赔偿责任。

旅客证明其确已携带进站乘车，且能够确定携带品价格的，按下列规定赔偿：

(1)旅客出具发票(或者其他有效证明)证明购买价格时，以扣除物品合理折旧、损耗后的净值予以赔偿。

(2)以处理单位所在地价格评估机构确定的物品价格予以赔偿。

3. 发生旅客人身损害事故时，旅客可向事故发生站或处理站要求赔偿。

4. 旅客在车站发现携带品损失时，应当在离开车站前向发生站声明；在列车上发现时，应当在下车前声明，由列车长开具客运记录交到站处理。

旅客要求赔偿时，应当按照上述规定，提交携带品内容、价格、携带进站乘车等有关证明。

第二节　实名制管理

一、车票实名制管理

车票实名购买和实名查验统称为车票实名制管理。

车票实名购买，是指购票人凭乘车人的有效身份证件购买车票，铁路运输企业凭乘车人的有效身份证件销售车票，并记录旅客身份信息和购票信息的行为；车票实名查验，是指铁路运输企业对实行车票实名购买的车票记载的身份信息与乘车人及其有效身份证件进行一致性核对，并记录旅客乘车信息的行为。

二、售票与购票

1. 车票应通过铁路运输企业提供的车站售票窗口、自动售票机、中国铁路 12306 网站(含铁路 12306 移动端，以下简称 12306 网站)、订票电话或铁路车票销售代理人的售票处购买。旅客应按约定支付运输费用，购票后应核对票、款，妥善保管车票信息及购票时所使用的有效身份证件。

铁路运输企业开办定期票、计次票、乘车卡等多种业务时，具体售票、改签、退票、检票和行李托运等业务规则由开办业务的铁路运输企业另行规定。

2. 通过车站售票窗口、铁路车票销售代理人的售票处购票或列车上购票、补票时，可以使用的有效身份证件包括：中华人民共和国居民身份证(含中华人民共和国临时居民身份证)，居民户口簿，中华人民共和国护照，中华人民共和国出入境通行证，中华人民共和国旅行证，新生儿出生医学证明，军官证、警官证、文职干部证、义务兵证、士官证、军士证、警士证、文职人员证，海员证，以及公安机关出具的临时乘车身份证明，中华人民共和国港澳居民居住证，中华人民共和国台湾居民居住证，港澳居民来往内地通行证，往来港澳通行证，大陆居民往来台湾通行证，台湾居民来往大陆通行证，外国人永久居留身份证，外国人护照，外国人出入境证,公安机关出具的外国人签证证件受理回执、护照报失证明,各国驻华使领馆签发的临时性国际旅行证件(应当附具公安机关签发的有效签证或者停留证件)。

通过12306网站、订票电话购票时,可以使用的有效身份证件包括:中华人民共和国居民身份证(含中华人民共和国临时居民身份证),中华人民共和国护照,中华人民共和国港澳居民居住证,中华人民共和国台湾居民居住证,港澳居民来往内地通行证,台湾居民来往大陆通行证,外国人永久居留身份证,外国人护照。

通过自动售票机购票时,可以使用的有效身份证件包括:中华人民共和国居民身份证,中华人民共和国护照,中华人民共和国港澳居民居住证,中华人民共和国台湾居民居住证,港澳居民来往内地通行证,台湾居民来往大陆通行证,外国人永久居留身份证。

3. 旅客应向铁路运输企业提供真实有效的联系方式。发售实名制车票时,铁路运输企业可以记录、保存并在铁路服务过程中使用旅客信息、联系方式,按国家规定承担相应的保密义务。

4. 铁路运输企业发售车票时,根据旅客需要提供载有车票主要信息的"行程信息提示"。通过12306网站购票的,"行程信息提示"可通过网站自行打印或下载。购票后如需报销凭证的,应在开车前或乘车日期之日起180日以内,凭购票时所使用的有效身份证件到车站售票窗口、自动售票机开具。

"行程信息提示"和报销凭证不能作为乘车凭证使用。

三、车票查验

1. 铁路运输企业按照国家有关规定对旅客所持车票和有效身份证件进行车票实名制查验。车站对进、出站的旅客和人员应当检票,列车对乘车旅客应验票。对应当持证购买的优惠票、优待票,铁路运输企业还须查验旅客相应优惠、优待证件。

2. 旅客应配合铁路运输企业实施的车票实名制查验工作,携带免费乘车儿童还应提供其购票申明时使用的儿童有效身份证件;使用持证购买的优惠票、优待票应出示相应优惠、优待证件。

3. 列车应严格执行验票制度,查验票证前做好广播宣传,取得旅客支持理解。动车组列车运行时间超过2小时的,始发后全面验票验证1次,途中对上车旅客进行验票;运行时间2小时以内的,要组织抽验。列车长应会同乘警、列车安全员进行查验,对票、证、人不一致的,按无票处理。

4. 各次列车要利用站车无线信息交互系统终端,通过席位信息查询、电子票夹等功能,按照始发后全面查验1次,途中对上车旅客进行查验的原则开展票证查验工作。票证查验应全面覆盖站车无线交互系统中显示的残、学、孩、免、乘车卡、未进检电子客票等特殊票种和席位,以及站车交互系统显示该运行区段应空闲但有旅客入座的席位、无座旅客和越站旅客;成灌线等市域短途列车组织抽验。对站车交互系统中无旅客进站检票记录的,列车应针对性开展查验并完成列车补检,以确保检票信息完整。对无票、持减价优惠优待票不符合减价条件的、违章使用乘车卡、铁路乘车证的旅客应按章补收票款。

5. 列车办理补票业务,旅客无法提供有效实名制证件(信息)时,站车使用无证补票功能,按全价进行补票。办理无证补票时,应开启音视频记录仪,确定并记录旅客无法提供有效身份证件的实际情况后,为其办理无证补票,证件类型选择"无证",完成补票后确认旅客接收通知短信并告知旅客妥善保存短信记录(短信内容包括字母 BP 打头的无证补票凭据号、订单号),旅客凭短信记录检票出站,凭短信记录到车站售票窗口领取报销凭证。

旅客在列车上办理无证补票后又找到原购票证件并查询到已购车票时,列车长应编制客运记录交旅客,作为旅客在到站出站前向到站要求退还后补票价的依据,退票不收退票费;检票出站后提出的,无证补票的车票不办理退票。

站车查验无证补票记录时,证件类型选择"其他"。

第三节　《铁路乘车证管理办法》相关规定

一、使用乘车证人员范围

铁路职工和符合本办法路乘车证的其他人员。

二、铁路职工乘车证种类

1. 硬席全年定期乘车证。
2. 软席全年定期乘车证。
3. 硬席临时定期乘车证。
4. 软席乘车证。
5. 硬席乘车证。
6. 定期通勤、通勤(通学)乘车证。
7. 就医乘车证(购粮乘车证用就医乘车证代用)。
8. 便乘证。
9. 探亲乘车证。

三、铁路乘车证分类

1. 按颜色分类:铁路乘车证分为浅黄色、浅粉色、浅蓝色。

(1)浅黄色:通勤乘车证、就医乘车证、探亲乘车证。

(2)浅粉色:软席全年定期乘车证、软席乘车证。

(3)浅蓝色:硬席全年定期乘车证、硬席临时定期乘车证、硬席乘车证、便乘证。

2. 按版式分类:横版、竖版。

(1)横版:硬席全年定期乘车证、软席全年定期乘车证、通勤乘车证。

(2)竖版:硬席临时定期乘车证、软席乘车证、硬席乘车证、就医乘车证、便乘证。

3. 按席别分类:软席乘车证、硬席乘车证。

4. 按有效期限分类:全年定期(一个历年)、临时定期(不超过三个月)、通学乘车证(一个学年)往返、单程(一次使用有效)。

5. 按乘车职能分类:公用乘车、生活乘车。

(1)公用乘车:软席全年定期乘车证、软席乘车证、硬席全年定期乘车证、硬席临时定期乘车证、硬席乘车证、便乘证。

(2)生活乘车:通勤乘车证、就医乘车证、探亲乘车证。

四、使用铁路职工乘车证准乘列车的规定

1. 持用全年定期、临时定期、软席、硬席乘车证和便乘证，在正式或临时营业铁路上准乘各种旅客列车(国际列车除外)。

2. 持用探亲乘车证准乘除国际、旅游列车以外的各种旅客列车。

3. 持用通勤、定期通勤乘车证准乘各种旅客列车(国际列车除外)。

4. 持用通学、就医、购粮乘车证原则上应乘坐本局开行的客车。

5. 持用铁路全年定期、临时定期、软席、硬席乘车证均可乘坐空调可躺式客车。

五、铁路乘车证使用的其他有关规定

1. 乘车证限乘证上所填写的持用人在有效期间和区间使用。乘车证(全年定期乘车证除外)的有效期间和出差证明、探亲证明时间应填写一致。

2. 各种乘车证(全年定期、临时定期乘车证除外)每张限填一个到站。由始发站至到达站有直达列车，一般应乘直达列车;因签证原因不能乘直达列车的，可在同一方向换乘站中换乘(限换乘一次)，经换乘站签证后，可继续乘车至直达站。

3. 定期通勤乘车证一个月只限使用一次，不能提前或移作下月使用。

4. 全年定期、定期通勤、通勤、就医(全年、定期)乘车证有效期为一年，可延期使用到次年的 1 月 15 日。

5. 持用铁路各种乘车证，均不能免费托运行李、搬家物品等。

6. 乘车证实行一人一票制。除探亲、便乘、就医乘车证外，以及除职工集中培训、施工等人员使用的硬席乘车证每张填发人数不得超过 10 人且仅限乘坐本局管内列车外，其余各种乘车证限填发一人使用。

7. 持用定期通勤、通勤、通学、定期就医、就医、购粮乘车证，除换乘外，中途下车无效。

8. 临时定期、软席、硬席、探亲乘车证的有效期间为三个月，可跨年填发。填发时应据实填写，不要一律都填三个月。

六、乘车证的违章处理

1. 在票面上加添、涂改、转借、超过有效期限或有效区间意乘车，未持规定的有关证明、证件或持伪造证明、证件的均按无票处理，要查扣其乘车证及有关证件。此外，单位还应追究其行政责任。对持用伪造乘车证者，一经发现，应立即查扣，并移交公安机关依法处理。超出规定条件使用乘车证者，也按违章使用处理。

2. 违章使用乘车证均要按所乘旅客列车的等级、席别、铺别、区间(单程或往返)及票面填写人数加倍补收票款，下列乘车证还应按票面记载的席别、区间，按照下列计算方法加收罚款：

(1)定期通勤乘车证，按票面填写乘车区间，自有效月份起至发现违章月份止按每月 1 次往返的里程计算。

(2)全年定期乘车证、临时定期乘车证、通勤(学)乘车证。从有效日期(过期的从有效期终了的次日)至发现违章日期止，票面填写的乘车区间在一个铁路局集团公司以内的，按每日乘车 50 千米计算票价;乘车区间跨铁路局集团公司的，按每日乘车 100 千米计算票价，计

算后低于 50 元的按 50 元核收。

(3)发现其他违章行为的，均按《国铁集团客规》的规定相应处理。

乘车证使用过程发现的违章事项，当时处理不了的，由站车编制客运记录，连同查扣的乘车证及有关证件报本铁路收票款和罚款；违章职工单位接到函件，要查证落实严肃处理，并将应补票款和处理结果于 30 日内报送发函单位收入部门。如违章者单位未按来函要求补缴款额的，铁路局集团公司要报告上级机关督促违章者单位迅速处理，必要时要追究单位领导责任。各单位在职工交回乘车证或日常检查中发现有违章使用的，也要按规定处理。对补缴的票款和罚款应上交财务部门。

3. 持铁路乘车证的铁路职工(含国铁控股合资铁路公司职工)乘坐动车组列车时，须实名签证后方可乘车。持软席全年定期乘车证、软席乘车证的人员可乘坐动车组列车卧铺和一等座席；持硬席乘车证(含全年定期、临时定期乘车证)的人员可以乘坐动车组列车卧铺和二等座席；持其他铁路乘车证的人员可乘坐动车组列车二等座席。

第四节　改签、退票、征信等相关规定

一、改签的相关规定

1. 旅客可办理一次改签，在铁路运输企业有运输能力的前提下，按下列规定办理：

(1)开车前 48 小时以上，可免费改签预售期内的列车。

(2)开车前不足 48 小时，可免费改签车票载明的乘车日期以前的列车。

(3)开车前不足 48 小时，可改签车票载明的乘车日期之后预售期内列车，核收改签费。

(4)开车后，在当日 24 时之前，可免费改签当日其他列车。

(5)开车后，在当日 24 时之前，可改签车票载明的乘车日期之后预售期内列车，核收改签费。

(6)办理变更到站的改签时，应在开车前 48 小时以上，原车票已托运行李的，还应办理行李变更或取消业务。

2. 旅客可在车站售票窗口、12306 网站和具备改签功能的自动售票机办理改签。凭各种有效身份证件购买的车票均可在车站售票窗口办理改签，但已开具报销凭证的和使用现金支付方式购买的车票，仅可在车站售票窗口办理改签；凭 12306 网站购票证件且使用电子支付方式购买的车票，可通过 12306 网站办理改签；在具备改签功能的自动售票机办理改签时，应按系统提示办理。

改签后如需改签费报销凭证的，可在办理之日起 180 日以内，凭改签时所使用的有效身份证件到车站售票窗口、自动售票机开具。

3. 在车站售票窗口办理改签时，乘车人须出具购票时使用有效身份证件；他人代办时应出具代办人有效身份证件及乘车人购票时使用的有效身份证件。

4. 旅客办理已开具报销凭证的车票改签时，须交回报销凭证。报销凭证无法交回或不可识别、不完整时，铁路运输企业不予办理改签。

5. 旅客办理改签时，改签后的车票票价高于原票价时，核收票价差额；改签后的车票票价低于原票价时，退还票价差额，核收票价差额的退票费。

6. 旅客在列车上办理席位变更时，变更后的票价高于原票价时，核收票价差额；变更后的票价低于原票价时，票价差额部分不予退还。

7. 因铁路运输企业责任使旅客不能按车票载明的日期、时间、车次、车厢号、席位号、席别乘车时，站车应妥善安排。重新安排的席位票价高于原票价时，超过部分不予补收；低于原票价时，应当退还票价差额，不收退票费。

8. 旅客要求越过车票到站继续乘车时，须在原车票到站前提出，在有运输能力的情况下列车可予以办理，核收越站区间的票款；无运输能力时，列车有权拒绝旅客补票和继续乘车。

9. 必要时，铁路运输企业可以临时调整改签办法。

二、退票的相关规定

1. 旅客要求退票时，须在车票载明的日期、车次开车时间前办理。已办理行李托运的车票退票时，应先办理取消行李托运业务。

退票核收退票费，应退票款按购票时的支付方式退还。退票后如需退票费报销凭证的，可在办理之日起 180 日以内到车站售票窗口、自动售票机凭购票时使用的有效身份证件开具。

2. 下列情况不办理退票：

(1)车票发站开车后。

(2)开车后改签的车票。

(3)加收的票款。

(4)车补车票(因未通过或未办理学生资质核验和丢失购票时使用的有效身份证件，而办理的补票除外)。

3. 旅客可在车站售票窗口、12306 网站和具备退票功能的自动售票机办理退票。凭各种有效身份证件购买的车票均可在车站售票窗口办理退票；凭 12306 网站购票证件购买的车票可在 12306 网站办理退票；在具备退票功能的自动售票机办理退票时，应按系统提示办理。

旅客使用 12306 网站购票证件，通过现金方式购买或已打印报销凭证的车票，可通过 12306 网站先行办理退票，自网上办理退票成功之日起 180 日以内，凭乘车人有效身份证件到车站指定窗口办理退款手续。

4. 在车站售票窗口办理退票时，乘车人本人办理的，需出具购票时所使用的有效身份证件；代乘车人办理的，需出具代办人的有效身份证件和乘车人购票时所使用的有效身份证件。

5. 旅客办理已开具报销凭证的车票退票或退款手续时，须交回报销凭证。报销凭证无法交回或不可识别、不完整时，铁路运输企业不办理退票或退款。

6. 旅客旅行途中因伤、病不能继续旅行时，经站车核实，可在下车后 30 日以内到下车站办理退票，退还已收票价与已乘区间票价差额，核收退票费；同行人同样办理。

7. 因铁路运输企业责任或自然灾害等其他不能正常运输情形导致旅客退票时按下列规定办理，不收退票费：

(1)在车票发站，退还全部票款。

(2)在中途站，退还未乘区间票款。

(3)在到站，退还车票未使用部分票款。

(4)列车因空调设备故障在运行过程中不能修复时，应退还未使用区间的空调费用。

8. 因列车晚点导致未乘车旅客退票时，应在车票发站列车实际开车前办理，退还全部票款，不收退票费。晚点列车晚点信息公布前已购联程车票，可一并办理退票，不收退票费。

9. 因列车停运导致旅客退票时，旅客可自列车停运信息公布时起至车票乘车日期后30日以内办理退票手续，不收退票费。停运列车停运信息公布前购买的联程车票，可在联程车票开车前一并办理退票，不收退票费。

10. 必要时，铁路运输企业可以临时调整退票办法。

11. 特殊情况退票。

(1)因列车席位调整，导致旅客在实际开车前要求办理退票时，车站应按照铁路不能正常运输情形导致旅客退票，向旅客退还全部票款，不收退票费。如旅客自行通过12306网站办理退票后，要求退还退票费时，可引导旅客拨打12306办理。

(2)因乘坐列车途中晚点导致无法正常使用联程车票时，旅客自行在12306网站办理联程车票退票后，要求退还退票费的，以及联程车票开车后无法退票时，可引导旅客拨打12306办理。

(3)因特殊情况导致旅客无法在开车前及时办理退票的，经车站售票负责人同意，可在开车后2小时内办理退票，核收退票费，并附具相应书面证明。

三、征信管理相关规定

1. 对发生下列严重失信行为的旅客限制乘坐铁路旅客列车：

(1)扰乱铁路站车运输秩序且危及铁路安全、造成严重社会不良影响的。

(2)在动车组列车上吸烟或者在其他列车的禁烟区域吸烟的。

(3)查处的倒卖车票、制贩假票的。

(4)冒用优惠(待)身份证件、使用伪造或无效优惠(待)身份证件购票乘车的。

(5)持伪造、过期等无效车票或冒用挂失补车票乘车的。

(6)无票乘车、越站(席)乘车且拒不补票的。

(7)依据相关法律法规应予以行政处罚的。

2. 严重失信行为以公安机关处罚或铁路站车单位认定为准。

(1)发生严重失信行为中第(1)(2)(3)(7)种情形即认定为失信行为。自公示期满无有效异议之日起180天内限制其购买车票。

(2)发生严重失信行为中第(4)(5)(6)种情形即认定为失信行为。发生第(4)(5)种情形即使旅客按规定补票也认定为失信行为，发生第(6)种情形旅客在结束本次旅行前最终按规定补票则不认定为失信行为。

旅客未补票的，自公示期满无有效异议之日起至失信人补齐所欠票款前限制其购买车票；失信人补齐第一次所欠票款后(自补票次日算起)一年内，三次发生上述第(4)(5)(6)种情形的，失信人补齐所欠票款后90天(含90天)内限制其购买车票。

(3)失信人的限制购票期限期满次日起自动解除对其的购票限制。

3. 站车现场采集失信行为的证据包括：失信人本人书面证明或音视频记录或2名以上

旅客证人证言。若同时有两项及以上证据时，应全部录入征信系统。

(1)站车工作人员记录失信旅客的身份信息时，应使用客运记录详细记录失信人的姓名、有效身份证件类型及号码、住址、联系方式、乘车日期、车次、区间、失信行为、所欠票款(应补票价、加收票价、手续费)、处理情况等信息。失信旅客身份信息记录要做到记载完整、字迹端正、清晰可辨。

登记后，经核对确认无误，由站车工作人员和失信旅客本人签字。如旅客拒绝签字时，站车工作人员应在记录中注明。

(2)站车工作人员应采用音视频记录仪、视频监控系统记录处置全过程。不具备音视频记录条件时应收集 2 名旅客以上的证人证言。

(3)站车工作人员在处置时，应通过口头或书面方式明确告知旅客处置依据和纳入铁路旅客信用信息管理，采取限制购票措施，并提供给国家、地方政府相关征信部门，告知旅客时必须使用巡检仪进行拍摄。告知内容如下：

告知模板：×××旅客，您的×××××行为违反了国家发展改革委等八部门《关于在一定期限内适当限制特定严重失信人乘坐火车推动社会信用体系建设意见》规定，我们将记录您的身份信息，在一定期限内限制购票，并按规定向国家、地方政府相关部门和有关征信机构提供铁路旅客信用信息。为避免对个人信用造成影响，请您自觉遵守国家法律规定和铁路有关规定，自觉维护铁路旅客运输秩序。谢谢配合。

4. 站车工作人员发现严重失信行为时，按照“谁采集，谁录入”的原则，在 5 日内通过国铁集团“铁路客运管理信息系统”(网页版或手机 App)中“征信管理”功能模块，按指定格式录入失信人失信行为信息。

客运站段客运科、乘务科应指定专人负责，在 5 个工作日内审核完毕录入的信息，并上传至成都局集团公司。站段信息审核工作应报经主管领导同意。

第五节　丢失乘车凭证的处理

1. 旅客购买车票后，丢失购票身份证件的，按以下方式处理：

(1)旅客在乘车前丢失证件的，应到该有效身份证件的发证机构办理临时身份证明，凭临时身份证明进出站乘车。

(2)旅客在列车上、出站前丢失证件的，须先办理补票手续，凭后补车票检票出站。在列车上办理时，列车核验席位使用正常的，开具客运记录；在车站办理时，车站核验车票无出站检票记录的，开具客运记录。旅客应在乘车日期之日起 30 日以内，凭该有效身份证件发证机构办理的临时身份证明和后补车票(如开具纸质客运记录，还应携带纸质客运记录)，到列车的经停站退票窗口办理后补车票与原票乘车区间一致部分的退票手续。办理退票手续时，如核查丢失证件所购原票有出站记录的，后补车票不予退票；无出站记录的，办理退票时，不收退票费。

2. 持有儿童优惠票的旅客在列车上、出站前丢失购票证件时，如本人或同行成年人旅客可以提供儿童优惠票购票信息时，可按儿童优惠票先办理补票手续，具体验检和退票规则为比照现行丢失购票证件有关规定执行。如本人或同行成年人旅客无法提供儿童优惠票购票信息时，凭中华人民共和国居民身份证、居民户口簿等可判定年龄的有效身份证件信息补票时，按证件信息判定年龄后补票；凭中华人民共和国护照、出入境通行证等无法判定年龄的有效身份证件信息补票时，按成人办理补票。到站后，退票时如核实旅客确实已购儿童优惠票，但后补车票与原票区间不一致时，可通过车站售票窗口人工办理退差手续，未退还票款开具退票报销凭证，其他比照现行丢失购票证件有关规定执行。

第六节　误售、误购、误乘和误降的处理

1. 在车站售票窗口发生旅客车票误售、误购时，旅客当场提出的，车站换发新票，需退还票价差额时，不收退票费。

铁路运输企业责任导致的误售应为旅客免费办理退票或换发新票。

发生误乘、误降时，旅客应向站车工作人员提出。列车长应编制客运记录交前方停车站；车站对本站发现或列车移交的误乘、误降旅客，应指定最近列车免费送回至车票到站或原票乘车站，对出站后提出的不予受理。如误乘旅客提出乘坐本趟列车直接去原票到站时，所乘列车票价高于原票价时，核收票价差额；所乘列车票价低于原票价时，票价差额部分不予退还。

站车遇旅客声明误乘时，如旅客上车站的所购车票车次和所乘车次的实际开车时间在30分钟内的可按误乘处理。两个车次上车站实际开车时间超过30分钟的，按原票乘车无效，重新补票处理。误乘旅客车票未检票时，列车应对其车票补检。旅客误降下车后，应在出站前向车站主动声明，车站应按误降办理。旅客出站后不予办理。

2. 在免费送回区间，旅客不得中途下车。如中途下车，对往返乘车的免费区间，按返程所乘列车等级分别核收往返区间的票款。免费送回区间，旅客应按照铁路运输企业指定的席别乘坐，旅客提出乘坐高票价席别时，按所乘列车最近提出站至下车站，重新核收高票价席别票款。

站车对于误乘、误降的旅客，应优先安排将旅客免费送回至原票到站；车站无去原票到站的直达列车时，可采取短径路换乘方式；车站当日已无送回列车时，可安排同城车站其他列车或本站次日较早列车送回。

误乘误降旅客携带无票儿童乘车时，按随行成人车票乘车区间补收儿童优惠票。

第七节　不符合乘车条件的处理

一、补收并加收票款

有下列行为时，铁路运输企业按规定补票，并加收已乘区间应补票价50%的票款：

1. 无票乘车且未主动补票时，补收自乘车站(不能判明时自始发站)起至到站止的车票票款。持失效车票乘车或在车票到站后不下车继续乘车的，按无票处理。

2. 持用变造、伪造或涂改的乘车凭证乘车时，除按无票处理外并送交公安部门处理。

3. 票、证、人不一致的，按无票处理。

4. 持用低票价席别车票乘坐高票价席别时，补收所乘区间的票价差额。

5. 旅客持优惠票、优待票，没有规定的减价凭证或不符合减价条件时，按照全价票价补

收票价差额。

二、补收票款

有下列情况时应当补收票款：

1. 应购买儿童优惠票而未买票的儿童，补收儿童优惠票票款。

2. 应购买全价票而购买儿童优惠票乘车的未成年人，应补收儿童优惠票票价与全价票价的差额。

3. 主动补票或者经站车同意上车补票的。

三、拒绝运送和运输合同的终止

1. 对无票乘车而又拒绝补票的人，列车长可责令其下车并应编制客运记录交前方三等以上车站或县、市所在地车站处理(其到站近于上述车站时应交到站处理)。车站对列车移交或本站发现的上述人员应追补应收和加收的票款。

2. 对下列旅客，站车均可拒绝其进站、上车或责令其下车；对责令其下车的，其未使用至到站的票款不予退还，运输合同即行终止：

(1)有《国铁集团客规》第四十一条规定的情况之一，拒不支付应补票款和加收票款的。

(2)不接受安全检查的，坚持携带或者夹带禁止、限制物品的。

(3)不接受车票实名制查验的。

(4)在站车内寻衅滋事、扰乱公共秩序，患有烈性传染病、严重精神障碍和醉酒等有可能危及列车安全或者其他旅客以及铁路站车工作人员人身安全的。

(5)告知列车无运输能力后，无票继续越站乘车的。

(6)国家规定的其他情况。

第八节　携带品及旅客遗失品相关规定

一、免费携带品

旅客携带品由自己负责看管。旅客需妥善放置携带品，不得影响公共空间使用和安全。每人免费携带品的重量和规格是：

儿童 10 千克，外交人员 35 千克，其他旅客 20 千克。每件物品外部尺寸长、宽、高之和不超过 160 厘米，杆状物品不超过 200 厘米；但乘坐动车组列车均不超过 130 厘米；每件重量不超过 20 千克。平衡车、滑行器等轮式代步工具须使用硬质包装物妥善包装。

依靠辅助器具才能行动的老、幼、病、残、孕等特殊重点旅客旅行时代步的折叠式轮椅，以及随行婴儿使用的折叠婴儿车，可免费携带并不计入上述范围。

二、违规携带品

旅客违规携带的物品按下列规定处理：

1. 在乘车站禁止进站上车。

2. 在车内或下车站，对超过免费重量的物品，其超重部分应自上车站至下车站补收行李运费。对不可分拆的整件超重、超大物品、活动物,按该件全部重量补收上车站至下车站行李运费。列车不具备补收条件时可交前方停车站处理。

3. 发现危险品或禁限物品,妨碍公共卫生的物品,损坏或污染车辆的物品时,列车交前方停车站处理,车站按该件全部重量加倍补收上车站至下车站行李运费;涉嫌违法犯罪的送交公安部门处理,对有必要就地销毁的危险品或禁限物品应按有关规定处理。

4. 如旅客携带超重、超大的物品价值低于运费时,可按物品价值的50%核收运费。

5. 补收运费时,不得超过本次列车的始发站和终到站。不能判明上车站时,自始发站起计算。

三、旅客遗失品

1. 发现旅客遗失物品应积极寻找失主。如旅客已经下车,应编制客运记录,注明品名、件数等移交下车站。不能判明时,移交列车前方站或终到站。

2. 遗失物品中的危险品、铁路进站乘车禁止和限制携带物品、机要文件站车要立即移交公安机关或有关部门处理。鲜活易腐物品和食品不负责保管和转送。遗失物品登记后,要在存放场所分类妥善保管,无人认领的遗失物品保管期限为自发布招领公告之日起一年。

第九节　新老兵运输

1. 铁路军事运输按运输种类分为人员运输和物资运输;按运输性质分为战备运输和日常运输。

2. 新老兵运输采取整批军运和零星购票相结合进行,主要有以下四种方式:

(1)组成专用客车底循环套用。

(2)选用部分旅客列车运送。

(3)在旅客列车中预留车厢。

(4)零星购票。

3. 新兵运输于每年9月5日开始,9月30日结束。退伍老兵运输于每年11月25日开始,12月31日结束。

4. 新老兵运输期间对退伍老兵随身携带的行李要求:

退伍老兵随身携带的行李、物品、书籍等,准予免费携带35千克。超过免费携带部分,按整批军运办理的,凭部队团以上机关证明信;购买客票分散走的,凭车票及退伍证,于乘车前3～5天到车站办理托运手续,铁路按行李计算运费。

退伍老兵乘车时,不准携带自行车、缝纫机、家具等大件物品。随身携带的物品严禁夹带武器、弹药和其他易燃、易爆危险品。

第十节　特定运输

一、包车

1. 凡要求单独使用加挂车辆或加开专用列车时,均按包车办理。包车人应先向承运人提出全程路程单。

2. 经协商同意，包车人应与承运人签订包车合同。包车合同主要载明：

(1)包车人、承运人的名称、地址、联系人姓名、电话。

(2)包用车辆种类、数量。

(3)发站和到站站名。

(4)时间。

(5)包车运输费用。

(6)违约责任。

(7)双方商定的其他事项。

签订包车合同的同时，包车人应缴付定金。

3. 包车人改变或取消用车计划时，应向承运人缴付延期使用费或停止使用费；因包用车辆自其他站向用车站调运车辆产生空驶时，还应缴付空驶费。承运人违约时应双倍返还定金。

包车人在中途站、折返站要求停留时，应缴付停留费。请求延长使用时，由中途变更站报请上一级主管部门批准后核收运输费用。缩短使用时，已收费用不退。

二、租车及自备车辆的挂运与行驶

1. 向承运人租用车辆时，租用单位应与承运人签订租车合同。租车合同主要载明：

(1)承租人和承运人名称、地址、联系人姓名、电话。

(2)租用车辆种类、数量。

(3)租用的时间和区间。

(4)租车费用。

(5)违约责任。

(6)双方商定的其他事项。

2. 企业自备车辆或租用车利用铁路动力、线路运行时，应向承运人提出书面要求，经协商同意并对机车车辆的技术状态检查合格后才能办理，核收挂运费或行驶费。长期挂运或行驶时，承运人应与企业或承租人签订合同。

三、过轨运输

国家铁路运输企业与其他铁路运输企业办理直通旅客运输业务时为过轨运输。办理过轨运输应报国务院铁路主管部门批准。

第五章 列车乘务管理

第一节 《铁路旅客运输管理规则》相关规定

一、旅行服务

1. 旅行服务工作的任务是满足旅客在旅行中吃、住、行、购、娱等多方面的需求。旅行服务要向多元化、多功能、多层次的一条龙服务发展。

2. 旅行服务工作应面向市场，采取灵活的经营方式，参与市场竞争，以满足旅客不同消费水平的需求，实现良好社会效益和经济效益。

3. 站车饮食供应应发展具有特色的快餐。快餐饭盒须回收或采用易于降解的材料，以保护铁路沿线的环境。

4. 要扩大车下加工能力，尽量为餐车提供成品或半成品餐料，减少餐车操作程序。

5. 站车饮食供应要认真执行“全面服务、重点照顾”的原则，尊重民族和外籍旅客的饮食习惯，禁忌避讳。

6. 饮食供应工作要认真贯彻执行《中华人民共和国食品卫生法》，加强食品采购、保管、加工、销售等各环节的管理，严防食物中毒。

二、铁路客运职工的职业道德

勤恳敬业：做到工作勤奋，业务熟练；
廉洁奉公：做到公道正派，不徇私情；
顾全大局：做到团结协作，密切配合；
遵章守纪：做到服从命令，执行标准；
优质服务：做到主动热情，细心周到；
礼貌待客：做到行为端庄，举止文明；
爱护行包：做到文明装卸，认真负责。

第二节 《铁路旅客运输服务质量规范》相关规定

一、安全秩序

1. 防火防爆、人身安全、食品安全、现金票据、结合部等安全管理制度健全有效。

2. 出、入动车所前，由车辆、客运人员对上部服务设施状态进行检查，办理一次性交接；运行途中，发现上部服务设施故障时，客运乘务人员立即向列车长报告，并通知随车机械师共同确认、处理。

3. 安全使用电源，正确使用电器设备。电器元件安装牢固，接线及插座无松动，按钮开关、指示灯作用良好；不乱接电源和增加电器设备，不超过允许负载。配电室（箱）、电气控制柜锁闭，无堆放物品。不用水冲刷车内地板、连接处和车内电器设备。

4. 餐车配置的微波炉、电烤箱、咖啡机等厨房电器符合规定数量、规格和额定功率，规范使用，使用中有人监管，用后清洁，餐车离人断电。

5. 执行车门管理制度。

（1）列车到站停稳后，司机或随车机械师开启车门，并监控车门开启状态。开车前，列车长（重联时为运行方向前组列车长）接到车站与客运有关的作业完毕通知后，按规定通知司机或随车机械师关闭车门。

（2）动车组列车停靠低站台时，到站前乘务人员提前锁闭辅助板指示锁并打开翻板，开车后及时将翻板及辅助板指示锁复位。

（3）餐车上货门仅供餐车售货人员补充商品、餐料时使用，无旅客乘降。

（4）列车运行中，车门、气密窗锁闭状态良好。定期巡视，保持通道畅通。发现车门未锁闭或锁闭状态不良时，指派专人看守，并及时通知随车机械师处理。

6. 安全标识设置齐全、规范，符合标准。采用广播、视频、图形标识、服务指南等方式，宣传安全常识和车辆设备设施的使用方法，提示旅客遵守安全乘车规定。

7. 运行中做好安全宣传和防范，车内秩序、环境良好，无闲杂人员随车叫卖、拣拾、讨要。发现可能损坏车辆设施和影响安全、文明的行为及时制止。

8. 行李架、大件行李存放处物品摆放平稳、牢固、整齐。大件行李放在大件行李存放处，不占用席（铺）位，不堵塞通道。锐器、易碎品、杆状物品及重物等放在座（铺）位下面或大件行李存放处。衣帽钩限挂衣帽、服饰等轻质物品。使用小桌板不超过承重范围。

9. 发生旅客伤病时，提供协助，通过广播寻求医护人员帮助；情形严重的，报告客调。

10. 办理站车交接，短编组动车组列车在4、5号车厢之间；长编组动车组列车在8、9号车厢之间；重联动车组列车在列车运行方向前组第7、8位车厢之间。

11. 乘务人员进出车站和动车所（客技站）时走指定通道，通过线路时走天桥、人行地道，走平交道时做到“一停二看三通过”，不横越线路，不钻车底，不跨越车钩，不与运行中的机车车辆抢行。进出车站时集体列队。

12. 乘务人员在接班前充分休息，保持精力充沛，不在班前、班中、折返站饮酒。

二、设备设施

1. 车内各种服务图形标识型号一致，位置统一，安装牢固，齐全醒目，符合规定。

2. 车厢外部的电子显示屏显示列车运行区间、车次、车厢顺号等信息，车内电子显示屏显示列车运行区间、车次、车厢顺号、停站、运行速度、温度、中国铁路客户服务中心客户服务电话（区号＋电话号码）、安全提示等信息，显示及时、准确。

三、文明服务

1. 仪容整洁，着装统一，整齐规范。

（1）头发干净整齐、颜色自然，不理奇异发型、不剃光头。男性两侧鬓角不得超过耳垂底

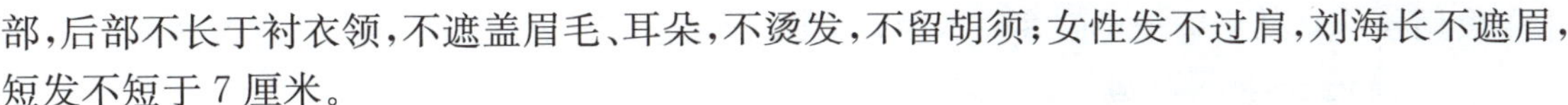

部，后部不长于衬衣领，不遮盖眉毛、耳朵，不烫发，不留胡须；女性发不过肩，刘海长不遮眉，短发不短于 7 厘米。

(2)面部、双手保持清洁，身体外露部位无文身。指甲修剪整齐，长度不超过指尖 2 毫米，不染彩色指甲。

(3)女性淡妆上岗，唇线与口红的颜色一致；眉毛修剪整齐，眉笔和眼线为黑色或深棕色；眼影的颜色与制服一致；使用清香、淡雅型香水。工作中保持妆容美观，端庄大方。补妆及时，在洗手间或乘务间进行。不浓妆艳抹。

(4)乘务组换装统一，衣扣拉链整齐。着裙装时，丝袜统一，无破损。系领带时，衬衣束在裙子或裤子内。外露的皮带为黑色。佩戴的外露饰物款式简洁，限手表一只、戒指一枚，女性还可佩戴发夹、发箍或头花及一副直径不超过 3 毫米的耳钉。不歪戴帽子，不挽袖子和卷裤脚，不敞胸露怀，不赤足穿鞋，不穿尖头鞋、拖鞋、露趾鞋，鞋的颜色为深色系，鞋跟高度不超过 3.5 厘米，跟径不小于 3.5 厘米。

(5)佩戴职务标志，胸章牌(长方形职务标志)戴于左胸口袋上方正中，下边沿距口袋 1 厘米处(无口袋的戴于相应位置)，包含单位、姓名、职务、工号等内容。臂章佩戴在上衣左袖肩下四指处。按规定应佩戴制帽的工作人员，在执行职务时戴上制帽，帽徽在制帽折沿上方正中。除列车长外，其他客运乘务人员在车厢内作业时可不戴制帽。

(6)餐车加热、供应餐食时，服务人员戴口罩、手套；女性穿围裙。

2. 表情自然，态度和蔼，用语文明，举止得体，庄重大方。

(1)使用普通话，表达准确，口齿清晰。服务语言表达规范、准确，使用“请、您好、谢谢、对不起、再见”等服务用语。对旅客、货主称呼恰当，统称为“旅客们”“各位旅客”“旅客朋友”，单独称为“先生、女士、小朋友、同志”等。

(2)旅客问讯时，面向旅客站立(工作人员办理业务时除外)，目视旅客，有问必答，回答准确，解释耐心。遇有失误时，向旅客表示歉意。对旅客的配合与支持，表示感谢。

(3)坐立、行走姿态端正，步伐适中，轻重适宜。在旅客多的地方，先示意后通行；与旅客走对面时，要主动侧身面向旅客让行，不与旅客抢行。列队出(退)勤(乘)时，按规定线路行走，步伐一致，箱(包)在同一侧。

(4)立岗姿势规范，精神饱满。站立时，挺胸收腹，两肩平衡，身体自然挺直，双臂自然下垂，手指并拢贴于裤线上，脚跟靠拢，脚尖略向外张呈“V”字形。女性可双手四指并拢，交叉相握，右手叠放在左手之上，自然垂于腹前；左脚靠在右脚内侧，夹角为 45 度呈“丁”字形。

(5)列车进出站时，在车门口立岗，面向站台致注目礼，以列车进入站台开始，开出站台为止。办理交接时行举手礼，右手五指并拢平展，向内上方举手至帽檐右侧边檐，小臂形成 45 度角。

(6)清理卫生时，清扫工具不触碰旅客及携带物品。挪动旅客物品时，征得旅客同意。需要踩踏座席、铺位时，戴鞋套或使用垫布。占用洗脸间洗漱时，礼让旅客。清洁厕所时，作业人员戴保洁专用手套。

(7)夜间作业、行走、交谈、开关门要轻。进包房先敲门，离开时应倒退出包房。

(8)不高声喧哗、嬉笑打闹、勾肩搭背，定时定点分批用乘务餐，其他时段不在旅客面前吃食物、吸烟、剔牙齿和出现其他不文明、不礼貌的动作，不对旅客评头论足，接班前和工作中不食用异味食品。餐车对旅客供餐时，不在餐车逗留、闲谈、占用座席、陪客人就餐。

3. 温度适宜，环境舒适。

(1)通风系统作用良好，车内空气清新，质量符合国家标准。始发前对车厢进行预冷、预热，空调温度调节适宜，体感舒适，原则上保持冬季18摄氏度～20摄氏度，夏季26摄氏度～28摄氏度。

(2)车内照明符合规定。夜间运行(22:00—7:00)时，座车照明开关置于半灯位；始发、终到站和客流量大的停站，以及列车途经地区与北京时间存在时差时自行调整。

(3)广播视频

①广播常播内容录音化。使用普通话。经停民族自治地区车站的列车可根据需要增加当地通用的民族语言播音。过港列车可增加粤语播音。直通列车可增加英语播报客运作业信息。

②广播语音清晰，音量适宜，用语准确，不干扰旅客正常休息。自动广播系统播报正确。

③视频系统性能良好，使用正常，始发前开启系统播放节目，播放内容符合规定并定期更新。

④广播、视频内容以方便旅行生活为主，介绍宣传安全常识和车辆设备设施的使用方法，提示旅客遵守安全乘车规定，播报前方停站、到站信息等内容，可适当插播文艺娱乐、文明礼仪、沿线风光、民俗风情、餐食供应、广告等节目。

4. 用水供应。

(1)饮用水保证供应，途中上水站按规定上水。

(2)运行途中为有需求的重点旅客提供送水服务。售货车配热水瓶，利用售货时为有需求的旅客提供补水服务。

5. 运行途中，厕所吸污时或未供电时锁闭厕所，其他时间不锁厕所。厕所锁闭时，为特殊情况急需使用厕所的旅客提供方便。

6. 公共区域的电源插座保证符合标示范围的旅行必需的小型电器正常使用。

7. 通过图形符号、电子显示、广播、视频、服务指南等方式宣传旅客运输服务信息，引导旅客自助服务。

8. 卧具终点站收取，贴身卧具一客一换。到站前提醒卧车旅客做好下车准备，不干扰其他旅客。夜间运行，卧车乘务员在边凳值岗，并定时巡视车厢。始发后和夜间客运乘务人员对卧车核对铺位。列车剩余铺位在列车办公席或指定位置公开发售，公布手续费收费标准。

9. 发现旅客遗失物品妥善保管，设法归还失主，无法归还时编制客运记录交站处理。无法判明旅客下车站时交列车终到站处理。

10. 全面服务，重点照顾。

(1)无需求无干扰。通过广播、电子显示屏等方式宣传服务设备的使用方法，方便旅客自助服务。

(2)有需求有服务。在各车厢电子显示屏公布中国铁路客户服务中心客户服务电话(区号+电话号码)。实行首问首诉负责制。受理旅客咨询、求助、投诉，及时回应，热情处置，有问必答，回答准确；对旅客提出的问题不能解决时，指引到相应岗位，并做好耐心解释。

(3)重点关注,优先照顾,保障重点旅客服务。

①按规范设置无障碍厕所、座椅、专用座席等设施设备,作用良好。

②对重点旅客做到“三知三有”(知座席、知到站、知困难,有登记、有服务、有交接);为有需求的特殊重点旅客联系到站提供担架、轮椅等辅助器具,及时办理站车交接。

(4)尊重民族习俗和宗教信仰。经停民族自治地区车站的列车可按规定在图形标识增加当地通用的民族语言文字,可根据需要增加当地通用的民族语言播音。

第三节 动车组列车乘务组织管理

一、列车乘务组

(一)人员组成

1. 动车组列车乘务组由列车长、列车员、随车机械师、动车组司机、餐服、保洁人员、列车安全员等组成,列车乘务组人员应当各司其职,在为旅客服务上,接受列车长统一领导。列车乘警依法开展警务执法、反恐怖防范工作,维护旅客列车治安秩序。

2. 人员素质。

(1)身体健康,五官端正,持有效健康证明。

(2)应当具备大专及以上文化程度,任职年龄结构合理,素质达标;掌握基本服务英语与手语,具有良好的语言文字表达能力和服务技巧。

(3)持有效上岗证,经过岗前安全、技术业务培训合格。从事餐饮服务的人员有卫生知识培训合格证明。

(4)动车组列车长还应从事列车乘务工作满 2 年;动车组商务座服务人员应从事动车组列车客运乘务工作不少于 1 年。

(5)能够熟练使用本岗位相关设备设施,熟知本岗位业务知识和职责;掌握担当列车沿途停站和时刻,以及上水、吸污、垃圾投放等作业情况;掌握本岗位应急处置作业流程,具备妥善处理突发事件和应急救护能力。

3. 客运人员应经过岗前安全、理论和实作培训合格,持证上岗;定期开展适应岗位要求的职业技能培训;每年采取脱产培训与日常技术业务学习相结合的方式进行适应性培训。餐营、保洁人员上岗前应当经过铁路安全及卫生知识、应急演练和设备操作培训,做到持证上岗。

(二)工作职责

1. 乘务组的主要工作

客运乘务组承担服务旅客、处理票务、保洁餐饮工作质量等工作。发生影响旅客安全问题时,客运乘务组应当立即采取有效措施,保护旅客安全。

(1)使车内经常保持整齐清洁、设备良好、温度适宜、照明充足。

(2)通告站名,组织旅客安全乘降,及时妥善安排旅客座席、铺位。

(3)对老、幼、病、残、孕、等重点旅客做到重点照顾。

(4)维护车内秩序,保证安全正点。

(5)做好饮食供应工作。

(6)列车运行中,客运乘务人员要加强车厢内巡视,遇危及行车和人身安全时,动车组列车长立即报告司机采取停车措施。

2. 动车组列车乘务工作一体化管理

(1)列车长是动车组乘务管理一体化工作的责任主体,负责协调各工种之间的配合,组织处理结合部问题,对餐饮、保洁工作进行检查验收,掌握列车客运服务设备设施故障情况,收集旅客对列车服务工作或其他工作的意见。

(2)随车机械师负责监控动车组运行中的技术状态,发现设备故障影响客运服务时,要及时将相关信息通知列车长和司机,并采取措施,妥善处理。

(3)列车乘警或安全员负责非正常运行情况或突发事件发生时,及时处置违反乘车管理规定的行为。

(4)餐饮服务员在列车长领导下开展工作,负责餐饮商品供应,满足需求,对饮食安全负责。负责餐车区域内卫生保持,回收餐饮包装。检查餐车餐饮设备作用和安全管理。按时向乘务人员供餐。遇有突发情况时服从列车长指挥,协助做好安全、服务工作。

(5)随车保洁人员接受列车长管理,完成列车卫生保洁工作,负责车内杂志、服务指南、清洁袋、洗手液、垃圾袋、芳香球(盒)、卫生纸、坐便垫等保洁消耗品的补充、配置和定位。遇有突发情况时服从列车长指挥,协助做好安全、服务工作。

3. 列车长岗位职责

(1)列车长是列车的行政负责人,必须认真执行党的路线、方针、政策,遵守国家法律和规章制度,负责列车运行中的各项工作,领导并督促各工种乘务人员执行标准化作业程序,严格落实安全制度,确保服务质量和旅客安全。

(2)服从调度指挥,保质保量完成上级布置的各项工作任务。

(3)负责对列车卫生清洁和保洁工作质量进行检查、验收,对列车餐饮供应和商品销售工作进行检查。

(4)负责办理乘务过程中的各项客运业务工作,受理旅客投诉和建议,帮助旅客解决旅途中的困难,与车站办理业务和重点旅客交接。

(5)负责乘务组在热备和折返站住宿期间的管理,负责对乘务各工种人员的工作质量进行考核。

(6)负责非正常情况的应急处置和指挥,及时向相关部门报告。

(7)负责召开班组出(退)乘例会。

(三)动车组班组人员配置及相关要求

1. 客运(列车)段应根据具体情况,制定各次列车的作业过程,并建立以岗位责任制为中心的各项管理制度。列车乘务(包乘、轮乘)制度的确定,应有利于服务质量的提高,车辆设备的保养及劳力合理使用。

2. 为确保服务标准落实,单程运行 4 小时及以上的 G、D 字头动车组列车,原则上每 2 车配备 1 名客运乘务人员,其中商务座和一等座车厢每车箱配备 1 名专职客运乘务人员;同一车厢内含两种座席的,执行高等级座席客运乘务人员配备标准;增配人员应主要做好列车服务工作,同时承担安全管理、应急处置等职责。

3. 为提升现场应急处置能力，客运乘务班组原则上应配备不少于1名男性乘务人员，16/17辆编组动车组（不含重联）应在配备的客运乘务人员中设置1名列车值班员；遇有节假日及高峰区段，在配备的客运乘务人员中要设置补票人员，确保列车长有足够时间和精力加强车内巡视。

二、乘务班组管理

（一）基础管理

1. 管理制度健全，有考核，有记载。定期分析安全和服务质量状况，有针对性具体整改措施。

2. 按规定配置业务资料，内容修改及时、正确。除携带铁路电报、客运记录外，车上不携带其他纸质资料台账。

3. 各工种在列车长的领导下，按岗位责任各负其责，相互协作，落实作业标准，有监督，有检查，有考核。

4. 业务办理符合规定，票据、台账、报表填写规范、内容准确、完整清晰。

5. 客运乘务人员配备统一乘务箱（包），集中定位摆放；备品柜、储藏柜按车辆设计功能使用，备品定位摆放。单独配置的备品柜与车身固定，并与车内环境相协调。

6. 定期开展职业技能培训，培训内容适应岗位要求，评判准确。

（二）乘降组织

1. 动车组在途中客运办理站停靠时，列车要提前做好宣传引导，车站应提前组织上车旅客在停车车厢位置指示标识处排队候车，并做好安全防护工作。在动车组司机继乘站，若操纵端司机与旅客共用车门处下车旅客较多，可能影响司机上车换乘、耽误司机换乘交接时，列车员应提前通告并取得旅客理解，组织旅客让出车门口和通往司机室的通道，便于司机快速上车。

2. 动车组实行开车打铃制度，开车时间前30秒打铃，铃响10秒。动车组开车前，列车长（重联时为运行方向前组列车长）接到车站与客运有关的作业完毕通知后，组织班组进行旅客乘降确认，铃停后，列车长按规定及时通知司机（机械师）关闭车门。

3. 为方便旅客便捷换乘，各次列车应根据列车运行方向、编组长短、顺号及各站确定的换乘地点位置，确认本次列车与车站换乘地点最近的车厢号，列车到站前广播告知旅客，便于换乘旅客在车内提前准确掌握车站换乘地点。

4. 开车前与车站办理交接。短编组动车组在4、5号车厢之间；长编组动车组在8、9号之间；重联动车组在列车运行方向前组第7、8位车厢之间。站车交接必须按规定进行，严禁信用交接。凡不按规定进行站车交接的，对造成后果的要追究相关人员的责任。

（三）列车服务

1. 树立“以人为本，旅客至上”的服务理念，借鉴科学先进的运营管理和服务模式，创造动车组列车全新的品牌形象。

2. 客运工作人员着装应衣着合体。客运乘务员、餐营服务员、随车保洁员的服装应有区分，均能体现“活力、热情、文明、自信”的专业形象要求。条件允许各单位可自行确定服装样式，但必须体现动车组良好的服务形象。在现有肩章、胸牌、臂章等服务标志以外，不佩戴任何袖标、绶带等附加物品。

3. 为维护动车组列车运行安全和车内秩序，列车要利用广播和电子显示屏等做好儿童乘车宣传，运行途中，工作人员要对乘车儿童重点关注，主动提示家长或同行成年人有关儿童乘车注意事项。发现幼儿在车厢过道单独行走、打水、上厕所等时，应主动询问并提供必要的帮助。发现儿童奔跑、吵闹、攀爬座椅、手扶门缝、触碰电茶炉等时，应及时劝阻。

第四节　动车组列车吸污、上水管理

一、动车组列车给水原则

1. 当日第一趟车始发时应辆辆满水。

2. 单程运行时间 10～14 小时的，途中安排重点车厢补水 1 次。16 辆编组的优先安排紧邻餐车的前后部各 2 辆车厢补水；8 辆编组及重联的每组优先安排紧邻餐车的前后各 1 辆车厢补水；部分车型紧邻餐车车厢没有厕所的，向邻近车厢顺延；4 辆编组的安排有厕所的车厢补水。

3. 单程运行时间在 14 小时以上的，途中(运行 7 小时前后)安排 1 次全列满水。

4. 车底连续套跑 10 小时以上的，中间(运行 6 小时前后)安排 1 次折返站全列满水。

5. 在给水站停时 8 分钟及以上时，辆辆满水；停时 6～8 分钟，辆辆补水；停时 4～5 分钟，重点车厢补水；停时 3 分钟及以下的，不安排给水作业。

二、动车组列车给水作业程序

1. 动车组列车由列车长确认车站给水情况，确认车站执行给水作业后在站车交互系统录入值乘车厢给水情况，列车长汇总沿途各站给水情况后提报。

遇列车停运折返不经停给水站时，应给水数修改为“0”，实际给水数填记为“0”；遇车站未给水等原因需要在实际给水填“0”时，备注应按实际填记。

2. 动车组列车在给水站开车后发现大面积(短编组 3 辆及以上、长编组或重联 5 辆及以上)断水的，该给水站的给水辆数均记做 0。

列车应做好旅客节约用水、爱护设备的宣传和防堵、防冻、解冻工作，不得随意关闭总阀，影响列车给水和正常使用。

三、动车组列车吸污原则

动车组列车原则上每运行 20 小时进行吸污，可根据吸污站设置、列车客座率等实际情况适当延长吸污时间。旅客列车吸污作业时，短编动车组列车站停时间不能低于 8 分钟，长编(重联)动车组列车和普速旅客列车站停时间不能低于 12 分钟。

四、应急吸污

1. 动车组列车厕所污物箱液位显示为 80%时，列车员应对该车厕所监控使用。乘务人员要做好节约用水和爱护设备宣传，尽量减少该车厢用水。

2. 当污物箱液位显示为100%或污物箱堵塞时，列车员应锁闭该车厕所门停止使用。乘务人员做好对旅客的宣传解释和引导致歉，并在厕所门上悬挂暂停使用提示牌，告知旅客。

3. 运行途中遇有30%以上的卫生间集便箱满载停用，预计无法维持使用至下一图定吸污站点时，由列车长视情况，按照公布的高速铁路吸污站选择应急吸污站（原则上选择本次列车停靠车站），提前1小时向吸污站所属局客运（客服）调度员提出包括车次、车站、吸污车厢号等在内的应急吸污请求。

4. 客运（客服）调度员接到列车长的应急吸污请求后，经值班主任（值班副主任）准许，及时向有关车站、吸污作业单位发布应急吸污作业的调度命令，抄送有关列车调度员，并通知列车长。列车长转报司机、随车机械师。不具备作业条件或来不及安排时，值班主任（值班副主任）立即报国铁集团高速铁路调度，并由客运（客服）调度员通知列车长。

5. 吸污作业单位接到调度命令后，应立即组织人员进行吸污作业，作业完毕向站台客运值班员（或站台客运负责人，下同）汇报，客运值班员按《铁路旅客运输服务质量规范》要求确认吸污作业完毕，并通知列车长。

第五节　动车组列车站车联控

一、联控相关要求

1. 参与车机联控的人员应经过培训，能够正确使用列车无线调度通信设备，掌握车机联控的作业标准，严格按照标准作业。

2. 执行车机联控时，应使用普通话，做到用语准确、吐字清晰，严格按照标准用语进行呼唤应答。通话完毕及时复位、挂机（具有"一键呼"功能电台按键使用后应及时复位），不得干扰其他人员车机联控，不得随意抢话，严禁讲与行车无关的话。

3. 执行车机联控时，凡具备录音功能的无线列调通信设备应开启录音功能；配有列车无线调度通信耳麦的作业人员作业中必须正确佩戴。

4. 车机联控时遇数字"0""1""2""7"可读"dòng（洞）""yāo（幺）""liǎng（两）""guǎi（拐）"，但车次首位为"0"或车次首位及第二位均为"0"时应发"零"音。旅客列车车次中的"G""C""D""Z""T""K""L""Y""F""S"分别读"高""城""动""直""特""快""临""游""返""唉斯"，动车组列车以外的旅客列车在车次前冠以"客车"。"DJ""X"分别读"动检""行（读xíng）"。其他未定车次用语按公布运行图规定执行。

5. 执行车机联控中，如果规定先呼唤的一方超过规定时机（或长时间）未呼唤，被呼叫或复诵方应进行反呼；遇呼叫后未应答，应再次呼叫（不少于3次）。当呼叫或复诵有误时，对方应及时给予纠正，并核对正确。

6. 客运乘务人员应配指定频率的无线对讲设备，具备与乘警（长）、列车司机、随车机械师通话的功能，列车长还应配置GSM-R通信设备。

（1）客运乘务人员（含列车安全员）无线对讲设备日常守候频率为457.950兆赫。列车始发前，列车长用列调电台与随车机械师、乘警和司机进行通话联络。

(2)GSM-R 手持机要严格落实上线注册和退乘注销规定；值乘中严禁擅自关机。动车组列车长要对 GSM-R 手持机各类功能、呼叫规则的掌握，确保正确操作。

(3)客运班组内部通信原则上使用客运频道对讲机或 GSM-R 手持机，不得无故占用动车组专用通信频道，避免影响正常行车。

7. 客运乘务组应按规定时间到达站台，动车组列车长通知司机开门。动车组始发开车前及途中司机换乘时，列车长要与司机以 CIR 设备时刻校对自身时刻、车次，并核对手持电台频率，通报 GSM-R 手持机号码，确保信息及时沟通。

8. 重联动车组由前组列车长负责站车联控，未得到车站客运作业完毕联控信息时，不得通知司机关闭车门。开车铃响前仍未得到车站客运作业完毕联控信息时，列车长应主动联系车站客运人员确认。

9. 动车组重联时乘降完毕联控用语。

(1)两组动车组重联时，前进方向后组列车长确认本组乘降完毕后，使用 457.950 兆赫频率向前组列车长报告"××次前组列车长×××、后组乘降完毕"，前组列车长确认后应答"××次后组乘降完毕，前组明白"。

(2)前组列车长得到车站联控确认及后组报告后，使用 467.200 兆赫频率呼叫司机，联控中如未听清或有异议，应反呼联系。

10. 动车完成当日乘务运行交路需在终到站吸污、上水时，在旅客乘降等作业完毕，具备退乘条件时，列车长要与车站站台客运人员联控后才能组织退乘。车站站台客运人员确认列车客运乘务组退乘完毕，确认列车吸污、上水等作业完毕后通知司机关闭车门。

二、《成都局集团公司行细》中联系用语的相关规定

1. 在始发站、中间站(含折返站)、无吸污、上水作业终到站，客运(值班)员、列车长、司机(随车机械师)车门作业组织联系用语。

客运(值班)员呼叫列车长："××次××站客运作业完毕"。

列车长应答："××次客运作业完毕，列车长明白"。

列车长呼叫动车组司机(随车机械师)："××次司机(随车机械师)，××次列车请关门"。

司机(随车机械师)应答："××次关门，司机(随车机械师)明白"。

2. 在完成当日乘务运行交路有吸污、上水作业终到站，客运(值班)员、列车长、司机(随车机械师)车门作业组织联系用语。

列车长呼叫客运(值班)员："××站，××次列车终到客运乘务作业完毕，准备退乘"。

客运(值班)员应答："××次列车长，××站收到"。

客运(值班)员呼叫动车组司机(随车机械师)："××次(准备开车车次)司机(随车机械师)，车站作业完毕，请关门"。

3. 动车组在始发站放行旅客前，列车长通知司机开门联控用语。

列车长呼叫动车组司机(随车机械师)："××次(准备开车车次)司机(随车机械师)，××次列车请开门"。

司机(随车机械师)应答:“××次开门,司机(随车机械师)明白”。

4. 动车组营业站滞留期间临时开门时联系用语。

(1)列车长与司机、随车机械师联系用语如下:

列车长:“×××次机械师、司机,需开启×车运行方向左/右侧车门”。

随车机械师:“×××次机械师明白”。

司机:“×××次司机明白”。

(2)相关作业完毕后联系用语如下:

列车长:“×××次机械师、司机,×车运行方向左/右侧车门已关闭”。

随车机械师:“×××次机械师明白”。

司机:“×××次司机明白”。

(3)列车长与车站客运值班员联系用语如下:

列车长:“××站,需开启×××次×车靠站台车门”。

车站客运值班员:“××站明白”。

第六节　动车组列车服务管理

一、动车组列车专项服务管理

商务座专项服务是客运基本服务,是站车共同协作的全流程专属服务。铁路 12306 为购买商务座的旅客发送提醒信息,提示商务座专用验证迎宾通道位置等。车站为旅客提供专用通道、专区候车、乘车引导、便捷出站服务。列车提供车内服务,动车组列车配置专项服务备品及专职服务人员,提供车内引导、问询、饮食品供应等服务。动车组列车商务座应配置专职服务人员负责两端商务座及所在一等座、二等座车厢服务。

车内服务流程如下:

1. 列车始发,列车员站立在车厢内面向门口立岗迎客,点头问候商务座旅客,手势指引至商务座车厢。

2. 列车开车后,为旅客提供毛巾、饮食品、报刊、防寒毯等专项服务内容;旅客乘车区段逢餐点,征询旅客用餐意见。

3. 运行途中,关注旅客动态,及时响应旅客需求,做好旅客餐食配送、备品补充及使用后的废弃备品回收等工作。

4. 到站前 5 分钟,告知下车旅客前方到站站名、时间、车外温度、下车车门位置,提醒旅客携带好行李物品;列车停稳前,关注下车旅客情况,必要时再次提醒,防止越站。

5. 列车到站后,列车员站立在车厢内面向门口,立岗送客下车;同时,欢迎上车商务座旅客乘车。

6. G 字头直通动车组特、一等座为旅客提供小食品饮品服务。

G 字头直通动车组列车应在每站开车后结合席位核对工作为特、一等座旅客提供瓶装饮用水或茶水服务,同时做好小食品发放工作。运行途中根据实际增加补水服务。

7. 列车商务座备品标准。

商务座专项服务备品配置见表 5-1。

表 5-1　商务座专项服务备品配置

序号	专项服务	用品类别	用品品名	配置要求	备　注
1	商务座专项服务	读物	专项服务项目单	应采用铜版纸印刷并加以塑封，内容应包含商务座旅客服务方式、服务内容、服务备品和服务标准	—
2			服务指南	杂志应为月刊，月初集中配发，根据丢失、破损情况，及时补充更新	
3			免费读物		
4			《人民铁道》报	种类不少于 2 种。客运段应根据列车定员、客流情况、列车停站频次，分线分车确定报刊配置数量	
5			地方报纸		
6		饮品	热茶	热茶配置绿茶、红茶等不少于 2 种	—
7			饮料	配置矿泉水、苏打水（弱碱性水）、碳酸饮料（如可乐）、果汁、咖啡等不少于 4 种，不宜选用功能性饮料	
8		小食品	国内小食品	选用非油炸类点心、蜜饯类、坚果类、糖类（如巧克力等）、牛肉或鱼肉等肉制品类（不宜用猪肉制品）、开胃小食品类（如豆腐干等）	小食品品种不少于 6 种，选择的种类须无壳、无核、无皮、无骨，独立小包装。小食品每季调整
9			进口小食品	至少 1 种	
10		免费餐食	早餐	免费供餐时段为 8:00 以前，具有条件的提供热链食品，不能提供热链食品的应提供中/低糖的糕点类（如蛋糕或面包等）小食品，种类不少于 2 种	配袋装佐餐果酱，赠送牛奶一盒，旅客有加热牛奶需求时不得拒绝
11			正餐	免费供餐时段为 11:30—13:00、17:30—19:00，供应以冷链为主，中高端价位，配用速溶汤，分量适中，可另行配备面点、菜品、佐餐料包等。品种不少于 3 种，配有清真餐食，定期调整	“复兴号”动车组商务座正餐有条件时提供热链食品
12	商务座专项服务	低值耗品	小毛巾	有统型要求的低值耗品，按相关统型标准执行；无统型要求的，由客运段自定	—
13			鞋套		
14			餐巾纸		
15			牙签		
16			清洁袋		
17			眼罩		
18			耳机		
19			耳塞		
20			一次性拖鞋		
21			一次性硬质塑料水杯		
22		固定备品（布制品）	热水瓶	有统型要求的备品（布制品），按相关统型标准执行；无统型要求的，由客运段自定	—
23			托盘		
24			防寒毯		
25			靠垫		

续上表

序号	专项服务	用品类别	用品品名	配置要求	备　注
26	G字头直通动车组特、一等座专项服务	饮品	热茶	热茶可配置绿茶、红茶等	种类不少于3种
27			饮料	饮料可配置矿泉水、苏打水(弱碱性水)	
28		小食品	饼干(糕点)类	选择的种类需无壳、无核、无皮、无骨，使用独立小包装	小食品种类不少于3种，每季调整
29			糖类		
30			坚果类		
31			蜜饯类		

二、静音车厢

1. 指定车次列车“静音车厢”设在3号车厢(二等座车厢)。在客室两端及客室端门上设置的“静音车厢”标识采用卡槽抽插的方式，便于标识卡片稳固、端正的安装。“静音车厢”标识卡片纳入值乘班组备品管理；在担当“静音车厢”任务时(担当列车车站检票前，下同)由值乘班组安装到位；担当“静音车厢”任务结束后(担当列车旅客下车完毕，下同)取下收回。

2.“静音车厢”内车载影视娱乐视频系统音量关闭；自动广播实施低音量广播，原则上应在最高音量的40%以内。

3. 列车运行期间，“静音车厢”客室端门设为自动模式，减少噪音影响；按规定提供杂志，满足旅客阅读需求；利用列车服务指南或“静音车厢”服务提示卡等，加强宣传引导。餐售、保洁人员通过该车厢时不得叫卖宣传，列车工作人员实施轻声服务；对违反“静音车厢”相关要求的旅客，做好劝阻或制止。

4. 开展“静音车厢”服务的动车组列车应配备少量一次性耳机、一次性耳塞，向有需求的旅客发售使用。

第七节　铁路畅行

1. 动车组列车开行前，列车长应通过站车无线交互系统仔细核对车次、车底号、座椅朝向等信息后进行铁路畅行开班操作，确保途中旅客正常扫码使用。未开启畅行码服务的列车，无需开班。

2. 列车工作人员发现畅行码损坏、缺失、张贴不规范等情况时，应重新张贴，填写并提交对应的车底车厢席位信息，完成补码工作。动车组列车二等座每车厢(餐座合造车除外)不得同时缺少6个码及以上，一等座每车厢不得同时缺少4个码及以上，商务座车厢不得同时缺少2个码及以上。

3.“铁路畅行”两院院士服务。

(1)服务范围及对象。

①服务范围为按照《关于开展商务座服务提质试点工作的指导意见》(以下简称《指导意见》)规定提供商务座提质服务的车站和其他具备条件的指定车站，以及相关的动车组旅客列车。

②服务对象为中国科学院院士和中国工程院院士，及随同出行的陪同人员一名。

(2)服务内容。

①按照《指导意见》规定，提供专席电话、专用通道、专区候车、专人引导、车内服务、便捷出站等“铁路畅行”服务。

②已购买车票的两院院士可通过北京12306客服中心服务预约专席电话(010-51822888)预约“铁路畅行”服务。

③对于院士提出的咨询、投诉等其他铁路客运服务需求，着力协调提供服务。

(3)车内服务。列车长在始发前，应通过站车交互系统查询、掌握本趟列车院士旅客乘车情况，如有院士服务工单，应提前布置车厢乘务员做好相应服务准备工作。对持非商务座车票的院士旅客，列车长要提前安排车厢乘务员加强关注，并与车站引导服务人员做好交接。

旅行途中，对乘坐商务座的院士旅客要按照既有流程提供商务座专项服务。对乘坐非商务座的院士旅客，列车长应主动问候，征求服务意见，提供茶水，不提供与其他旅客有明显区别的服务。车厢乘务员应持续关注院士旅客服务需求状态，做到有需求有服务，无需求不干扰。

预约“铁路畅行”服务的院士旅客到站前，列车工作人员应到车厢对院士旅客到站提醒。对持非商务座车票院士旅客，有条件的，列车工作人员应与车站引导服务人员进行交接。

第八节　结合部管理

一、餐营管理

1. 动车组餐营工作由担当客运段负责经营和管理，餐营管理人员应定期上车检查餐营服务工作质量。为列车提供餐营服务的企业必须通过ISO9000或HACCP质量认证。列车销售的预包装食品包装上应标明生产厂家、保质期、生产许可证编号等国家法律法规规定标明事项。

2. 动车组列车餐营人员聘用条件符合《动车组列车旅客运输管理暂行办法》要求，餐饮配送和销售人员应经过铁路知识和专业技能培训，持证上岗。动车组列车餐营人员职业素质、服务规范按照《成铁集团公司高速铁路客运服务规范》执行。

3. 列车上销售的食品、饮品必须为全国名优产品，由客运段按照成都局集团公司规定向列车配送。所售商品、食品、饮品、供餐的规格、价格等报成都局集团公司客运主管部门备案。不出售口香糖、方便面等严重影响列车环境卫生的食品。

4. 加热后未售出的食品严格实行定时报废制度。在列车上，报废的食品在未处理前应醒目标明“报废”字样存放。

5. 餐服人员负责列车运行中餐车的清洁卫生。餐车展示柜布置应当美观丰满，其他商品、备品存放不得侵占通道和影响安全。列车到站、开车时，乘务服务人员应当在餐车门内立岗迎送旅客。

二、保洁管理

1. 站车保洁应由具备资质的专业企业承担，保洁公司应具备完整的人员培训管理体系和培训制度，对保洁人员进行专业培训和安全教育，保洁人员经该公司培训合格方可持证上岗；车站保洁公司应具备高空作业资质；保洁企业按合同定期对车站和动车组进行日常和深度保洁，保证站车环境卫生整洁。

2. 保洁作业应当爱护车辆设备，保洁使用的清洁剂类用品应当是经过认证机构认证的产品，符合环保要求，不腐蚀、污染设备备品。保洁工具应定位隐蔽存放，对人为原因造成的设备设施损坏，保洁公司应承担赔偿责任。

3. 动车组车站和列车每季度由防疫部门负责消毒、杀虫、灭鼠一次，蚊、蝇、蟑螂等病媒昆虫指数及鼠密度符合国家规定。

第六章　客运服务质量

第一节　服务质量问题的定性及处理

一、客运服务质量问题分类

客运服务质量问题主要是指在客运服务过程中、虽未构成安全事故，但因铁路从业人员违背职业道德、降低工作标准，给旅客、旅游团体组织者、行包快运组织者等(以下简称客户)造成经济损失或者精神、身体伤害，给企业形象、声誉造成不良影响的行为。其主要包括以职务谋私、粗暴待客、勒卡索要、乱收费乱加价、违规经营、违规贩运、严重两违、其他等八大类。

1. 以职务谋私类，指凭借职务或工作之便，谋取个人或小团体私利的行为。

(1)利用旅客列车开行，票额分配，代售点审批、管理，团体票办理等铁路客票业务谋取私利。

(2)违反售票纪律，违反实名制规定、利用售票、改签、退票等谋取私利。

(3)内外勾结倒卖车票或为倒卖车票提供便利。

(4)为客户代办车票收取好处费或收钱不补票、收长途钱补短途票、恶意作废车票回收，为旅行团体代办车票、违规贩运等提供方便，获取不当利益。

(5)私带无票人员和货物，违规安排越席及其他不符合乘车条件人员乘车。

(6)其他谋取私利的行为。

2. 粗暴待客类，指铁路从业人员对客户使用侮辱性手势、辱骂客户、与客户发生肢体冲突的行为。

(1)对客户态度生冷硬顶，言语污秽，行为粗鲁。

(2)与客户发生肢体冲突。

3. 勒卡索要类，指在客运和行包运输服务过程中凭借职务或工作便利，采取刁难、要挟或威胁等手段，敲诈勒索客户的行为。

4. 乱收费乱加价类，指违反国家有关部门、国铁集团、铁路局集团公司规定的运输相关收费项目和标准，收取或变相收取不合法、不合理费用的行为。

(1)不按国家有关部门、国铁集团、铁路局集团公司统一公布的收费项目、收费条件和收费标准收取费用。

(2)营业窗口代收规定费目以外的其他费用。

(3)其他违规收取或变相收取不合理费用的行为。

5. 违规经营类，指在经营活动中违反规定，违背合同约定或客户意愿，采用强制、误导、诱导、搭售等手段侵害客户利益的行为。

(1)不按规定公示收费标准，不按规定签订合同，只收费不服务、多收费少服务，收费不提供合法票据。

(2)违规利用站车资源开展经营活动。

(3)强卖商品、出售假冒伪劣商品、虚假宣传误导诱导客户消费。

(4)餐车变相卖座。

(5)以提前进站、提供车票等手段误导诱导客户消费。

(6)经营活动中其他侵害客户利益的行为。

6. 违规贩运类，指凭借职务或工作便利，利用列车携带禁运、限运物品或违规办理禁运、限运物品运输的行为，盈利性(超量非盈利性)捎、买、带。

7. 严重两违类，指铁路从业人员违反企业管理规定，不按标准作业、应急处置不当、不提供服务设备设施等严重违规行为，造成客户精神伤害、人身伤害、财产损失等情况。

8. 其他类，客运服务中损害客户正当权益、影响铁路服务形象及声誉的其他问题。

二、客运服务质量问题定性

1. 客运服务质量事件等级划分

(1)客运服务质量不良反映。

(2)客运服务质量一般事件。

(3)客运服务质量严重事件。

(4)客运服务质量重大事件。

2. 客运服务质量不良反映

(1)以职务谋私、勒卡索要、乱收费乱加价、违规经营、违规贩运，涉及金额不足500元的。

(2)对客户态度生冷硬顶，使用侮辱性手势或辱骂客户的。

(3)严重两违，同一起事件引发3人以上不足10人投诉。5人以上不足20人漏乘、误乘、误降、越站。客户财产损失金额不足500元的。故意停用(含不修复)公共服务设施1月以上不足3月的。

(4)其他行为给企业形象、声誉造成不良影响。

3. 客运服务质量一般事件

(1)以职务谋私、勒卡索要、乱收费乱加价、违规经营、违规贩运，涉及金额500元以上不足5 000元的。

(2)与客户发生肢体冲突。

(3)严重两违造成客户轻伤。同一起事件引发10人以上投诉。20人以上漏乘、误乘、误降、越站。客户财产损失金额500元以上的。故意停用(含不修复)公共服务设施达3月以上的。虚假宣传商品1月内引发3名以上客户投诉的。

(4)其他行为给企业形象、声誉造成较大负面影响。

4. 客运服务质量严重事件

(1)以职务谋私、勒卡索要、乱收费乱加价、违规经营、违规贩运，涉及金额5 000元以上不足30 000元的。

(2)与客户发生肢体冲突导致客户受伤的。

(3)严重两违造成客户重伤或3人以下轻伤。

(4)其他行为给企业形象、声誉造成严重负面影响。

5. 客运服务质量重大事件

(1)以职务谋私、勒卡索要、乱收费乱加价、违规经营、违规贩运,涉及金额30 000元以上的。

(2)与客户发生肢体冲突导致客户受重伤的。

(3)严重两违造成客户1人以上重伤或3人以上轻伤。

(4)其他行为给企业形象、声誉造成巨大负面影响。

三、客运服务质量问题受理调查

客运服务质量问题的信息来源于铁路局集团公司客服中心12306受理投诉、客户来信来访、媒体(含自媒体)舆情、各级检查和单位自查等渠道。按以下要求受理:

1. 12306投诉问题,客服中心通知相关部门、单位,由相关部门、单位组织调查处理并将情况报客服中心。对典型问题由客运部直接组织调查或责成相关单位协助调查。

2. 客户来信来访问题,由客运部直接调查或通知相关部门、单位调查,由相关部门、单位组织调查处理并将情况上报客运部。

3. 舆情问题,由宣传部通知相关部门、单位和客运部,相关部门、单位组织调查处理并将情况上报宣传部和客运部。对典型问题由客运部或相关部门直接调查。

4. 各级检查发现的问题,由客运部根据问题情况,直接组织调查或通知相关单位,由相关单位组织调查并将情况上报客运部。

5. 单位自查问题,由相关单位组织调查并将情况上报客运部,客运部进行审核或重新调查。

客运服务质量问题的调查应尊重事实、客观公正,调查分析报告不得避重就轻、隐瞒事实。相关单位的调查结果与事实存在较大出入时,由客运部组织相关部门调查。

四、客运服务质量问题认定

1. 客运部对客运服务质量问题进行认定,单位对自查发现的不良反映进行认定。

2. 相关单位自查认定的客运服务质量不良反映应报客运部,客运部发现认定结果存在事实不符、依据不准等情况时,退回原单位重新认定上报。各单位因故不能按上级要求时限报送查处结果时,应向客运部提出延期查处客运服务质量问题报告。逾期不报的,客运部可直接定性处理,并通报批评。

3. 相关单位因处理不当,导致客户投诉升级或社会舆论扩大的,客运部在客运服务质量问题认定时将加重处理。

五、责任追究与处罚

1. 对客运服务质量事件的处罚,坚持实事求是、惩前毖后的原则,以事实为依据,准确定性,依规处理。

2. 对构成客运服务质量重大、严重、一般事件的管理责任追究,参照铁路局集团公司安全事故责任追究办法对铁路交通一般B、C、D类的事故追究。

3. 对构成客运服务质量事件的责任单位，按照铁路局集团公司领导人员经营业绩考核办法扣减经营业绩分值。

4. 对构成客运服务质量事件的责任单位，按照铁路局集团公司工资决定机制管理办法核减清算工资。

5. 对构成客运服务质量事件的职工，各单位应依据铁路局集团公司职工奖惩管理办法等有关文件规定制定奖惩办法，并按有关规定程序进行处罚。

6. 责任单位有下列情形之一的，可酌情从轻或减轻责任追究：

(1)主动交代问题或自查自纠的。

(2)主动退回违纪违规所得的。

(3)主动挽回损失、影响或有效阻止不良后果发生的。

(4)主动检举他人问题，对客运服务质量问题调查起到积极作用的。

(5)主动作为，息诉、息访、息舆情的。

7. 责任单位有下列情形之一的，从重或加重责任追究：

(1)拒不配合调查，单位不认真开展调查处理，或伪造、藏匿、销毁证据的。

(2)隐情不报，压而不查，查而不处的。

(3)唆使、纵容下属人员发生客运服务质量问题的。

(4)阻挠执行公务或打击报复检查人员或举报人的。

8. 对客运服务质量问题自查自纠的单位，按照铁路局集团公司经营业绩考核办法不扣减经营业绩分，对单位及负责人减轻责任追究。

9. 铁路局集团公司职工(含从业人员)应按铁路局集团公司铁路从业人员接触和服务旅客职业素养及行为规范执行，遇职工发生客运服务质量问题，由事发地单位向职工所属单位通报，所属单位按本办法提出处理意见并报客运部备案。

第二节 服务质量红线

一、关于粗暴待客类问题的界定意见

根据《中国铁路成都局集团有限公司客运服务质量管理办法》(成铁客〔2022〕3 号)规定，客运从业人员凡对客户态度生冷硬顶，言语污秽，行为粗鲁，以及发生肢体冲突的均属于粗暴待客类问题。

1.“言语污秽”既包括使用汉语对客户进行辱骂，也包括使用外语、民族语言或俚语、俗语等进行人身攻击。

2.“行为粗鲁”既包括侮辱性手势和肢体冲突等显性行为，也包括主观故意采取的威胁性手势等行为。

二、关于粗暴待客构成客运服务质量“红线”的规定

为促进客运从业人员“明底线、知敬畏”，将粗暴待客类问题中性质恶劣的 2 种情形纳入客运服务质量“红线”管理，包括：

1. 非自卫情况下，主动推搡、击打旅客等肢体冲突。

2. 任何情况下，抢夺（或强拿）旅客无危害的私人物品。

对触犯客运服务质量“红线”的直接责任人，由各单位按照《中国铁路成都局集团有限公司职工奖惩管理办法》（成铁劳卫〔2020〕193 号）相关规定处理。

第三节 《铁路旅客运输服务质量监督监察办法》相关规定

一、客运监察的职责

1. 监督监察旅客运输工作中执行国家政策、法规的情况。
2. 监督监察旅客运输部门、单位、个人执行规章制度、文电、命令、办法、标准等情况。
3. 监督监察客运服务质量。

（1）车站售票，旅客候车，检票，旅客进出站、上下车和行包托运、交付等服务的质量。

（2）旅客列车验票、旅客乘降、行包运输、列车服务的质量。

（3）站车环境卫生，饮食供应、治安秩序、广播宣传的情况。

（4）客运职工职业道德、职业纪律、文明服务、礼仪规范、作业标准等情况。

4. 客运服务设备、设施、备品质量和运用情况。
5. 对与国家铁路办理直通运输业务的其他铁路旅客运输企业进行服务质量监督、指导。
6. 受理、查处旅客、客户对铁路旅客运输服务质量的投诉。
7. 负责查处上级和新闻媒体及有关部门提出的铁路旅客运输服务质量问题。

二、罚则

1. 对服务质量问题的处罚，坚持实事求是、惩前毖后、治病救人的原则。
2. 处罚种类为通报批评、罚款、行政处分。
3. 对发生“服务质量严重问题”及以上问题的责任者给予行政处分的同时，可给予一次性罚款。
4. 对隐瞒事实、出具伪证、包庇纵容、阻挠妨碍客运监察执行公务或对举报、执行公务人员进行打击报复的，一经查实从严处理。
5. 对涉嫌触犯刑律的，移交司法机关依法处理。

第四节 旅客心理学相关知识

一、旅客心理学相关概念

1. 心理：指人的心理现象及其活动的规律。
2. 心理学：指研究人的心理现象及其活动规律的科学。
3. 旅客心理学：专门研究运输过程中旅客的心理现象及其活动规律的学科。
4. 旅客心理现象之——感觉。

（1）感觉：人脑直接作用于感觉器官的刺激物的个别属性的反映。

（2）感觉分为视觉、听觉、味觉、嗅觉、触觉。

5. 旅客心理现象之——知觉。

知觉:人脑对直接作用于感觉器官的客观刺激物的整体属性的反映。

知觉是带有个人感情色彩的认知。

6. 旅客在车站及列车上的感觉:

(1)环境状况。

(2)服务人员形象及态度。

(3)设施设备的完善与否。

7. 给旅客留下良好的第一印象:仪容仪表(制服、胸卡、面部、头发、首饰等),优雅的姿势,微笑,语言(音量、音色、用词等),态度(友好、积极、乐观)。

8. 对旅客进行准确感知:观察旅客的衣着服饰、观察旅客的面部表情、观察旅客的体型、肤色、观察旅客手势,走路姿势、观察旅客的语言特点、观察旅客的行李、用具。

9. 旅客的心理现象之——需要。

需要:个体由于缺乏某种东西,而力求获得满足的一种心理状态。

10. 马斯洛需要层次理论如图 6-1 所示。

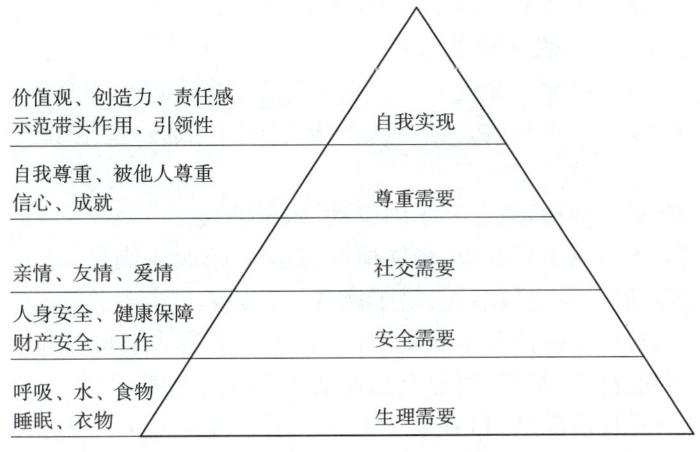

图 6-1 马斯洛需要层次理论

二、铁路旅客的旅行需要

1. 安全心理:最根本的需要,努力实现旅客的安全心理要求,是所有客运服务人员的首要工作。

2. 顺畅心理:顺利购票上车,不晚点等顺利、愉快。

3. 快捷心理:人们的时间观念有了变化,缩短旅行时间不但节约时间还减少旅行疲劳。

4. 方便心理:在购票、进出站、上下车及中转换乘等方面的便捷性。

5. 经济性心理:旅客的满足度与所付出的费用、时间成正比。

6. 舒适性心理:乘车环境、服务态度、饮食等。

7. 安静心理:旅客本身自己的约束,服务人员有责任加强对乘车环境的处理,制止不利于安静的事件,避免旅客大声喧哗,吵闹。

8. 尊重心理:旅客都希望自己的人格、习俗、信仰受到尊重,看到服务人员热情的笑脸,友善的话语。

所以,列车乘务组要做到车内的安全,列车长督促保洁做好环境卫生,给旅客一个舒适的乘车环境,待旅客如亲人,热情亲切,遇到需要帮助的旅客主动周到,处理车内事务灵活机智,对旅客尊重。

三、铁路旅客个性心理

1. 根据气质的类型划分

(1)多血质:多血质的人又称活泼型,主要心理特征为活泼好动,富于生气,情绪发生快而多变,表情丰富,思维语言动作敏捷,乐观,浮躁,轻率。

(2)胆汁质:胆汁质的人又称为兴奋型(不可遏止),主要心理特征为精力充沛,情绪发生快而强,语言动作急速而难以自制,内心外露,率直,热情,易怒,急躁,果敢。

(3)黏液质:黏液质的人又称为安静型,主要心理特征为沉着冷静,情绪发生慢而弱,思维语言动作迟缓,内心少外露,坚韧,执拗,缺乏灵活性。

(4)抑郁质:抑郁质的人又称为优柔寡断型,主要心理特征为柔弱易倦,情绪发生慢而弱,易感而富于自我体验,语言动作细小无力,胆小,孤僻。

2. 根据旅客心理和行为表现特点划分

(1)好奇型旅客:善问好动。客运人员应主动耐心地多介绍一些旅客列车的情况。

(2)文雅型旅客:举止文雅礼貌。客运人员应为他们挑选一些报纸杂志等,满足他们对知识的渴求。

(3)活跃型旅客:喜欢活动,爱在列车内走动、乐于助人。

(4)满足型旅客:大多无过高要求,较能体谅客运人员,易于满足。

(5)安静型旅客:动作、反应较缓慢,易于疲劳。客运人员应多关心。

(6)享受型旅客:对旅途生活要求较高,比较讲究。客运人员应尽量提供有利条件满足其需要,若条件达不到应耐心解释,切忌有急躁情绪和冷淡态度。

(7)抑郁型旅客:往往沉默寡言,食欲和睡眠较差。客运人员应热心相待,主动关心,减轻其乘车心理压力。

(8)急躁型旅客:情绪不稳定,易于亢奋。客运人员应见机行事,不一定要有过多接触。

(9)挑剔型旅客:性格外向,说话尖刻,好挑剔。客运人员应虚心接受其意见,避免发生争执。

3. 根据职业划分

(1)工人:工人旅客在旅行中一般都能自觉地遵守铁路的有关规定,维护站车秩序,并能积极协助和支持客运服务人员工作。

(2)农民:出门携带品多,强调乘车的经济性,尽量减少旅途费用。客运服务人员应多掌握和体贴农民旅客的个性心理,主动、热情地为他们服务。

(3)军人:具有较强的纪律性、自觉性和组织性,能够主动维护站车秩序,支持服务人员的工作。

(4)干部:具有一定的旅行知识,突出地表现出方便和顺畅的心理需要,很注意客运服务人员的服务态度、服务作风和服务水平。

(5)学生:学生处于青少年时期,精力充沛,思想活跃。在乘车旅行中,乘车心切,急于想到目的地，总是尽量减少在车站的滞留及等待乘车的时间，买到车票有座即可。旅行中的心理行为表现在喜欢聚集成群，好奇、好动；喜欢说笑、娱乐、热闹；爱看书、串座、串车厢；到站喜欢下车散步买东西。客运服务人员对他们的行为应礼貌地多给予提示，以免影响别人，或给自己增添麻烦。

(6)自由职业者：随经济的发展，行业不断增多，为人们提供了多种可选择的职业。在旅客运输中，自由职业者人数不断增加，这部分旅客给运输服务业提出了新的要求。

(7)除上述职业以外的旅客。

第七章　收入专业管理

第一节　《中国铁路运输收入管理规定》相关知识

《中国铁路运输收入管理规定》所称运输收入是指运输企业在办理客货运输业务和辅助作业中向旅客、托运人、收货人核收的运输全程票款、运费和杂费等运输费用的总称，其资金形态统称为运输收入进款。

一、运输收入分类

运输收入分为客运收入、货运收入、铁路建设基金和代收款。

1. 客运收入是指运输企业在办理旅客运输业务和辅助作业中，使用铁路客货运输票据，按规定向旅客、托运人、收货人核收的票款、运费、杂费。

2. 货运收入是指运输企业在办理货物运输业务和辅助作业中，使用铁路客货运输票据，按规定向托运人、收货人核收的运费、杂费。

3. 铁路建设基金是指运输企业在办理货物运输业务过程中，使用铁路客货运输票据，按规定向托运人、收货人核收的经国家批准征收的铁路建设基金。

4. 代收款是指客货营业单位核收铁路运输费用时，按规定一并核收其他费用，或使用其他企业专用票据为其代收的款项等。

二、运输费用收缴款管理

1. 运输费用核收方式分为现付、到付、后付、预付四种。

(1)现付：旅客票价、行李、货物运费以及发站发生的杂费(或发站计算核收到站杂费)实行发送核算制，由发站负责计费收款，发送运输企业审核列账。由客运售票、货运制票单位或站点负责计费收款，收款运输企业审核列账。12306网站售票、95306网站制票，通过客货运输业务信息系统和铁路电子支付计费和结算运输费用，由票面发站的运输企业审核列账。

(2)到付：批准按到付办理的货物运杂费、中途站和到站发生的杂费，由到站负责计费收款，到达运输企业审核列账。

(3)后付：符合后付范围的军事运输发生的票款、运费、押运人乘车费，以及国铁集团批准的按后付办理的货物运输费用，由发站负责制票，发送运输企业集中核算、列账，并按国铁集团制定的结算办法向指定单位进行结算。

(4)预付：铁路运输费用在付款人和收款人双方自愿的原则下可签订合同按预付办理。

2. 运输费用结算方式。

铁路运输费用结算方式分为现金结算和非现金结算两种，非现金结算包括支票、电子支付等。发生退款时，按原收款结算方式办理。(旅客列车扫码支付是指旅客使用手机上的扫码工具，扫描旅客列车提供的二维码，即客运段扫码支付管理系统生成的支付二维码，完成支付所补办车票票款的方式，属于铁路运输收入的非现金结算方式）

3. 客货营业单位应当建立健全客货票据及报表的自检、互检、总检复核制度，防止发生差错。

4. 多、少缴款处理。

营业窗口（指客货营业单位、客运售票和货运制票收款窗口、客票代售点、铁路无轨车站、旅客列车班组等）结账时，出现应缴款和实缴款不符时，列报溢收款、短少款科目。

多缴款超过 180 天未能处理的，转运营财务部门列营业外收入。

少缴款处理期限不得超过 30 天，对超过期限未处理的少缴款，转同级运营财务部门先予垫付，由其向责任单位追款，由责任人赔偿。

三、运输收入进款管理

1. 基本要求

运输收入进款存放地点和开放式营业窗口，应当配置安全设备和制定防范措施。

旅客列车应当配备保险柜存放票据和现金，并由列车长或指定专人负责管理，确保票据和现金安全。列车乘务工作终了交款时，应当由专人护送至交款处所。

2. 运输收入进款结账与报账

运输收入进款遵守先交款后结账原则，按日进行结账。旅客列车结账时间为本次乘务工作终了。当月运输收入进款应当在当月列账。

现金交接应当面清点，不准以支票套取现金。结账时出现多出款，应当在当日列账上缴，严禁保留账外现金。短少款由责任者当时赔偿，不准以运输收入进款或找零款顶数滚欠。每次值乘终了列车长办理交款手续后，再办理未使用票据的交接或保存手续。

结账出现重号时，按实际票款列账。结账出现票号缺失、票号未连续使用、打印的客货票据票面金额与其电子数据信息金额不一致时，按少缴款处理。

3. 运输收入进款动支范围

运输收入进款除下列规定范围外，一律不准动支：

(1)上缴运输收入进款。

(2)垫付旅客和路外人员意外伤亡、急救或埋葬费。

(3)运输企业批准垫付自然灾害急需款。

(4)垫付托运人责任的途中货车整理换装费和包装补修费。

(5)垫付保价行李、包裹、货物赔偿款。

(6)支付行李、包裹、货物运到逾期违约金。

(7)退还旅客和托运人、收货人的客货运输费用。

(8)支付代收款。

四、运输收入稽查管理

铁路运输收入稽查证和稽查臂章是运输收入稽查人员执行任务的凭证和标志。在执行稽查任务时，应当向被查单位的有关人员出示稽查证。查验旅客乘车凭证时应按规定着装，佩戴稽查臂章。

五、运输收入事故

1. 运输收入事故分类

(1)现金事故:现金丢失、被盗、被抢劫。

(2)票据事故:纸质铁路客货票据在印制、保管、发放、寄送、运输和使用过程中所发生的(含使用过的发送、到达客货票据和印刷过程中的半成品)丢失、灭失、被盗、短少,以及未连续使用或缺失客货电子票据号码,篡改、丢失铁路电子票据数据信息。

(3)坏账损失:因失职造成的无法收回的运输收入。

2. 运输收入事故等级

(1)一般事故:损失金额不足 100 万元。

(2)大事故:损失金额 100 万元及其以上,不足 1 000 万元。

(3)重大事故:损失金额 1 000 万元及其以上。

3. 运输收入事故金额计算

(1)现金、银行票据和坏账损失按实际损失计算。

(2)区段票每张按剪断线最高额计算。

(3)印有固定金额的纸质票据,按票面金额计算。

(4)未印金额的纸质票据,按每组(张)1 000 元计算。

(5)使用过的客货票据和到达票据的事故金额按实际损失计算,不能确定的按上述相应票据计算。

(6)上述以电子数据信息形式体现的铁路电子票据事故的金额按上述相应票据计算。

4. 运输收入事故处理

发生运输收入事故时,应保护好现场并立即报告运输企业收入管理部门和公安部门,及时组织破案。事故发生后,应于 5 个自然日内向本企业收入管理部门提出“运输收入事故报告表”并附责任人书面材料。重大、大事故应及时书面报告国铁集团收入管理部门。发生运输收入事故除按事故金额追款外,可视情节轻重对责任者给予企业纪律规定处理,情节严重的应追究主管领导的企业纪律责任。

5. 事故的经济承担

发生运输收入事故造成的经济损失须由责任者和责任单位承担,责任者无力承担的部分由事故发生单位负责承担,收回的事故追款交同级财务部门。

六、违纪追责

1. 违反运输收入纪律行为,是指运输企业及其所属单位或其工作人员在办理客货运输业务和辅助作业中,以及运输收入核算、列账和报缴时,为了局部利益或个人利益,违反有关铁路客货运输及收入管理规章制度的以下行为:

(1)造成本企业和其他运输企业经济利益损失的。

(2)有意侵犯运输收入的。

(3)造成运输收入遭受损失的。

(4)贪污、截留、挪用运输收入进款的。

(5)虚列、逾期列报运输收入、混列运输收入科目的。

(6)发生重大运输收入事故的。

2. 对于违反运输收入纪律的行为,无论金额大小,都应当区别做出如下处理:

(1)按照规定承担其他运输企业的经济损失。

(2)追缴违规所得。

(3)追收运输收入损失。

(4)追缴被侵占、截留、挪用的运输收入进款并核收迟交金。

(5)调整有关账目。

(6)其他处理措施。

3. 对于构成运输收入违纪行为的单位,应当区别做出如下处理:

(1)警告。

(2)通报批评。

(3)追补款、追补金额可根据实际情况,一般不低于运输收入损失或追补款的20%。

(4)纳入年度有关考核。

(5)其他处理措施。

4. 对于构成运输收入违纪行为的直接责任者、主要领导责任者和重要领导责任者,根据事实和情节,按照下列规定给予企业纪律处分、经济处理:

(1)企业纪律处分:根据情节轻重按照企业有关规定执行,包括警告、记过、记大过、撤职、留用察看、开除。

(2)追补款。

(3)其他处理措施。

5. 侵犯运输收入行为涉嫌犯罪的,由实施检查的机关或部门将案件连同有关的证据一并移送司法机关处理。

第二节 铁路运输收入管理相关规定

一、旅客列车补票与到站补票业务实施铁路电子客票运输收入管理

1. 电子客票规则

铁路旅客列车补票与到站补票业务的电子客票(以下简称电子客票)是以电子数据形式体现的铁路电子客票的组成部分,是铁路运输企业核算运输收入的原始凭证,应当遵循运输收入票据管理的相关规定。

使用列车补票与到站补票业务系统的客运段与营业车站(以下简称营业单位),应按照旅客列车与到站补票终端设备(以下简称补票终端机)设置电子客票票据账,掌握电子客票动态。电子客票应当按照编码规则和票符票号顺序连续性,不得间断和篡改电子票号,确保电子客票票款的完整。

2. 电子客票领用

营业单位按照运输收入票据管理的规定,应当在补票终端机使用前配置所需的电子客票数量,在电子客票明细账的领收方登记所配置电子客票的起止票号;电子客票应当按照电子客票票号顺序连续使用,出现间断不连续时,应当分别登记,并按有关规定处理;营业单位

应当按相关规定结账后，根据列车补票移交报告或车站补票票据整理报告在电子客票明细账的使用方登记所使用的起止票号，并结出使用数量；旅客列车的补票终端机再次启用前或车站补票窗口增加电子客票数量时，配置所需的电子客票起始票号，应当与前一次补票终端机结账时的电子客票终止票号相连续。旅客列车电子客票数量按本次乘务所需数量配置，营业车站补票窗口电子客票数量按本月补票所需数量配置。

3. 补票票款列缴

营业单位办理补票业务按照既有的结算方式，正确办理票款的结算。客运段列车补票业务核收的现金或非现金结算的电子支付补票款均列报应缴款科目，并按规定逐级汇缴。营业车站到站补票业务核收的现金列报应缴款科目，并按规定逐级汇缴；通过铁路电子支付平台结算的电子支付补票款列报已缴电子支付结算款科目。

4. 电子客票数据

营业单位应当正确使用补票终端信息系统办理补票业务根据补票终端存储的电子客票信息进行结账和编制相关运输收入报表，并按照规定时间和接口数据格式文件，及时提报电子客票相关信息。电子客票数据格式文件内容应当增加电子客票领收时电子客票的起止票号和数量，以及电子客票票据收发月报等相关内容。

5. 电子客票对账

运输企业收入管理部门应当按照营业单位的补票终端机设置电子客票票据账，根据运输企业收入管理部门合规性审核后的列车补票移交报告，或车站补票票据整理报告在电子客票明细账的使用方登记所使用的起止票号，并结出使用数量，对票据账领收方与使用方起止客票票号的连续性进行确认。出现未连续时应分别登账，并填发相关通知书处理。电子客票票据账按月与营业单位编报的电子客票票据收发月报进行核对。补票终端机损坏、报废等终止使用后，该电子客票编码组同时终止使用，不得与其他补票终端机混用或借用。

二、旅客列车扫码支付运输收入管理办法相关知识

1. 旅客列车扫码支付是指旅客使用手机上的扫码工具，扫描旅客列车提供的二维码（即客运段扫码支付管理系统生成的支付二维码）完成支付所补办车票票款的方式，属于铁路运输收入的非现金结算方式，其管理应符合铁路运输收入管理和与铁路合作支付公司扫码支付等有关规定和规则。

2. 客运段运输收入管理人员根据列车长出乘领取的补票机，通过扫码支付管理系统选择相应的补票机生成“列车长授权二维码”。列车长使用手机上已安装的合作企业扫码支付应用扫描“列车长授权二维码”，获得接收该补票机对应的“收款二维码”收款消息通知和办理退还款差额的权限。“列车长授权二维码”只能授予一个用户，更换用户需取消授权后再办理新用户的授权，一个用户可获得多个“收款二维码”的授权。

3. 扫码支付管理系统生成的二维码标识，包括客运段名称、企业商户账户、列车车队、列车班组、补票机 ID 等相关信息。

4. 列车办理补票时，根据旅客选择的现金、扫码支付方式，在移动补票机上选择相应支付方式选项（如现金、微信、支付宝等）。列车补票系统按不同的支付方式进行结账。

5. 旅客选择与铁路合作支付公司扫码支付方式后，列车补票人员在补票机上选择并

显示相应支付方式的“收款二维码”。旅客使用其付款手机上已安装相应方式的扫码支付应用自主扫描“收款二维码”后，并输入应支付的车票款金额，支付成功后获取补办的车票。

6. 旅客使用扫码支付列车补票款后，因发生线路中断、空调故障、旅客因病中途下车及列车挂失补等需办理退款时，按现行规定由列车长开具客运记录，交旅客到站办理。到站通过原扫码方式办理退票、退款手续。

7. 列车乘务工作终了，应按照不同的支付方式进行交接。各列车班组乘务期间，列车扫码支付管理系统按照车补扫码支付交易信息进行结账和打印“结账凭证”的交易金额，应与列车移动补票系统结账打印的“车内补票移交报告”所列示的相应扫码支付车补票款相一致。出现不符时，及时查明原因，按有关规定处理。现行列车补票现金交接与管理方式不变。

8. 列车长办理交接手续完毕后，客运段运输收入管理人员通过扫码支付管理系统同步取消该补票机“收款二维码”和“列车长授权二维码”相关业务的授权。

9. 列车班组使用移动补票机通过各种支付方式办理的列车补票款，应与列车班组实际核收的现金和相应的扫码支付交易金额相一致。出现不符时，应查明原因，按有关规定处理。

10. 任何单位和个人不得篡改与扫码支付有关的原始电子信息。

第三节　《铁路客运运价规则》相关规定

1. 客运运价包括旅客票价和行李、包裹运价。客运运价与客运杂费构成全部运输费用。

2. 国家铁路的旅客票价率和行李、包裹运价率由国务院铁路主管部门拟定，报国务院批准。客运杂费由国务院铁路主管部门规定。经国务院铁路主管部门商国家物价主管部门同意，特殊区段可实行特殊运价。

3. 在国务院批准的价格内，经国家物价主管部门同意，国务院铁路主管部门可根据运输市场的需求实行浮动价格；对在铁路局集团公司管内运行的旅客列车的票、运价，可根据具体情况，赋予铁路局集团公司自行浮动的权力。

4. 国家铁路的客运运价，尾数以 5 角为单位，尾数小于 2.5 角的舍去、2.5 角以上且小于 7.5 角的计为 5 角、7.5 角以上的进为 1 元。国家铁路的行李、包裹运价及客运杂费的尾数保留至角。对浮动票价应分别按票种处理尾数。

5. 下列用语在本规则内的含义：

“以上”“以下”“以内”“以外”“以前”“以后”——均包括本数。

“超过”“大于”“不满”“小于”“不足”“不够”——不包括本数。

“过轨运输”——国家铁路与地方铁路、合资铁路及特殊运价区段间的相互运输。

6. 运价里程。

(1)旅客和行李、包裹的票、运价里程，以国务院铁路主管部门公布的《铁路客运运价里程表》为计算依据。发到站间跨及两条及其以上线路时，应按规定的接算站接算；通过轮渡时，应将规定的轮渡里程加入运价里程内计算。

(2)旅客票价里程,按旅客乘车的实际径路计算。

(3)行李运价里程,按行李实际运送的径路计算,旅客要求行李由近径路运送时,如有直达列车可按近径路计算。超过车票终到站以远的行李计费径路比照包裹计费径路办理。

(4)包裹运价里程按最短径路计算,有指定径路时,按指定径路计算。带运、押运包裹的运价里程按实际径路计算。有直达列车的(指挂有行李车,下同)按直达列车径路计算,有多条直达径路的,按其中最短径路计算。没有直达列车的,按中转次数最少的列车径路计算,中转次数相同的,按最短列车径路计算。

(5)计算旅客票价,行李、包裹运价的起码里程为:客票 20 千米;空调票 20 千米;加快票 100 千米;卧铺票 400 千米(特殊区段另有规定者除外);行李 20 千米;包裹 100 千米。

7. 旅客票价。

(1)旅客票价包括两部分:

①客票票价:分为硬座、软座客票票价。

②附加票票价:分为加快、卧铺、空调票票价。

(2)旅客票价是以每人每千米的票价率为基础,按照旅客旅行的距离和不同的列车设备条件,采取递远递减的办法确定。具体票价以国务院铁路主管部门公布的票价表为准。

(3)儿童优惠票可享受客票、加快票和空调票的优惠,儿童优惠票票价按相应客票和附加票票价的 50%计算。免费乘车及持儿童优惠票乘车的儿童单独使用卧铺时,应另收全价卧铺票价,有空调时还应另收半价空调票票价。学生优惠票可享受硬座客票、加快票和空调票的优惠,学生优惠票票价按相应客票和附加票票价的 50%计算。持学生优惠票乘车的学生使用硬卧时,应另收全价硬卧票价,有空调时还应另收半价空调票票价。优待票可享受客票和附加票的优惠,优待票票价按相应客票和附加票票价的 50%计算。享受优惠的儿童、学生、伤残军人乘坐市郊、棚车时,仍按硬座半价计算,不再减价。

8. 客运杂费。

(1)客运杂费是指在铁路运输过程中,除去旅客车票票价、行李包裹运价以外,铁路运输企业向旅客、托运人、收货人提供的辅助作业、劳务及物耗等所收的费用。

(2)客运杂费的收费项目和收费标准由国务院铁路主管部门制定。

9. 计算方法。

(1)运价里程计算。《铁路客运运价里程表》是用以计算旅客票价及行李、包裹运价里程的依据,并用以查找和确认车站有无营业办理限制。里程表所载入的线路,为国家铁路的正式营业线,与国家铁路办理直通运输的地方铁路线、合资铁路线。

(2)客运票价计算。动车组列车票价管理由国铁集团统筹协调、实行分级管理。动车组列车票价分为公布票价和执行票价,公布票价是指无折扣的全价票票价,是执行票价计算的基础。执行票价是实际发售的全价票票价,执行票价不得高于公布票价。享受减价优待的儿童、学生、伤残军人乘坐动车组时,其票价均以公布票价为计算基础。动车组二等座学生优惠票按公布票价的 75%计算。

第四节　运输收入票据管理相关规定

一、客运票据范围与性质

铁路办理旅客运输使用的各种车票、行李票、包裹运单、客运杂费收据和定额收据，以及电子票据等统称为铁路旅客运输票据。客运票据分为以印刷或打印形式体现的铁路纸质票据，或以电子数据信息形式体现的铁路电子票据。客运票据是铁路收取旅客运输费用的结算单据和运输企业核算运输收入的原始凭证，任何单位或个人不得篡改铁路电子票据数据信息。

二、客运票据的使用

1. 客运票据的印制和使用应当遵守以号控票、以票控款原则。按照客运票据编码规则和票符票号顺序连续性，不得间断或缺失。任何单位和个人不得篡改电子票号。如因工作失误出现越号时，应及时向上级收入管理部门报告，在“票据整理报告(财收—4)”上分行填记上报，并尽快采取措施恢复顺序使用。

2. 对填写式票据，不论是手工填写还是计算机填写，都必须各联同时复写，不得分联填写。

3. 客运票据的内容应按照规定逐项填写，不得省略项目。客运票据发生填写错误或代用票剪断线与填写金额不符时，不得涂改，一律按作废票处理。代用票“旅客联”一经剪断，原则上不得按作废票处理，如属特殊情况，应由经办人写出经过，经单位领导签认后，报上级收入管理部门核实处理。作废的客货运输票据必须各联齐全，票面上画对角线，并需加盖“作废”戳记。除存根联外其他各联一并上报。

4. 使用计算机填制客运票据的，在实际制票工作中如果出现计费方面的错误，应及时报告上级收入、客运和信息管理部门解决。

三、客运票据的缴销

对不适用的客运票据，应及时清点并填制“客货票据缴销单(财收—24)”报上级收入管理部门审批后，连同客运票据寄送上级收入管理部门点收销账。对保管期满的客运票据、碳带及报表，应填报“票据、报表保管期满销毁单(财收—25)”，报上级收入管理部门审批，并由其派专人负责监销。

四、台账、资料、报表填写要求

1. 旅客列车票据现金交接簿

(1)发生列车票据交接时，交接双方对现金和剩余票据要认真清点，保证账实相符，并认真填写“旅客列车票据现金交接簿”(见表 7-1)，严禁信用交接。

(2)列车长与列车值班员或列车员交接票据和补票机时，必须办理交接手续，在“旅客列车票据现金交接簿”上如实填写各票种的起号、止号、张数，并清点票据，互相签字确认。

(3)“旅客列车票据现金交接簿”填写要做到项目完整和账面整洁，不得涂改、挖补、刮擦或用药水消除字迹；填写错误时不得重新抄写，应将错误的文字或数字划线注销，然后在划线上方填写正确的文字或数字。

表 7-1　旅客列车票据现金交接簿

________次车________组　　　　　　　　　　　　　　　　　　　　财收 103

日期	时分	列车运行区段		未发售票据					已发售票据					补收票款（元）	累计金额（元）	交接班签字		监督人签字		备注
		起站	止站	票种	符号	起号	止号	张数	票种	符号	起号	止号	张数			交班人	接班人	交班列车长	接班列车长	

填写须知：1. 列车始发时，起站、止站填记列车始发站和终到站，表中填列本次车请领的所有票据。每次途中交接班时，另起一行，起站、止站填记当班时列车运行区段。

2. 未发售票据的起号应与已发售票据止号连号。
3. 补收票款为本班补收的票款，累计金额为各班补收票款的合计数。
4. 未发售票据、已发售票据按票种填列，一个票种填列一行，多票种、多票符时分行填列。
5. 若发生差错等请在备注栏反映。
6. 表中不需用的栏用“/”占位。

2. 旅客列车交款护送登记簿

列车终到后票款的交接，由列车长指定专人护送缴款人到指定缴款处。指定缴款处，应设置“旅客列车交款护送登记簿”。

3. 车内补票移交报告

列车终到后，列车长立即将使用完毕的代用票、客运运价杂费收据等的存根联、报告联；补票机、“车内补票移交报告（财收—17）”交段收入管理部门登记审核和下载数据，并将未用票据存放在段值班室的固定票据柜中，不得擅自携带票机退乘。

第八章　动车组音视频管理

第一节　《铁路客运站车音频视频管理办法》相关规定

一、总体要求

1. 客运站车广播或影视系统，指按其设计或固定资产配备，主要用于播放（含直播、录播，下同）客运服务信息的音频、视频播放设备或系统。在站车利用其他音频、视频播放设备从事出租、广告等经营活动，应当遵守规定，并不得干扰客运音频、视频播放。

2. 站车广播或影视系统播放应当坚持“思想性、知识性、计划性、针对性”相统一的原则，符合国家法律、政策要求，适应铁路旅客旅行生活、站车环境条件及客运作业的需要，内容健康，题材广泛，形式多样，时长适当，频次合理，音量适中，覆盖全面。

3. 列车音视频播放内容由铁路局集团公司负责，铁路局集团公司成立客运站车音频视频管理小组，管理小组办公室设在客运部，管理小组各部门按照职责分工负责相关节目内容，并确保及时更新。列车运行途中的临时性稿件由列车长审定。

二、播放内容

1. 旅客列车音频视频主要播放以下内容：

（1）动车组列车原则上只播放规定的安全提示、服务信息。

（2）可根据需要播放铁路形象宣传片和经审批的商业、公益广告。

（3）可根据需要播放自然灾害、重大事件、列车运行秩序异常等突发状况的应急宣传内容。

（4）根据各时期重点工作临时安排的宣传内容。

2. 禁止制作、播放载有下列内容的节目：

（1）危害国家的统一、主权和领土完整的。

（2）危害国家的安全、荣誉和利益的。

（3）煽动民族分裂，破坏民族团结的。

（4）泄露国家秘密的。

（5）诽谤、侮辱他人的。

（6）宣扬淫秽、迷信或者渲染暴力的。

（7）法律、行政法规及国务院铁路主管部门规定禁止的其他内容。

3. 列车广播资料内容由宣传部、客运部组织编写、制作或审定，日常广播节目由段业务部门编写制作，党群部门审核。列车广播广告和视频广告需经客运部、宣传部审批后方可在列车播放。

4. 旅客列车广播统一使用指定范围内的音乐作品(指定范围内的音乐作品,是国铁集团通过有关单位与著作权人达成协议,获得在列车上播放权的歌曲、音乐,具有著作权方面的合法性,全国铁路旅客列车必须在此范围内选择使用,不得超范围使用其他音乐),严禁播放侵权、盗版等不符合法律法规的音乐制品。若擅自播放指定范围以外的歌曲、音乐,自行承担法律责任。列车音频视频播放内容应依法取得相应的知识产权。播放的境外电影、电视剧等节目,必须经国家广播电视行政部门审查批准。

5. 列车广播播放应当使用规范的语言文字以及普通话,民族自治区车站及经停列车可根据需要增加当地通用的民族语言播音。过港列车可增加粤语播音。动车组应增加英语播报客运作业信息。

三、播放要求

1. 列车应当根据具体情况,结合作业过程,合理安排播放内容,及时准确预播报客运作业、旅客服务等信息,并减少对旅客的干扰,客运作业用语依据《站车广播用语规范》内容制定。

(1)列车广播及集中控制的视频播放时间为夏季 7:00—12:30、15:00—21:30,冬季 7:30—12:30、15:00—21:00。21:30(冬季 21:00)后始发的列车可在开车后广播 30 分钟;凌晨终到的列车可在到站前提前 30 分钟广播。其他时间只播报应急广播。途经地区与北京时间存在时差时,可根据情况适当调整。

(2)列车播放广告视频时,播出声音不得影响列车广播的正常播放,且音量不得高于 30 分贝。

2. 预报列车进出站、检票作业、停站等信息时,列车应不晚于作业开始前 5 分钟。动车组列车通告站名为一站三报(预报、通报、确报)。预报:开车后预告下一到站站名和注意事项;通报:到站前播报到站站名和注意事项;确报:列车停稳时播报列车到站。

3. 利用列车广播穿插播放广告时,每次广告播放时间不得超过 60 秒;利用车载电视穿插播放广告时,每次广告播放时间不得超过 120 秒;两次广告之间的间隔时间不得少于20 分钟,期间播放的节目不得含广告内容。播放客运作业信息前后 5 分钟内不得播放独立广告;采用植入方式发布广告时,广告内容不得超过 10 个字。

4. 统一称谓。动车组列车称谓用:女士们、先生们。其他等级列车称谓用:旅客们、各位旅客、旅客朋友。

5. 列车音视频播放应做到语言清晰,音量适中,文字准确。列车专题节目和广告应当录音化。

四、设备管理

1. 除临客列车外,各次列车广播设备应全部实现数字化。动车组列车旅客信息系统(PIS)以及车内音频视频等设备由车辆段负责维护。

2. 列车所有用于音频、视频播放的计算机要实行专机专用,设置登录口令,定期查杀病毒。禁止私接外储设备和安装与系统操作无关软件;禁止接入互联网等与工作无关的网络;禁止任何人员(含维护人员)在专用计算机上进行文电处理、打游戏、观看视频等违规行为。

五、人员要求

列车广播员应当具备以下条件，并经过广播业务、技术培训，理论和实作考试合格后，方可上岗：

1. 从事客运服务工作满一年。
2. 有一定编写水平。
3. 取得普通话水平测试二级甲等以上等级证书。
4. 经专业培训。

第二节　动车组广播管理规定

一、广播分类

1. 客运基础广播：一站三报、便捷换乘、调向提示。
2. 安全服务广播：文明出行和安全宣传、征信宣传、设备设施介绍。
3. 营销服务广播：餐饮供应、座席升级。
4. 公共应急广播：广播寻医、晚点通告、超员疏散、应急广播。

二、明确通用内容及要求

（一）客运基础广播

1. 一站三报

（1）预报：开车后预告下一到站站名和禁烟宣传（本次列车全列禁止吸烟，感谢您的配合）。

（2）通报：到站前播报到站站名和注意事项。

（3）确报：列车停稳时播报列车到站和注意事项。

2. 便捷换乘

到达便捷换乘站前，提示持联程票旅客换乘服务的广播。广播内容依据国铁集团相关要求执行。

3. 调向提示

到达调向站前和调向站开车后，提示旅客调整座椅的广播。广播内容依据国铁集团相关要求执行。

（二）安全服务广播

1. 文明出行和安全宣传

关于提倡文明出行，营造良好旅行环境，以及乘车须知、安全须知等内容的广播。其包含文明使用手机等电子设备，轻声接打电话、交谈，文明如厕，以及避免食用异味食品、堵塞通道，请勿脱鞋、躺卧等文明乘车，以及接取开水、电源使用、行李摆放、小桌板置物、安全设施、儿童乘车等安全注意事项。单程运行时间在 3 小时以内的，仅始发开车后播报；单程运行时间在 3 小时以上的，除始发外，还应在客流较大车站开车后播报，单程累计不超 3 次。

2. 征信宣传

关于限制铁路旅客运输领域严重失信人购买车票的广播。单程运行时间在3小时以内的，仅始发开车后播报；单程运行时间在3小时以上的，除始发外，还应在客流较大车站开车后播报，单程累计不超3次。广播内容依据国铁集团相关要求执行。

3. 设备设施介绍

关于对列车客运设备设施功能、位置、使用方法的介绍。仅限新开行动车组列车的线路，仅在始发后播报，广播时限不应超过180天；其他动车组列车不再播报。广播时长不超过60秒，广播词根据车型由各铁路局集团公司自定。

（三）营销服务广播

1. 餐饮供应

对餐车位置、餐食品种供应服务的广播介绍。广播时段仅限7：00—9：00，11：00—13：00，17：00—19：00，不得发布商品广告。广播时长不超过30秒，每时段广播不超过两次。

2. 座席升级

对动卧、特等座、一等座、商务座等高票价剩余席位的营销宣传。广播时长不超过30秒。广播时机视现场情况自定。

（四）公共应急广播

1. 广播寻医

遇旅客意外伤害、突发疾病时寻找医生救治的广播。广播时机视现场情况自定。

2. 应急广播

发生火灾爆炸、空调失效、临时停车等突发情况，引导旅客快速疏散、换乘组织时播报的广播。广播时机视现场情况自定。

3. 晚点通告

针对列车晚点处置过程中，播报列车晚点信息。广播内容依据国铁集团相关要求执行。

4. 超员疏散

发生列车部分车厢超员报警，需要车内疏导，且因超出运输能力，无法为旅客办理延长票务业务，可通过广播公告。广播时机视现场情况自定。

三、日常广播

1. 日常广播词继续使用中英双语，对英文部分使用简版翻译，突出核心要义。

2. 动车组列车不广播旅客进站乘车禁止和限制携带品目录、铁路乘意险营销宣传和城市风光介绍广播（除商业项目外）。对临时增加的广播内容，应明确广播时长、播放频次和播放截止日期。

3. 为减少广播对旅客干扰，可利用车载视频、电子显示屏、服务指南等静态方式，开展乘车须知、安全须知、设备设施等宣传介绍。

4. 日常广播录音化。为规范、统一动车组广播，动车组列车日常广播应实现全录播。

（1）录制范围。《成都局集团公司动车组广播词》中日常广播词、节假日问候广播词、应急广播词中不涉及变量的通告词。

（2）录制要求。广播音频由各客运段组织录制，并根据运行图调整及时组织更新。录制时中文使用女声，英文使用男声，选择优美的轻音乐为背景音乐；广播车门关闭提示、中途到站停稳后通告词和禁烟宣传通告词不使用背景音乐，播放前使用提示音。使用语音合成软件制作音频的，应合理选择的声音素材，保证音频质量，做到发音准确、语速自然。制作完成的音频应经客运部审核后使用。

5. 广播作业补充规定。始发放客前，列车长应组织对车内广播音量进行调试，音量设置应适宜。为减少对旅客干扰，7:00 前、13:00—14:00、21:30 后运行的列车，不播放服务营销广播。除广播设备故障外，不得使用直播；正常情况下，凡以录音化播报的一站三报、文明出行和安全宣传等内容，乘务人员均不得在车内大声口头宣传。

6. 全录播是通过人工录音或软件机器人录音，把广播词制成 MP3 等格式的音频，在动车组上播放。

第三节　动车组广播设备操作方法

一、CRH1A 型动车组广播设备操作方法

1. 全列广播：拿出→按下“广播”键→“全车”键→按住手柄左侧的“播音键”进行播音→松手放回→锁柜。

2. 定点播音：拿出→按下“广播”键→“局部”键→选择需要定点播音的车厢号→按住手柄左侧的“播音键”进行播音→松手放回→锁柜。

3. 定点呼叫：拿出→按下“呼叫”键→松手放回→锁柜。

二、CRH3C 型动车组广播设备操作方法

全列广播：摘下电话话筒，点击广播→“叮咚”提示音→按住话筒上的红色按钮进行广播→松开红色按键→挂机→关门。

三、CRH3A、CRH6A-A、CR300AF、CR400AF 型动车组广播设备操作方法

全列广播：摘下电话话筒，点击广播→“叮咚”提示音→按住话筒上的红色按钮进行广播→松开红色按键→挂机→关门。

四、CRH2A、CRH380A、CRH380AL 型动车组广播设备操作方法

1. 全列广播：取下话筒→“＊”号键→听见“嘟”的一声，即可播音。

2. 定点呼叫：取下话筒→按“#”号键→然后拨打“动车组广播呼叫铭牌”上对应的号码，即可实现与相应车厢的点对点通话。

五、CRH380D 型动车组广播设备操作方法

1. 全列广播

（1）按照显示屏的显示操作，按下“广播”右键→“全车”右键，按住手柄左侧面的蓝色按钮开始播音。

（2）播音完毕松开蓝色按钮，按下“终止”左键放回。

(3)用钥匙打开播音柱箱门，取出手持广播话筒，按以上操作播音，结束后关闭箱门。

2. 定点播音

(1)按照显示屏的显示操作，按下“广播”右键→“局部”左键’按住手柄左侧面的蓝色按钮开始播音。

(2)播音完毕松开蓝色按钮，按下“终止”左键放回。

(3)用钥匙打开播音柱箱取出手持广播话筒，按以上操作播音，结束后关闭箱门。

3. 定点呼叫

(1)按照显示屏的显示操作，按下“对讲”左键→选择“局部或全车”，按提示号码拨通需要定点呼叫的部位。

(2)按住手柄左侧面的蓝色按钮进行对讲；呼叫完毕松开蓝色按钮，按下“终止”左键放回。

(3)用钥匙打开播音柱箱门，取出手持广播话筒，按以上操作对讲，结束后关闭箱门。

六、CR200J 型动车组广播设备操作方法

1. 点播灌装语音及文字信息

(1)列车始发前和运行中，可通过人工操作 PIS 主界面，选择通过扬声器播放预录信息和在车内显示器上显示相关的服务信息。

(2)点击 PIS 主界面“服务信息”按钮，进入服务信息界面，服务信息包括音频服务信息和文字服务信息。

(3)播放音频信息，先选中右侧框中的内容，可以同时选择多条语音信息，并设定播放次数。点击“语音播放”列车内扬声器开始播放该条语音信息，播完指定次数后自动结束。点击“返回”回到 PIS 系统主界面。如果要停止正在播放的语音信息，点击“播放”按钮旁边的“停止”按钮即可中止播放。

(4)播放文字信息，先选中左侧框中的内容，可同时选择多条显示信息，并设定显示次数。点击“显示文字”，列车车内显示器滚动显示该条文字信息指定次数，然后自动回复到常规显示内容，点击“返回”回到 PIS 系统主界面。如果要停止正在播放的文字信息，点击“播放”按钮旁的“停止”按钮即可终止。

2. 人工播报

摘下手持麦克风，点击广播控制面板上的“广播”按钮，全列喇叭会发出“叮……”提示音，提示音结束后，按住手持麦克风左侧按钮，可进行播音，播放结束后，点击操作面板上的“挂断”按钮停止播音。

3. 广播音量调节

点击 PIS 主界面中的“维护设置”按钮，进入维护测试界面，输入密码 crrc，进入旅客信息系统，点击音量设置左右的“－”“＋”按钮实现音量调节。经测试，音量设置在 40％较合理。

第九章　列车经营管理

第一节　动车组列车餐饮服务

一、餐饮经营

1. 餐饮经营符合有关审批、安全规定，证照齐全有效。食品经营单位的食品安全管理制度健全。

2. 餐车销售的饮食品符合国家有关规定。销售的商品质价相符，明码标价，一货一签，价签有“CR”标志，提供发票。餐车明显位置、售货车、服务指南内有商品价目表和菜单，无只收费不服务行为。

3. 餐车整洁美观，展示柜布置艺术，与就餐环境相协调；厨房保持清洁，各种用具定位摆放。商品、售货车等不堵通道，不占用旅客使用空间。售货车内外清洁，定位放置，有制动装置和防撞胶条。

4. 商品柜、冰箱、吧台、橱柜不随意放置私人物品（乘务员随乘携带的餐食等定位存放）。餐食、商品在餐车储藏柜、冰箱内定位放置，不占用旅客使用空间。

5. 餐车配置的微波炉、电烤箱、咖啡机等厨房电器符合规定数量、规格和额定功率，保持洁净。

6. 经营行为规范，文明售货，不捆绑销售商品。非专职售货人员不从事商品销售等经营活动。餐车实行不间断营业，并提供订、送餐服务。销售人员不在车内高声叫卖、危险演示，销售过程中主动避让旅客。夜间运行时，不得进入卧车销售，座车可根据情况适当延长或提前销售时间，但不得超过1小时。

7. 供应品种多样，有高、中、低不同价位的旅行饮食品。尊重外籍旅客和民族的饮食习惯。盒饭以冷链为主，热链为辅，常温链仅做应急备用，有清真餐食。

8. 餐饮品、商品有检验、签收制度，采购、包装、储存、加工、运输、销售符合食品卫生安全要求。

9. 不出售无生产单位、生产日期、保质期和过期、变质，以及口香糖、方便面等严重影响列车环境卫生的食品。超过保质期限的食品单独存放、回收销毁。

10. 一次性餐饮茶具符合国家卫生及环保要求。

二、互联网订餐

1. 乘坐编挂餐车的动车组列车出行的旅客，通过互联网平台（含12306网站、手机App、微信号）在省会及部分计划单列市所在地主要高铁客运车站预订符合铁路运营食品经营许可条件的餐食产品，由符合铁路食品配送资质的站车配送单位按时将餐食配送至订餐旅客指定的车厢和席位，订餐人支付餐费及配送费，完成订餐。餐费由餐食商家收取，配送费由配送单位收取，其中，站内配送费每单不超过 8 元，站外配送费由车站配送单位与站外社会餐饮企业协议确定。

2. 列车配送单位应制定餐食配送业务流程，依据订单在供餐站站台接取餐食并配送至订餐旅客。处理自身作业环节中出现的异常问题，包括取证、确认上传及退单等工作。

3. 列车在站台上核对各商家集装袋(箱)的数量以及集装袋(箱)是否包装完好、封条无损后，将集装袋(箱)分 1—4、5—8、9—12、13—16 车厢装入列车的集装器具中，并分别与各自的车站交接配送人员在交接本上签字。

4. 列车配送人员依据列车餐食派送单分车厢依次派发餐食，应在 30 分钟内将餐食发放完毕，派发时需通过车票或手机号核验旅客身份，派发结束后通过手持终端标记异常订单，无反馈信息订单视为正常订单。

无座订餐人(旅客)应在票面标记的车厢号，等候列车派发人员送餐或联系餐车服务人员，凭订单手机号码后 5 位领取餐食。

第二节　食品安全管理

一、食品卫生

1. 列车从事食品经营的，应依法取得营业执照、食品经营许可证等有效经营资质；从事直接入口食品工作的从业人员应具有健康合格证明，遵守铁路食品安全管理要求，规范站车食品经营。

2. 列车食品经营应实行统一采购进货制度。采购进货时，应索取并查验供货者的相关许可证、营业执照和产品合格证明等文件，符合食品安全追溯要求。

落实进货查验制度，实行信息化管理，能够准确记录和及时查询经营食品的生产日期、保质期。

3. 列车食品经营储存食品应符合温度、时间等食品安全控制条件，要降低食品经营损耗率，控制水分活性高的食品，定期查验食品的生产日期和保质期，及时清理变质、超过保质期及其他不符合食品安全标准的食品，并做好相关记录。

4. 餐车经营冷(热)藏快餐食品时，严格执行“四控一规范”制度，控制储藏温度、保质时间、食品标注和剩余食品，规范管理食品经营活动。保质期 24 小时以内的冷(热)藏盒饭生产日期应标注到年、月、日、时、分，要采取“售前自检”措施。严禁销售腐败变质、超过保质期和感官性状异常的快餐食品。

5. 从事互联网订餐餐饮服务的应具有互联网订餐最大加工与配送能力，配送食品及包装符合食品安全要求。互联网订餐要严格控制加工与配送时间，常温储运配送时，食品加工、车站转运、列车配送均应在 30 分钟以内完成，保证旅客可在加工后 2 小时内食用。

二、冷链盒饭储存管理

1. 动车组列车餐吧应具备冰箱制冷和保温箱控温条件，冷藏环境温度应控制在 0～8 摄氏度，客运班组应该随时检查温度情况。

2. 餐售人员在开启冷链盒饭保温箱时，应该检查保温箱内温度，超过 8 摄氏度的，应拒绝接收或整箱报废，并向客运段、川之味公司报告。

3. 储存过程中，发现冷链盒饭、餐食断链的，应全部予以报废。

4. 管内运行的动车组，异地过夜一般不携带返程冷链盒饭，在途经供餐点的车站上餐。直通动车组，异地过夜确需携带返程冷链盒饭的，要采取有效措施，确保储存温度和时间符合要求。

5. 动车组销售储存条件为冷藏或冷冻的预包装产品时，应严格按照食品标签标示的储存条件和保质期限进行储存。销售可同时在冷冻、冷藏或常温条件下储存但对应不同保存期限的预包装食品，如需进行储存条件转换，只能从储存温度较低的档次转换至储存温度较高的档次，不得逆向转换；转换储存条件时，应在预包装食品外包装上逐盒粘贴转换时间（标注到日、时、分），并按照对应的保质期限储存管理，超出时限或达不到储存条件的参照冷链盒饭进行报废处理。

三、冷链盒饭销售管理

1. 复热食品的中心温度到达 70 摄氏度以上并保持在 60 摄氏度以上（热藏）的，食用时限为复热后 4 小时；复热后在常温保存的，食用时限为 2 小时，不得超过保质期、不得重复加热。

2. 除复热后立即在吧台销售的冷链盒饭外，热藏、送至车厢内销售的冷链盒饭均应贴复热时间标志，时间应标注到日、时、分。

3. 加强对动车冷链盒饭储存销售设施设备的维护保养，冷热藏设施设备使用前应检查其运行情况，定期核查显示温度与实际温度是否一致，发现异常要及时采取应急措施，确保食品储存温度符合要求。

4. 动车组列车冷链盒饭应加强废弃盒饭控制。对超过食用时限等原因而未销售盒饭，应粘贴“报废商品、不得出售”红色标识，并将其放入标有报废物容器箱中，交由客运段或川之味公司按规定集中报废处理，并填写记录。当日交路结束前，未销售完的冷链盒饭必须全部报废。列车长在列车终到巡视中，应打开巡视记录仪，拍摄餐车冷藏箱、热藏箱、报废容器、保温箱的情况，确保无遗漏。

第十章　列车整备管理

第一节　日常管理

1. 站段应指导保洁公司结合站车实际及需求，合理制定保洁整备作业计划，明确保洁作业项目、作业时间、人员配备、作业机具等内容。保洁的内容、范围、费用应在保洁业务外包合同中进行明确。

2. 保洁业务外包合同中应明确专业保洁工具、材料由保洁公司负责提供。站段要督促保洁公司配齐专业保洁机具、清洁工具和清洗剂，清洗剂符合环保要求，不腐蚀、污染设备备品。

3. 站段要指导保洁公司研发保洁新试剂、新工艺，提高保洁效率，降低保洁员工劳动强度，提升保洁质量。

4. 站段要落实一体化管理职责，将保洁整备作业纳入站段日常工作统一管理，保洁公司应安排管理人员参加站段交接班会，了解当日生产信息，掌握重点注意事项；站段应向保洁公司提供业务支持和指导，为保洁公司提供必要的便利，提供保洁机具、清扫工具和备品存放处所，保洁用品定点隐蔽存放；提供保洁人员间休必要场所。

5. 站段应为保洁公司提供所需列车相关信息（包括列车运行时刻、停靠站台、晚点情况、甩挂命令、“消杀灭”计划等），遇列车运行图调整变化以及列车晚点等特殊情况需封闭通道或影响保洁整备作业时，应及时通知保洁公司，以便其提前做好工作安排。

6. 客运段职责。

（1）动车组进库（所）车底在库内带电检修作业时段，客运段要督促保洁公司同步完成库内保洁整备作业。

（2）使用吸尘器等电器工具，应保证设备作用良好。库内保洁电器的技术规格须由车辆部门审核、备案，电器功率应控制在插座许用功率范围内。因保洁作业造成的动车组设备损坏等应由相应的保洁公司承担修复费用，车辆（动车）段组织修复。客运、车辆部门应加强监督检查。

（3）随车保洁人员在途中和折返站随同客运乘务班组一起就餐和住宿，费用标准与客运乘务人员相同，费用由保洁公司自理。随车保洁员乘务交路应尽可能安排与客运乘务人员相同并相对固定，以便管理。

（4）遇局管内跨段转属列车且列车到达后立即担当乘务时，客车转出客运段应按照出库卫生标准做好列车转出前的卫生保洁工作，转入客运段接车后应组织验收并将情况报客运部。如转出客运段保洁整备质量不达标，将视情况纳入客运工作质量考评。

（5）客运段做好动客车上部设施设备检查，依托旅客服务与生产管控平台和站车无线交互系统、“三乘检查”记录、车统－181，做好故障信息流转，协助车辆部门做好故障信息掌握，确保设备设施故障能及时修复，避免列车服务设备带病运行。普速旅客列车每月由客运段

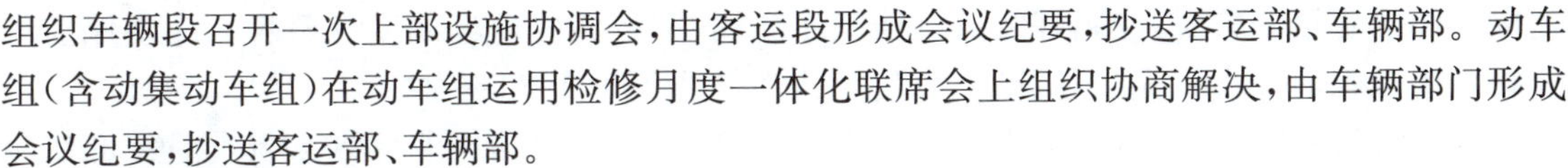

组织车辆段召开一次上部设施协调会，由客运段形成会议纪要，抄送客运部、车辆部。动车组(含动集动车组)在动车组运用检修月度一体化联席会上组织协商解决，由车辆部门形成会议纪要，抄送客运部、车辆部。

7. 保洁考核。

(1)客运段对保洁整备作业进行验收，经保洁质检员或列车长验收不合格时，应当要求保洁人员立即组织整改，直至符合标准要求。时间来不及时，要及时安排列车员补做，同时要对该车厢保洁工作评定为不达标。

(2)因保洁整备质量差，屡次整改仍不合格，保洁质量无法达到质量标准时，保洁质检员或列车长可在列车保洁系统注明“不合格”，录入存在的主要问题和扣分情况。

(3)动车组列车保洁验收总分为 100 分，每分单价按单项保洁费用(每次库内、每日随车、每次折返、每次深保)除以 100 分计算。总得分 95 分及其以上的，按规定单价与保洁公司进行结算；80～94 分，每少一分按扣除单项保洁费用 1%结算；80 分以下为不合格，不予结算。

(4)列车保洁系统验收打分情况是客运段与保洁公司进行费用清算的依据，客运段应仔细核对验收情况，按保洁业务外包合同约定扣除相关费用。

第二节　动车组列车整备保洁

一、动车组列车保洁整备作业

1. 库内保洁。库内整备的动车组由保洁公司指派专业保洁人员在动车段(所)内对动车组车厢内各部位全面清洁，负责座椅套、头枕片、耗材、免费读物等备品的日常整理和定置摆放。

2. 随车保洁。保洁公司选定专业保洁人员在动车组运行中对车厢内的动态卫生及备品进行随时整理和补充。

3. 折返保洁。动车组在折返站停车期间由保洁人员调整座椅方向及对车厢内各部位进行清洁。

4. 深度保洁。深度保洁是指利用动车组Ⅱ级修计划、专项修计划、其他重点要求，同步对动车组车内所有部位进行全面、细致、彻底的保洁作业。深度保洁作业是日常保洁作业的补充，原则上每组车底每月必须进行一次深度保洁。

库内、随车、折返、深度保洁服务内容及质量标准详见附件 3。

二、保洁流程

1. 库内保洁

(1)计划下达。客运段每日到动车段(所)调度室报到，并接受相关作业安排和命令，及时传达至保洁负责人，保洁负责人合理制作当日库内保洁派班计划表。列车进库前 30 分钟，保洁人员应各就其位，定人定岗。

(2)列队接车。保洁人员穿统一工作服，佩戴工牌，收到保洁计划后，由保洁组长带队到指定位置，列队接车。登车后，保洁人员迅速进入各自的岗位，按照保洁作业流程，立即组织对列车进行保洁。

(3)保洁要求。保洁人员按照作业流程，有序开展保洁作业。保洁作业期间，保洁组长在保证作业质量的同时，控制好每道保洁工序时间，并且做好现场调度和整合。库内保洁作业在列车出库前1小时完成，原则上每列车清洁作业不少于80分钟。

(4)监督检查。客运段落实库内作业全过程监督，卡控保洁作业计划、人员配置、部位分劈、时间安排、工具使用、保洁卫生质量等项点，发现问题，落实整改，保证符合动车组出库保洁整备标准。

(5)质量验收。客运段按照库内保洁内容及质量标准对保洁车底进行验收，使用客运生产管理系统据实打分，纳入保洁工作量考核。

2. 随车保洁

(1)提前到岗。保洁员要着装统一、佩戴胸牌，在开车前提前到达车站待乘区，持上岗证及健康证到列车长处报到，随乘务班组一同列队出乘。

(2)保洁要求。保洁员在列车上按照动车组随车保洁内容及质量标准，负责动车组列车往返途中的专业保洁工作，途中做到随脏随清，终到入库做到“三不带”。

(3)折返作业。折返站停留期间，对有折返保洁人员的车站，列车保洁工作交由折返站保洁人员处理，随车保洁负责协助。无折返保洁人员的车站，保洁作业由随车保洁负责，乘务班组负责协助。

(4)质量验收。列车长按照随车保洁内容及质量标准进行验收，使用客运生产管理系统据实打分，纳入保洁工作量考核。

3. 折返保洁

(1)站台接车。保洁人员要着装统一、佩戴胸牌，由保洁组长带队进站，于列车到达10分钟前到达站台，在指定位置列队接车。

(2)登车作业。保洁员在旅客下车后进入列车，结合站停时间，分类有序开展保洁作业。

(3)保洁要求。车内保洁员按照动车组折返保洁标准，对动车组进行专业保洁，站台立折保洁，在开车前10分钟内完成，作业时间控制在5分钟内。

(4)质量验收。列车长按照折返站立折保洁内容及质量标准进行验收，使用客运生产管理系统据实打分，纳入保洁工作量考核。

4. 深度保洁

(1)计划下达。客运段每日到动车段(所)调度室报到，并接受相关作业安排和命令，结合动车组Ⅱ级修计划、专项修计划、其他重点要求，由值班干部下达深保作业计划，及时传达至保洁负责人，保洁负责人合理制作当日库内深度保洁派班计划表，并做好人员组织。

(2)列队登车。保洁主管接到深保作业计划后，按要求组织人员，配齐工具，在规定时间内登车作业。

(3)保洁要求。按照“遵守规定、保障安全、从上到下、按时按项”的基本原则，保洁公司要结合车底类型制定深保作业标准，保证质量实施深度保洁。深度保洁整备作业时间原则上不得低于6小时。

(4)监督检查。客运段落实库内作业全过程监督，卡控保洁作业计划、人员配置、部位分劈、时间安排、工具使用、保洁卫生质量等项点，发现问题，落实整改，保证符合深度保洁卫生标准。

(5)质量验收。客运段按照深度保洁内容及质量标准对保洁车底进行验收，使用客运生产管理系统据实打分，纳入保洁工作量考核。

第三节　厕所管理

一、厕所设备和卫生“双所长”

设立旅客列车厕所“双所长”。由各客运段段长担任列车厕所“卫生总所长”，安排各车队队长任本车队的列车厕所“卫生所长”；鉴于列车厕所较多，可由列车“卫生所长”按车底或班组指定列车“卫生副所长”，具体负责卫生保洁管理工作。由各客车车辆段（动车段）段长担任列车“设备总所长”；车辆段（动车段）负责厕所维护的运用（上部）车间主任担任“列车设备所长”。

二、厕所“双所长”职责

1. 列车厕所卫生（总）所长对担当范围内厕所日常保洁质量负总责，主要负责安排管理作业人员对厕所进行深度保洁和日常保洁作业、补充消耗品、检查出库、途中和终到厕所卫生质量、检查途中吸污作业质量、巡视设备设施状况、登记设备设施故障并联系维修等。

2. 列车厕所设备（总）所长对配属旅客列车厕所设备设施运用状态负总责，主要负责组织人员对车辆厕所相关设备设施定期检修维护，遇临时故障及时抢修；合理提报设备设施更新改造计划，提供必要的库内保洁和整备条件等。

3. 站车卫生所长和设备所长之间，要建立“两级”定期协调制度。总所长至少每季一次，所长至少每月一次。

三、厕所设备管理

建立旅客列车厕所设备修复制度。

1. 加强出库质量管理。做好库内厕所设备检修维护，确保出库（所）质量达标，严禁“带病”上线。设备和卫生总所长每季至少联合检查一次（对车队覆盖不少于 1/4），所长每月至少联合检查一次（对列车车底覆盖不少于 1/3）。对检查发现的问题，共同研究、共同制定整治方案、共同跟踪落实。

2. 加强途中设备检查。做好列车途中设备设施检查巡视，发现故障时第一时间登记，根据故障种类确定立即修复和回库修复时间。修复后由客运和车辆部门确认销号。

3. 建立评价考核制度。对出库（所）设备质量和故障修复不及时的，对车辆（动车）段和列车厕所“设备所长”实施考核和履职评价；对客运发现问题未登记、未督促整改的，对客运段和列车厕所“卫生所长”和列车长实施考核和履职评价。

四、厕所巡视管理

1. 库内巡视。客运段质检人员（列车长）应于出库前逐一检查厕所保洁质量，发现问题并督促整改。

2. 运行途中。列车客运人员适时检查厕所便器及地面卫生，清理厕所地面垃圾、污水，用厕刷洗刷地面及便器残留便迹，清理垃圾桶内垃圾。

3. 列车终到前 30 分钟，列车长应对厕所逐一检查，确保达到终到卫生标准，做到“三不带”(不带垃圾、污水、粪便)。

第四节　列车卧具备品管理

1. 列车卧具布制备品的更换和洗涤周期标准按《铁路旅客运输服务质量规范》执行。布制备品使用年限见表 10-1,布制备品换洗期限见表 10-2。

表 10-1　布制备品使用年限　　单位:年

序号	品名	动车组列车				
		软卧	商务座	特、一等座	二等座	餐车
1	被套	0.5	—	—	—	—
2	床单	0.5	—	—	—	—
3	枕套	0.5	—	—	—	—
4	包裹套	1	—	—	—	—
5	茶几布	1	—	—	—	—
6	卧铺套	2	—	—	—	—
7	靠背套	2	—	—	—	—
8	座席套	—	—	2	2	2
9	棉被	1	—	—	—	—
10	垫毯	3	—	—	—	—
11	枕芯	1	—	—	—	—
12	头枕片	—	—	0.25	0.25	—
13	头枕(套)	—	—	1	—	—
14	靠垫	—	1	—	—	—
15	防寒毯	—	2	—	—	—

表 10-2　布制备品换洗期限

序号	品名	软卧	商务座	特、一等座	二等座	餐车
1	被套	1 客	—	—	—	—
2	床单	1 客	—	—	—	—
3	枕套	1 客	—	—	—	—
4	包裹套	180 天	—	—	—	—
5	茶几布	单程	—	—	—	—
6	卧铺套	30 天	—	—	—	—
7	靠背套	30 天	—	—	—	—
8	座席套	—	—	180 天	180 天	180 天
9	头枕片	—	—	一个交路	一个交路	—
10	头枕(套)	—	—	30 天	—	—
11	靠垫	—	30 天	—	—	—
12	防寒毯	—	1 客	—	—	—
备注	1. 动车组列车座席套在换洗期限内污损的,应及时换洗。列车软卧车代座车时,床单每天更换。 2. 短途列车的头靠套、茶桌布可根据情况 1 天一换。单程运行时间超过 24 小时的列车餐车台布可根据情况 1 天一换					

2. 列车卧具备品丢失、污染、破损赔偿。

(1)班组发生列车卧具备品丢失、破损、短少的，列车长按流程提报补充，并对责任人追责扣款。

(2)非人为丢失或损坏影响使用的列车卧具备品，由列车长书面说明事情缘由，经车队、乘务科、整备供应科负责人签批后，按规定程序办理注销、补充。

(3)属于旅客责任的应向旅客进行索赔，如因特殊情况或确属无力赔偿时，列车长可根据当时具体情况减少或免收赔款，并在记录内注明，但必须有充分的证明材料，否则按丢失办理。

第五节　服务规范

依据《铁路旅客运输服务质量规范》的规定，做到仪容整洁、着装统一、整齐规范，表情自然、态度和蔼、用语文明、规范作业。

一、仪容整洁、着装统一、标识规范

1. 仪容整洁。头发干净整齐、颜色自然，不理奇异发型、不剃光头。面部、双手保持清洁，端庄大方，不浓妆艳抹。

2. 着装统一。保洁作业人员着统一制服、整齐规范，其中随车保洁员的服装应与客运乘务员、餐营服务员有所区分，体现“活力、热情、文明、自信”的专业形象要求。鞋的颜色为深色系，符合安全管理规定。

3. 标识规范。保洁人员应佩戴统一工牌，工牌(长方形职务标志)戴于左胸口袋上方正中，下边沿距口袋1厘米处(无口袋的戴于相应位置)，包含姓名、编号、职务、保洁公司名称等基本信息。

二、文明用语，举止得体，首问首诉，文明作业

1. 文明用语。使用普通话，表达准确，口齿清晰。服务语言表达规范、准确，礼貌使用服务用语，不得对旅客是使用侮辱性语言、手势。

2. 举止得体。客运站车服务、接触旅客场所，注意言行举止，不高声喧哗、不对旅客评头论足、不在旅客面前出现不文明和不礼貌行为。

3. 首问首诉。旅客问讯时，面向旅客站立，目视旅客，有问必答，回答准确，对不能解决的事项，向旅客致歉并主动引导至车站咨询台、列车办公席，或及时通知客运站车工作人员处理。

4. 文明作业。清理卫生时，清扫工具不触碰旅客及携带物品。挪动旅客物品时，征得旅客同意。清洁厕所时，作业人员戴保洁专用手套，锁闭厕所门，不得敞门面向旅客清理。

第十一章 高铁快运

高铁快运，是指铁路运输企业依托但不限于利用动车组列车（含载客列车、确认列车，以及利用客运站车资源开行专门装运快件的高铁快运列车，以下简称列车）等快捷运输资源，为客户提供的小件物品运送服务。

高铁快运属于铁路包裹业务范畴，应充分挖掘高铁运输潜力。优先利用载客列车高铁快运柜、确认列车等边际运力资源。

按高铁快运承运的物品称为高铁快件，原则上应使用集装容器以集装件的形式在列车上运输。

一、业务管理

1. 高铁快运业务办理应统一业务标识、统一作业标准、统一作业流程，规范服务质量管控和损失处理。

2. 原则上所有列车均允许装运高铁快件。因运输调整、车辆检修等原因需临时停装、停卸时，由国铁集团或铁路局集团公司按职责下达调度命令调整。载客列车发生超员预警、报警时，本列停装高铁快件。遇其他特殊情况的，按上级有关规定执行。

3. 快运公司应对外公布高铁快运办理条件，以下物品不能办理高铁快运：

(1)法律、行政法规、规章、规范性文件中规定禁止运输的物品。

(2)危险品及铁路运输企业不能判明理化性质的物品。

(3)动物、有异常气味及妨碍公共卫生的物品。

(4)可能损坏或污染车辆的物品。

(5)其他不符合高铁快运装载条件的物品。

4. 高铁快件集装容器包括周转箱、集装包、集装袋、蓄冷箱等，应满足如下条件：

(1)集装容器应符合绿色环保要求，并采取阻燃、防水、防漏、防撞、防滑及内部捆绑、衬垫等必要防护措施。

(2)集装容器装货后形成的集装件外部长宽高尺寸之和不大于160厘米，最短边长不小于30厘米，总重量不超过25千克。蓄冷箱、雪具等有特殊运输条件需求的，外部长宽高尺寸之和不大于220厘米，总重量不超过50千克。

(3)集装容器应有高铁快运标识，带锁闭装置。

(4)集装容器应保持整洁卫生，防止夹带鼠虫等病媒生物。

集装容器式样应抄送铁路局集团公司，并报国铁集团客运部备案。

5. 集装件应装在列车指定位置，载客列车可装在高铁快运柜、大件行李存放处、二等座车车厢最后一排座椅后空当处等位置。确认列车可装在二等座车车厢座椅间空当处。

部分方向列车运能不足时，快运公司可与铁路局集团公司协商，利用动卧列车预留包厢、二等座车预留车厢等装载集装件。

单节车厢装载的集装件总重量不得超过列车允许载重量(载客列车、确认列车为二等座车车厢标记定员乘以 80 千克)。

集装件原则上不得码放在座椅、铺位上,特殊情况下需码放时,应采取有效防护措施,不得污损座椅、铺位。

6. 载客列车集装件装载要考虑旅客旅行需求,载客车厢内大件行李存放处和最后一排座椅后空当处应预留不少于 1/3 的空间供旅客使用;集装件放置在最后一排座椅后空当处时,不得影响座椅靠背后倾和途中调向作业。

7. 集装件装载应稳固牢靠,码放整齐,不得堵塞通道,不得偏载、偏重。

8. 快运公司承运保密物资、金银珠宝等重要物品,或利用载客列车组织高铁快件批量运输时,可根据需要安排押运员随车作业;开行高铁快运列车或利用确认列车装运高铁快件时,应安排押运员随车作业。

押运员应统一着装、持押运证上车作业。对载客列车,押运员上车后应主动向列车长报告,遵守列车相关规定,服从列车长指挥。列车长应对押运员的证件进行检查。

9. 押运员应统一着装、持押运证上车作业。对载客列车,押运员上车后应主动向列车长报告,遵守列车相关规定,服从列车长指挥。列车长应对押运员的证件进行检查。

10. 站车工作人员发现非快运公司作业人员搬运集装件进出车站、列车时应予以制止。

11. 高铁快件装卸时不得损坏列车车体及车厢内设备设施,装载导致站车设施损坏或列车座椅污损的,由快运公司负责赔偿。

二、运输组织

1. 载客列车装卸车作业应执行旅客乘降优先的原则,避免干扰旅客乘降,始发(折返)站应在旅客开始上车前完成装车,列车中途停站应待旅客下车完毕后进行装卸作业。

中途停站,载客列车停时 1 分钟的不作业;停时 2 分钟的,单人单门装卸集装件不超过 2 件,双人作业不超过 4 件;停时 3 分钟的,单人单门装卸集装件不超过 4 件,双人作业不超过 8 件;停时 4 分钟及以上的,作业件数可适当增加,但不得超过本车装载空间容许的件数,不得影响列车正点发车。

载客列车装车完毕后,快运公司工作人员应向列车长提交装载清单,明确集装件装车位置及件数,双方不办理签字交接。列车客运乘务人员发现集装件码放不符合规定的,应要求装车人员当场纠正。对拒不纠正的,应通报快运公司纳入考核。

2. 无押运员跟车作业的列车,列车客运乘务人员应将高铁快运集装件码放及外包装、施封等状况纳入途中巡视内容,发现高铁快运集装件短少或外包装、施封破损应立即报告列车长。列车长到场确认后,应组织乘务人员在各车厢查找,必要时报警。上述异常情况列车长应开具客运记录,载明现有高铁快运集装件数量、编号或内装物品的实际状况,到站时将客运记录交快运分公司工作人员处理。

有押运员跟车作业的列车,押运员负责途中巡视、检查工作,自行处理有关事项,必要时报告列车长协助处理。

3. 载客列车运输途中临时更换车底或终止运行时,列车长应通知押运员;无押运员时,列车长应将本列集装件装载情况报告运行所在地铁路局集团公司客运行包调度员(客运调度员),铁路局集团公司客运行包调度员(客运调度员)通知所在地快运公司。

在不影响热备(备用)车出动的情况下,快运公司应安排人员随热备(备用)车出动。快运公司人员无法及时登乘热备(备用)车时,换乘地点在车站的,车站应协助原列车乘务组完成集装件换乘,不具备换乘条件时,集装件可随原列车回程或将集装件卸下交车站临时看管;换乘地点在区间的,集装件随原列车回程。

集装件随原列车回程时,列车长应在换乘前开具客运记录附于集装件上明显处;交车站临时看管时,列车长应开具客运记录与集装件一起交车站。客运记录上应载明车次、集装件件数及随原列车回程事由等信息。

未换乘的集装件,快运公司应与铁路局集团公司客运行包调度员(客运调度员)联系在合适的车站接收。车站临时看管的集装件,由车站通知所在地快运公司到站接收。

集装件的换乘,有押运员时由押运员负责;不具备换乘条件时,押运员应随集装件同行,负责途中集装件看管和交接。

4. 高铁快运运输应确保高铁安全,不得妨碍旅客乘降和旅行,不得影响站车作业和运输秩序。

第十二章　铁路电报、客运记录使用

第一节　铁路电报基本知识

一、铁路电报的等级

铁路电报是铁路部门之间处理铁路紧急公务的通信工具。铁路电报的等级按电报的性质和急缓程度分为以下7种：

1. 特提电报(TT)，指特别紧急的命令、指示，处理重大突发事件等性质的电报。受理后即行办理，从受理到送达用户原则上不超过2小时。

2. 特急电报(TJ)：指非常紧急的命令、指示，处理较大突发事件等性质的电报。从受理到送达用户原则上不超过4小时。

3. 加急电报(JJ)：指紧急命令、指示，时间紧迫的会议通知、列车改点、变更到站和收货人、车辆甩挂、超限货物运行及行车设备施工、停用、开通、限速的电报、国际公务电报及其他时间紧迫的电报。从受理到送达用户原则上不超过8小时。

4. 平急电报(PJ)：指命令、指示、会议通知等性质的电报。从受理到送达用户原则上不超过24小时。

5. 限时电报(X)：指限定时间到达的电报。根据需要与收发报条件，由用户与电报所商定，在附注栏内填记送交收电单位的时间，如限时8:30，应写“XS8:30”。

6. 列车电报(L)：指处理列车业务，必须在列车到达以前或在列车到达当时送交用户的电报。

7. 国际联运电报(G或C)：指处理国际铁路联运业务的电报，办理时限同特急电报。中朝报代码为C，其他代码为G。从受理到送达用户原则上不超过4小时。

二、列车铁路电报的拍发范围

旅客列车遇有下述情况时，列车长应拍发电报：

1. 列车需要临时吸污处理时。

2. 列车超员，通知有关部门和前方停车站采取限制客流措施时。

3. 列车行包满载，通知前方有关停车营业站停止装运行包时。

4. 遇有特殊情况，列车途中发生餐料不足，通知前方列车(客运)段补充餐料时。

5. 餐车电冰箱发生故障，通知前方列车(客运)段或车站协助加冰时。

6. 列车在中途站因车辆发生故障甩车或空调车发生故障不能修复，通知前方各停车站并汇报有关上级部门时。

7. 列车广播设备中途发生故障，通知前方广播工区派员前来处理时。

8. 专运等列车在中途站临时需要补充物料，通知前方列车段或客运段补充时。

9. 列车运行中因发生意外伤害，招致旅客重伤或死亡，应向有关部门拍发事故速报时。

10. 发生或发现一级行包损失时,按规定向有关部门拍发速报。

11. 站车之间办理行李、包裹交接时,接受方未按规定签收,但双方对装卸的件数、包装等情况产生异议,向当事站拍发铁路电报声明时。

12. 列车内发生运输收入现金、客票票据丢失、被盗和短少等事故,向铁路局集团公司收入部门和公安部门报案,通知有关单位协助查扣时。

13. 列车发生爆炸、火灾及重大刑事案件等突发事件,须向上级部门报告时。

14. 列车上发生旅客食物中毒,向所属铁路局集团公司或前方铁路疾控所报告时。

15. 遇其他紧急情况,需要迅速报告时。

三、铁路电报的拟稿要求

(一)明确主送、抄送单位

1. 主送单位。铁路电报的主送单位应为电文所列事项的具体受理单位或主办单位(不论单位大小,主要受理单位排列最前位),列车长必须清楚担当沿线铁路局集团公司、车务段的管辖区段。

2. 抄送单位。铁路电报的抄送单位应为电文所列事项须知晓、协助办理、督促、备案、仲裁的上级部门和涉及的有关单位(一般先上级后下级依次排列,担当段排列最后)。

(二)拟编电文应掌握的方法

1. 电文应以报告、汇报的形式写出,禁止使用命令、指责、指示、质问的词句。

2. 电文的语句应本着实事求是的原则。做到具体准确,不应凭猜想,不使用似是而非。含糊不清的语言。电文的数据、百分比、术语名称、尺寸、病情、伤势、姓名、性别、单位、年龄、时间、区间、站名应当尽量准确。

3. 电文的语句,不应出现自我推断的语言,特别是关系到事件的性质、责任的不可妄下结论。

4. 发收报单位名称应准确,不应出现错误或根本不存在某一单位的现象。

5. 电文叙述要简练,层次、顺序清楚,目的明确。

6. 对出现突发情况,由于时间紧张、情况复杂、条件限制,一时无法做到完全准确,应在电文中声明"详情正在调查,特此报告"字样。

7. 涉及乘警、车辆工作人员事件,列车长应召集乘务一体会议,对拟出电文进行商议。尽力取得一致意见,对意见不一致的语句修改为事件客观状况,并由各自负责人共同签字再发。

(三)拍发铁路电报的注意事项

1. 拍发铁路电报必须使用铁路电报纸或在指定的系统使用终端设备上拍发。客运管理信息系统已实现了客运电报拍发、签收、查询、汇总、分析等功能。

2. 编拟铁路电报稿应使用规定的文字、符号、记号(汉字及标点符号,汉语拼音字母,阿拉伯数字,规定有电报符号的记号和能用标准电码本译成四码的记号和字母),收电单位明确,电文通顺,文字力求简练,标点符号完整,字体清晰,并在原稿上填写拟稿人姓名和电话号码。

3. 电报稿左上角应有收、抄报单位,右下角有发报单位本部门电报编号、日期,并应加盖公章、名章或签字。

4. 列车拍发铁路电报一般交有电报所的车站代发。

5. 拍发铁路电报应盖章、签字留存。

6. 铁路电报反映情况要真实。

四、列车铁路电报实例

1. 电报要点

(1)身份不得缺项,以身份证为准,自己说的写自述,尤其是儿童,不能写成××携带的儿子或女儿。调查不清写身份不详。

(2)旅客人身伤害场所常用描述:××号车门口,××车厢××格通道,一二位风挡、厕所门口、洗脸间,卧铺车厢上下铺扶梯,卧铺车边座,上、中、下铺等。

(3)旅客人身伤害原因常用表述:自己不慎;被××绊倒;不慎滑倒;上下铺未抓牢扶手跌落;被第三人(第三人姓名,如第三人找不到,注明第三人逃逸)碰倒、挤倒等。

(4)旅客人身伤害部位常用描述:头部前后、左右侧,左右手,左右胳膊、左右腿,颈椎、腰部,胯部等。如果不清醒要注明昏迷。

(5)拍发的电报要注明组别,值班列车长姓名。

2. 电报实例

(1)摔伤实例

【例 12-1】 20××年 7 月 17 日,成都—杭州的××××次列车运行至芜湖站开车,免费乘车儿童李某在 2 号车厢 11 号中铺玩耍时摔下,造成右手手腕损伤。前方停车站宣城站。列车应如何拍发铁路电报?

解:列车拍发铁路电报如图 12-1 所示。

(2)突发疾病实例

【例 12-2】 20××年 11 月 12 日,成都—乌鲁木齐的××××次列车运行至郑州站前 10 分钟,旅客杨某在 16 号车厢突发疾病昏迷,其家属称病人有冠心病,列车广播寻找旅客医生,并通过运转车长通知郑州站联系 120。列车应如何拍发铁路电报?

电报要点:①广播员要广播找旅客中的医务工作者。

②列车红十字救护员要携带急救药箱赶到现场救护。

③旅客昏迷或病情严重要向客调汇报请求临时停车下交旅客,并通知车站联系 120 等候。

解:列车拍发铁路电报如图 12-2 所示。

(3)玻璃自然破裂

【例 12-3】 20××年 10 月 20 日,成都始发 D×××次列车,石家庄开车后约 5 分钟司机告知司机室玻璃破裂。列车应如何拍发铁路电报?

解:列车拍发铁路电报如图 12-3 所示。

(4)空调失效

【例 12-4】 20××年 10 月 20 日,成都始发 D×××次列车,石家庄开车××车厢空调失效。列车应如何拍发铁路电报?

解:列车拍发铁路电报如图 12-4 所示。

(5)超员

【例 12-5】 20××年 10 月 20 日,成都始发 D×××次列车定员 584 人,石家庄开车后,车内实际人数 705 人,超员率达 26%。列车应如何拍发铁路电报?

解:列车拍发铁路电报如图 12-5 所示。

铁 路 电 报

机水号码　　　　　　　　　　　　　　　　　　　电报统—1

发报所	电报号码	等级	词数	日	时分	附注

主送单位：宣城站

抄送单位：上海局、郑州局集团公司客运部，芜湖车务段，郑州客运段安全科

报文：

1.摔伤。
2.20××年7月17日，9:20，××××次。
3.芜湖站开车。
4.旅客李某，男，7岁，河北省××市××号楼×单元×号。监护人持郑州—杭州客快卧、票号05×××5104、身份证××……××××，免费儿童。
5.在2号车厢11号中铺玩耍时，自己不慎跌落，摔伤右手手腕。
列车已简单处置并编制客运记录××号交宣城站。

×××次列车长于宣城站
20××年7月17日

抄收　　时　　分　　号

图 12-1　客伤电报一摔伤

铁 路 电 报

机水号码　　　　　　　　　　　　　　　　电报统—1

发报所	电报号码	等级	词数	日	时分	附注

主送单位：郑州站

抄送单位：郑州局集团公司客运部，郑州客运段安全科

报文：

1.疾病。
2.20××年11月12日，20:25，××××次。
3.开封—郑州10分钟。
4.旅客杨某，男，77岁，河南省××市××号楼×单元×号。
持开封—三门峡车票，票号12×××3305、身份证××……××××。
5.在16号车厢58号座位处突发疾病昏迷，同行家属称其有冠心病，随车红十字救护员赶到现场救护，列车广播寻找旅客医生，并通过运转车长通知站联系120。

×××次列车长于郑州站
20××年11月12日

抄收　时　分　号

图 12-2　客伤电报—突发疾病

铁 路 电 报

机水号码　　　　　　　　　　　　　　　　　　　电报统—1

发报所	电报号码	等级	词数	日	时分	附注

主送单位：成都动车段

抄送单位：××局、××局集团公司客调、××局集团公司车辆部、客运部、成都客运段乘务科

报文：

20××年10月20日，成都始发D×××次列车，石家庄开车后约5分钟司机告知司机室玻璃破裂。

D×××次列车长于保定站
20××年10月20日

抄收　　时　　分　　号

图 12-3　玻璃自然破裂

铁 路 电 报

机水号码　　　　　　　　　　　　　　　　　　电报统—1

发报所	电报号码	等级	词数	日	时分	附注

主送单位：××站……（涉及空调失效后需退空调票车站）

抄送单位：××局、××局集团公司车辆部、××局集团公司客运部、××局集团公司财务部、××局集团公司客调、成都动车段、成都客运段乘务科

报文：

20××年10月20日，成都始发D×××次列车，石家庄开车后××车厢空调失效。

D×××次列车长于保定站
20××年10月20日

抄收　　时　　分　　号

图 12-4　空调失效

铁 路 电 报

机水号码　　　　　　　　　　　　　　　　　　电报统—1

发报所	电报号码	等级	词数	日	时分	附注

主送单位：××站……（超员后本次列车前方各停车站）

抄送单位：××局、××局集团公司客运部、××局集团公司客调、成都客运段乘务科

报文：

20××年10月20日，成都始发D×××次列车定员584人，石家庄开车后，车内实际人数705人，超员率达26%。请各站严格按票额售票，以确保列车安全。

D×××次列车长于保定站
20××年10月20日

抄收　　时　　分　　号

图 12-5　超员

第二节　客运记录的基本知识

一、客运记录的用途

客运记录是在旅客或行李运输过程中因特殊情况，铁路运输企业与旅客之间需记载某种事项或车站与列车之间办理业务交接的纸质或电子凭证。客运记录不能作为乘车凭证，更不能代替车票乘车。

二、客运记录的编制要求

客运记录作为铁路统一的用于站车业务交接凭证，应按统一的格式和要求进行编写和签认，基本要求包括以下几条：

1. 据实填写，事项齐全。编写的客运记录应内容准确、具体、详细、齐全、完整。如实反映情况，不得虚构、假想、臆测。如涉及旅客车票时，应有发到站、票号；涉及行李、包裹票时，除应有发到站、票号外，还应有旅客、发（收）货人姓名、单位、物品品名、数量、重量等，不得漏项。

2. 简要写明记录事由，即为什么要编写此记录，如“移交遗失物品”等。

3. 记录第一行应明确写出抬头，即交接时交接方的官方称谓，如“××站”等。

4. 记录内容应精炼，层次清楚，述事完整，目的明确。语言简练，书写清楚，不得潦草，不写自造简化字。

5. 记录语句应本着实事求是的原则。做到具体、准确，不应凭猜想，出现可能或似是而非、含糊不清的词句。

6. 涉及的数据、名称、单位、姓名、性别、年龄、发到站、座别时间、伤势状态、程度应尽量准确。

7. 涉及退票款内容应记录原票种类、发到站、票号、座别、铺别、后补票号及应退票价（票号字头应超全）。

8. 涉及移交车票时应记录票种票号。

9. 涉及移交物品时应记录名称、数量、款额、证件名称。

10. 记录内容要符合铁路的规章制度。语句不应出现命令、质问、强制性以及不尊重站方的语句。

11. 移交旅客遗失物品时，在能判明旅客下车站时应注明旅客的下车站。

12. 移交人员附带材料、人民币（金额大写）、物品（数量大写）、证件、档案材料时，一定要在记录上注明。

13. 凡是手工填写交接的记录一定要接收人签字。

14. 客运记录应按顺序编号使用，不得断号，更换客运记录时按原记录接续编号，并加盖编制人名章。客运记录一式两份，一份交接收人，另一份由接收人签字后自己留存。对留存页应装订成册，妥善保管，以备存查。客运记录的保管期限为一年。

三、列车客运记录的编制范围

1. 旅客列车遇有下述情况时，列车长应编制客运记录：

(1)席位发售重号，列车无能力安排导致旅客到站退差时。

(2)因车辆故障中途甩车、线路中断等，应退还旅客票价或票价差额时。

(3)发现误售、误购车票，需由正当到站退还旅客票价差额时。

(4)列车上、出站前丢失证件补办车票需退票时。

(5)列车上无法判别学生、残疾军人旅客是否具备优惠(待)资质时。

(6)其他与旅客办理的交接事项。

2. 列车编制客运记录交车站客运工作人员，需车站客运工作人员签认，由车站协助办理的范围包括以下几种情况：

(1)旅客误乘列车或坐过了站，交前方停车站免费送回时。

(2)对无票乘车、违章乘车，拒绝按章补票的人员，责令其下车，移交县市所在地车站或三等以上车站处理(旅客的到站近于上述移交站时，应交其到站处理)时。

(3)旅客携带品超重、超大或携带妨碍公共卫生的物品、动物以及能够损坏或污染车辆的物品、无钱或拒绝补交运费、移交车站处理时。

(4)发现旅客携带国家禁止或限制运输的物品、危险品，移交最近前方停车站或有关车站处理时。

(5)旅客在列车上发生急病或因病死亡，移交县、市所在地或三等及以上车站处理时。

(6)因意外伤害(包括区间坠车)，导致旅客伤亡移交有关车站处理时。

(7)旅客纠纷发生伤害、将受伤者、死亡者移交有关车站处理时。

(8)列车发现无人护送的行为、神情异常旅客，移交到站或中转站处理时。

(9)列车发现弃婴，限移交有民政部门的车站时。

(10)发现违章使用各种乘车证，移交车站或转交有关部门处理时。

(11)发现车站多收票款或运费，转交车站退款时。

(12)其他与车站办理的交接事项。

四、旅客列车编制客运记录的实例

1. 记录要点

(1)身份不得缺项，自己说的写自述，尤其是儿童，不能写成××携带的儿子或女儿。

(2)场所常用表述：一二位车门口，通过门、风挡连接处、厕所门，乘务房间门口，××号卧铺对面边座、××号铺位处等。

(3)受伤原因常用表述：打开车窗时不慎将自己……；玩耍时被边座……；自己关厕所门、通过门等不慎……；被车辆连接处……；被茶炉门……；被第三人(第三人姓名、性别、年龄、家庭住址，如第三人找不到，注明第三人逃逸)关厕所门、通过门；自己不慎；被××绊倒；不慎滑倒；上下铺未抓牢扶手跌落；被第三人(第三人姓名，如第三人找不到，注明第三人逃逸)碰倒；挤倒等。

(4)受伤部位常用表述：左或右手、脚(大拇指、食指、中指、无名指、小拇指)等。

(5)如被第三人故意弄伤，以公安调查询问笔录内容为依据，写明肇事工具。第三人找不到，注明第三人逃逸。如果不清醒要注明。

(6)旅客突发疾病，广播员要广播找旅客中的医务工作者。列车红十字救护员要携带急救药箱赶到现场救护。旅客昏迷或病情严重要向客调汇报请求临时停车下交旅客，并通知车站联系 120 等候。

2. 实例

(1)跳车

【例 12-6】 20××年 11 月 9 日，乌鲁木齐—成都 T×××次列车（成都客运段执乘）运行至龙泉寺—大路区站间旅客韩某突发精神异常，在 10 号车厢 8 号包房对面，将通道上安置的列车紧急破窗锤取下后，击碎车窗玻璃跳车死亡。列车应如何填写客运记录？

解：列车填写客运记录如图 12-6 所示。

成都局集团公司　　客统—1

客　运　记　录

第　001　号

记录事由：跳车

永登站：

20××年11月9日，T×××次运行至龙泉寺—大路区站间K52+380处，旅客韩某（男，29岁，河南省××市××镇，持乌鲁木齐—成都客快卧、90×××2765、身份证号××……×××）突发精神异常，在10号车厢8号包房对面，将通道上安置的列车紧急破窗锤取下后，击碎车窗玻璃跳车死亡，现编记录贵站按章处理。

附：旁证材料两份；

随身携带物品若干。

注：
1.站、车需要编制记录时均适用。
2.本记录不能作为乘车凭证。

永登 站/~~段~~ 编制人员　××　（印）

×× 站/段 签收人员　　（印）

20××年 11 月 9 日编制

图 12-6　跳车

(2)挤伤

【例 12-7】 20××年 9 月 29 日,K×××次列车玉屏站开车,旅客吴某在 12 号车厢 2 位端通过门处由于过隧道风力将通过门关闭挤伤右手小拇指。列车应如何填写客运记录?

解:列车填写客运记录如图 12-7 所示。

成都局集团公司　　客统—1

客　运　记　录

第　001　号

记录事由: 挤伤

怀化站:

20××年9月29日,K×××次列车玉屏站开车,旅客吴某(男,38岁,山东省××县,持昆明—郑州客快票、票号12×××526、身份证号××……×××),吴某在12号车厢2位端通过门处,由于过隧道风力将通过门关闭挤伤右手小拇指,现编记录交贵站按章处理。

附:旁证材料两份;

随身携带物品若干。

注:
1.站、车需要编制记录时均适用。
2.本记录不能作为乘车凭证。

怀化 站(~~段~~) 编制人员 ×× (印)

×× 站/段 签收人员 (印)

20××年 9 月 29 日编制

图 12-7　挤伤

(3)疾病

【例 12-8】 20××年 11 月 12 日,成都—北京西的××××次列车运行至陇海线郑州站前 10 分钟,旅客杨某在 16 号车厢突发疾病昏迷,其家属称病人有冠心病,列车广播寻找旅客医生,并联系客调通知郑州站联系 120。列车应如何填写客运记录?

解:列车填写客运记录如图 12-8 所示。

成都局集团公司　　客统—1

客　运　记　录

第　001　号

记录事由：疾病

郑州站：

20××年11月12日，××××次列车运行至郑州站进站前10分钟，旅客杨某（男，77岁，河南省××市。持成都—郑州车票、票号12×××305，身份证号××……×××）在16号车厢58号座位处突发疾病昏迷，同行家属称其有冠心病，随车红十字救护员赶到现场救护，列车广播寻找旅客医生。现编记录交贵站按章处理。

附：旁证材料两份；

随身携带物品若干。

注：
1.站、车需要编制记录时均适用。
2.本记录不能作为乘车凭证。

郑州 站/~~段~~ 编制人员 ×× （印）

×× 站/段 签收人员 （印）

20 ×× 年 11 月 12 日编制

图 12-8　疾病

(4)打架斗殴

【例 12-9】 20××年 7 月 11 日,杭州—成都东的 K×××次列车运行至上饶—南昌西间,16 号车厢 103 号座位程某被其他旅客打架误伤面部和左肩,前方停车站南昌西站。列车应如何填写客运记录(成都客运段担当乘务)?

解:列车填写客运记录如图 12-9 所示。

五、列车电子客运记录电子化相关要求

1. 因列车晚点,影响旅客接续行程时,列车不开具客运记录,由车站通过客票系统查询列车晚点运行信息后,为旅客办理相关改签、退票手续。

2. 因临时更换车体、空调故障等原因,旅客需到站退还票价差额或空调费时,列车使用站车交互系统终端客运记录功能的席位调整或空调故障模块,向客票系统发送确认退差信息。

成都局集团公司　　　　客统—1

客　运　记　录

第　001　号

记录事由：打架斗殴

南昌西站：

20××年7月11日，K×××次列车运行至芜上饶—南昌西间，旅客程某（男，25岁，河南省××号）持杭州—郑州车票、票号11×××7672，身份证号××……×××，在16号车厢103号座位，被第三人姓名（性别、年龄、家庭住址）与其他旅客打架时，误伤面部2厘米和左肩4厘米流血不止。列车已简单治疗现编记录交贵站按章处理。

附：旁证材料两份；

随身携带物品若干。

注：
1.站、车需要编制记录时均适用。
2.本记录不能作为乘车凭证。

南昌西 站 ~~段~~ 编制人员　××　（印）

×× 站段 签收人员　　（印）

20××年　7　月　11　日编制

图 12-9　打架斗殴

3. 以下情况执行特殊规定：

(1)列车遇站车交互系统无信号、手持终端故障、登记失败时，应编制纸质客运记录，作为旅客到站办理退票的凭证。

(2)同一车次途中更换乘务担当时，发生退票价差、退空调费等情形时，列车长办理口头或书面交接，旅客到站前，由担当乘务的列车长录入确认信息。

第十三章　非正常情况应急处置

第一节　高速铁路客运非正常情况应急处置相关要求

一、基本要求

1. 各部门、单位在高速铁路客运非正常情况应急处置中要严格落实职责分工，分级负责处置工作。相关专业集中指挥、充分协作、快速反应，不断提升对高速铁路客运非正常情况应急处置能力。

2. 高速铁路客运非正常情况下的应急处置工作要坚持以人民为中心，各专业、各岗位人员要忠于职守，严格履行岗位职责，在危险面前做到有担当、有作为，最大限度保护人民群众生命财产安全。

二、应急处置班组成员及职责

1. 组长：列车长。

2. 成员：列车员、乘警、餐车服务员、乘服员、安全员、随车机械师。

3. 职责：本着统一指挥，分工负责，密切配合的原则，依照应急预案要求，在发生非正常情况时，果断灵活地进行处置。

三、信息报告

1. 发生中断行车、火灾爆炸、列车晚点等突发事件时，列车长要在第一时间向客调、单位调度室报告。调度室在接到信息后立即上报单位应急领导小组组长或副组长，并向铁路局集团公司相关部门汇报。

2. 动车组发生旅客伤害、急病、食物中毒时，列车长要立即向客调、单位调度室报告。

无乘警值乘发生警情时，列车长应向前方站派出所通报，并向客调、单位调度室汇报，调度室接到列车长警情报告后，应立即向相关公安处指挥中心通报。

3. 上报信息的内容包括车次、突发事件发生的时间、区单位（车站）所在局、事件（故）的具体情况及处置的简要经过。

四、应急响应及启动

1. 单位调度室负责加强对动车组运行监控，及时指导动车组客运乘务组按照预案规定，做好各种突发事件的应急处置工作，确保动车组安全。

根据动车组突发事件影响程度，动车组应急处置分为特别重大、重大、较大、一般四级响应（即Ⅰ、Ⅱ、Ⅲ、Ⅳ级）。

(1)Ⅰ级应急响应标准:造成30人以上死亡或者100人以上重伤;铁路直接经济损失1亿元以上;中断铁路行车48小时以上。

(2)Ⅱ级应急响应标准:造成10人以上30人以下死亡或者50人以上100人以下重伤;铁路直接经济损失5 000万元以上1亿元以下;中断铁路行车12小时以上48小时以下。

(3)Ⅲ级应急响应标准:造成3人以上10人以下死亡或者10人以上50人以下重伤;铁路直接经济损失1 000万元以上5 000万元以下;中断铁路行车6小时以上12小时以下。

(4)Ⅳ级应急响应标准:3人以下死亡,10人以下重伤,铁路直接经济损失1 000万元以下,中断铁路行车1小时以上6小时以下。

2. 应急响应启动。启动Ⅰ级应急响应,通知应急处置领导小组所有成员在应急救援指挥中心集结,参与处置指挥工作。启动Ⅱ级应急响应,通知应急处置领导小组组长,根据指示通知相关人员在应急救援指挥中心集结,参与处置指挥工作。启动Ⅲ级应急响应,通知应急处置领导小组副组长,根据指示通知相关人员在应急救援指挥中心集结,参与处置指挥工作。启动Ⅳ级应急响应,通知应急处置领导小组相关人员在应急救援指挥中心集结,参与处置指挥工作。

第二节　动车组换乘

一、通用部分

1. 动车组列车故障确需换乘时,由铁路局集团公司分管运输副总经理(或总调度长)批准,并指定现场救援指挥负责人,安排客运、车辆等足够应急力量在现场救援指挥负责人的统一指挥下组织换乘。

2. 组织旅客站内换乘时,现场救援指挥负责人原则上由车站站长担任。组织旅客区间换乘时,现场救援指挥负责人原则上由救援动车组进入事发区间前最近车站站长担任,或由铁路局集团公司应急指挥中心根据救援实际临时指定现场救援指挥负责人。

3. 应根据动车组运行区段的实际行车条件,选择采用换乘后续列车、出动热备车底(包括热备动车组和热备普速车底,下同)和非热备车底(包括非热备动车组和非热备普速车底,下同)等方式进行换乘。

4. 使用非热备车底和热备普速车底替换动车组开行旅客列车时,跨局旅客列车由国铁集团、管内由铁路局集团公司客调下达有关停运动车组、开行旅客列车的调度命令。客调命令中必须明确停运动车组列车车次、所属铁路局集团公司、开行车次、编组顺位、车种、型号、定员、停车站到开时刻、乘务担当单位等。

5. 组织旅客换乘时,原则上应选择相同车型动车组;确无相同车型动车组时应优先选择不小于换乘车底定员的列车。

6. 办理旅客换乘时,动车组禁止移动。

二、组织旅客站内换乘

1. 组织旅客站内换乘时,由车站站长统一指挥站区内相关应急力量和列车乘务组,确保衔接紧密、组织有序。

2. 应尽量安排救援和被救援两列车底同台换乘，并尽量编组顺序一致；无法安排在同一站台面时，应组织旅客经由天桥或地道换乘，严禁跨越股道换乘。

3. 站内没有可供列车停靠的站台时，比照区间换乘的处置程序办理。

4. 旅客换乘期间，列车调度员（或车站值班员，下同）不得办理有关线路上的接发列车或调车作业。旅客全部换乘完毕，车站站长通知车站值班员（或车站值班员转报列车调度员）后，列车调度员方可办理有关线路上的接发列车或调车作业。

5. 旅客换乘期间车站要加强相关区域封闭和防控，禁止组织旅客翻越车辆、钻车、由岔区横越线路或向岔区走行。

三、组织旅客区间换乘

1. 铁路局集团公司指定的现场救援指挥负责人要率领客运、车辆等足够应急力量采取登乘救援动车组等方式赶赴区间换乘现场进行救援。

2. 由现场救援指挥负责人统一指挥旅客转运换乘和维护秩序；车上由担当客运段负责，车下由应急救援人员负责。

3. 现场救援指挥负责人、司机、随车机械师和列车长统一使用467.200兆赫频率进行通信联系；救援和被救援动车组列车长内部联系仍使用457.950兆赫频率。

四、对位换乘

1. 救援动车组司机与列车长加强联系，确保准确对位。相同车型动车组保证两列车门相对，不同车型原则上保证运行方向第一个车门与被救援动车组第一个车门对齐，以便旅客换乘。

2. 两列动车组对位成功后，由配有应急渡板的动车组工作人员负责安装渡板；均配有渡板时，由救援动车组安装渡板。

3. 救援动车组在指定位置停妥后，列车长和司机分别向现场救援指挥负责人报告。得到现场救援指挥负责人同意后，救援和被救援两车列车长分别组织工作人员手动打开指定车厢指定侧车门。在确认渡板安装牢固、车门防护到位后，组织旅客有序换乘。

五、非对位换乘

1. 非对位换乘时，列车调度员要扣停有关列车，封锁相应区间。救援动车组停靠指定位置后，由现场救援指挥负责人视换乘客流量、故障车停留场地、线间距等条件，决定换乘组织方式，并通报救援和被救援两车列车长。

2. 救援动车组列车长根据现场救援指挥负责人指令，组织工作人员手动打开指定车厢指定侧车门，并安装应急梯，完毕后向现场救援指挥负责人报告。现场救援指挥负责人安排工作人员前往救援和被救援两车指定车厢做好旅客换乘引导和安全防护等准备。换乘过程中，司机须按规定组织做好防溜，动车组禁止移动。

3. 旅客换乘引导和安全防护等工作准备就绪后，被救援动车组列车长根据现场救援指挥负责人指令，组织列车工作人员手动打开指定车厢指定侧车门，放置好应急梯组织旅客有序换乘，并做好车上客流组织和安全防护工作。

六、隧道内换乘

1. 需组织旅客在隧道内换乘时,应立即开启隧道内的应急照明装置。

2. 隧道内应急照明装置应实施远动开关,在隧道内换乘时,列车长通知司机向列车调度员申请开启应急照明。设有隧道防灾疏散救援系统的,列车调度员通知工务调度员开启隧道防灾疏散救援系统;工务调度员开启失败时,应立即通知工区级值守人员开启隧道防灾救援疏散系统;工务调度员和工区级值守人员均开启失败时,由列车调度员(车站值班员)通知司机转告列车乘务人员现场手动开启。未设隧道防灾疏散救援系统的,由工务调度通知隧道照明设备管理单位开启。

3. 遇双洞单线隧道,本线换乘时要防止旅客误入邻线隧道。邻线隧道换乘时列车长组织列车工作人员手动打开邻近疏散通道侧车门,有序引导旅客通过横通道进入邻线隧道组织换乘。

七、换乘完毕后

旅客换乘完毕后,被救援动车组列车长组织工作人员检查全列,确认无旅客和行李滞留,隧道内换乘时还应确认隧道内无滞留旅客及遗留行李,通知救援动车组列车长。救援与被救援两车列车长组织本车工作人员回收各自应急梯定位存放,并关闭车门。

救援动车组列车长确认旅客换乘完毕,本车车门关闭后通知司机,并报告现场救援指挥负责人。司机得到列车长通知,确认车门关闭,具备开车条件后向列车调度员报告,并启动列车。

第三节　临时更换动车组车底后旅客席位调整

1. 客调应联系辆调,依据车底更换的原则,尽量安排满足旅客席位置换需求的车底,为旅客席位调整打好基础。

2. 直通动车组启用热备动车组在客调向国铁集团请令、管内动车组启用热备动车组在客调起草调度命令的同时,客调应将更换车底的车型及编号等基础信息通知客票所。调度命令发布时间原则上不晚于开车前1小时。

3. 客票所接到动车组列车启用不同车型热备动车组的调度命令后,立即在客票系统中维护新车底的席位数据。如原车底有席位售出,在客票系统中根据新旧车底席位,按照“优先满足、相同席别、相同席位对应置换”的原则,对售出席位进行置换。

4. 客票系统席位调整完毕后,客票所应立即通知列车各停靠站及时打印“席位换乘通知单”。

5. 遇特殊情况采用人工调整方式时,客票所应将具体席位调整方案通知相关车站、客运段;涉及其他铁路局集团公司的,还应通知相关铁路局集团公司客票所。

6. 车站部分。

(1)车站接到客票所通知后,立即打印本站“席位换乘通知单”“未置换席位信息”或复印客票所传真的人工调整方案发放至参与检票组织的工作人员人手一份,并制定换乘组织方案。

(2)车站按8辆编组4份,16辆编组8份的标准打印全列“席位换乘通知单”和“未置换席位信息”交列车长,并办理席位调整工作交接。

(3)始发站在“计划管理”模块程序中使用“席位置换信息推送”功能,推送席位置换计划;涉及席位置换的车站持“席位置换”蓝牙打印机为旅客打印新席位。也可以引导旅客利用微信搜索“铁路12306”微信公众号,在下方菜单栏“客运服务-席位变更查询”内输入原席位信息后查询变更后席位。

(4)对其他铁路局集团公司始发、始发站未做“席位置换信息推”的,车站为旅客发放新席位便条。根据“未置换席位信息”提示,对部分有座席位的旅客调整后无席位时,客运人员应向旅客说明情况,并告知旅客可办理改签或原退,车站值班干部和客运负责人应安排专人引导旅客办理改签或退票手续;退票、改签不核收手续费。

(6)列车检票前,车站须安排客运人员在一等座、商务座等高等级车厢和席位换乘在20人以上的车厢的车门口,协助做好旅客席位置换工作。

(7)因临时更换车底定员不足导致部分旅客无席位时,车站应引导旅客调整出行方案,为旅客办理改签、退票手续,不收退票费;导致旅客席位由高等级调整至低等级时,由列车长编制客运记录,铁路部门为旅客办理退差手续;旅客席位由低等级调整至高等级时,不补收票价差额。

7. 列车部分。列车长应将全列“席位换乘通知单”和“未置换席位信息”交相关车厢列车员掌握。涉及办理退差的,由列车工作人员通过站车交互程序在线办理相应区间退差手续;来不及办理时由列车长按规定开具客运记录交旅客,作为旅客至到站退差的凭证,并由列车长联系客调通知到站做好准备。

第四节　动车组在客运办理站滞留期间临时开门

1. 动车组在客运办理站长时间滞留时,遇应急送餐、下交疾病旅客或旅客提出取消行程等紧急情况需临时开启车门时,列车长及时与司机、随车机械师沟通,视情况做出打开车门决定并明确开门位置,通知司机转报列车调度员(车站值班员)。同时,通知车站客运值班员(或站台客运负责人,下同)开门决定及开门位置;与车站联系妥当后方可开门。动车组重联时,由前组列车长负责。

(1)列车长与司机、随车机械师联系用语如下:

列车长:“××次机械师、司机,需开启×车运行方向左/右侧车门”。

随车机械师:“××次机械师明白”。

司机:“××次司机明白”。

(2)列车长与车站客运值班员联系用语如下:

列车长:“××站,需开启××次×车靠站台车门”。

车站客运值班员:“××站明白”。

2. 车站接到列车长开门决定及开门位置通知后,安排客运人员提前到达站台指定开门位置。列车长组织列车工作人员手动打开指定位置车门,客运乘务人员会同乘警做好开门处的秩序维护及盯控,防止其他旅客下车。发生旅客在车内寻衅滋事时,立即通知乘警进行处理。

3. 滞留站站台为低站台时，使用列车应急梯组织旅客乘降或物资搬运，车站、列车工作人员做好旅客安全防护，并做好下车后的后续处置。列车长确认下车人数，做好站车交接。

4. 餐食配送完成或旅客乘降完毕后，列车长组织列车工作人员手动关闭车门，并由列车长通报司机、随车机械师，同时通知车站客运值班员，司机同时转报列车调度员（车站值班员）。联系用语如下：

列车长："××次机械师、司机，×车运行方向左/右侧车门已关闭"。

随车机械师："××次机械师明白"。

司机："××次司机明白"。

第五节　动车组未完全停靠站台

1. 办理客运作业的动车组因故未到动车组停车位置标停车导致未完全停靠站台时，不得集控开门、不得擅自移动。

（1）司机立即使用指定频率的手持电台通知列车长、随车机械师，并报告列车调度员（车站值班员）。司机与列车长、随车机械师联系用语如下：

司机："×××次列车长、机械师，列车未对上停车标"。

列车长："×××次列车长明白"。

随车机械师："×××次机械师明白"。

（2）列车长接司机通知后，向各车厢列车员通报情况，组织加强车门周边旅客疏导，避免拥堵。同时，通过 457.725 兆赫频率向站台客运值班员（站台客运负责人，下同）通报信息。

（3）站台客运值班员组织力量加强站台秩序维护，保持旅客排队等候，避免侵入站台安全线。确认站台安全后，站台客运值班员通过 457.950 兆赫频率通知列车长。

（4）列车长接站台客运值班员通知后，通知司机重新对标停车。重新对标停车后，司机按规定集控开门，站车组织旅客有序乘降。

（5）若列车无法再行移动时，司机通知列车长、随车机械师，列车长立即通知站台客运值班员。站台客运值班员组织力量引导旅客到停靠站台车门处等候，确认安全后通知列车长。列车长接站台客运值班员通知后，组织列车员或随车机械师手动打开已停靠站台侧车厢的车门组织乘降。

2. 办理客运作业的动车组因故越过动车组停车位置标停车导致未完全停靠站台时，不得集控开门、不得擅自移动。

（1）司机立即使用指定频率的手持电台通知列车长、随车机械师，并报告列车调度员（车站值班员）。司机与列车长、随车机械师联系用语如下：

司机："×××次列车长、机械师，列车越过停车标"。

列车长："×××次列车长明白"。

随车机械师："×××次机械师明白"。

（2）列车长接司机通知后，组织各车厢列车员确认车门停靠站台情况。如仅个别车门未停靠站台，则通知站台客运值班员将旅客组织到停靠站台车门处等候，加强防护。然后组织列车员或随车机械师手动打开已停靠站台侧车厢的车门组织旅客乘降或对越出站台车厢安排人员看守后通知司机集控开门等方式进行应急处置。

(3)如多数车厢未停靠站台,需重新对标停车时,列车长通知站台客运值班员组织力量加强站台秩序维护,保持旅客排队等候,避免侵入站台安全线。

①客运值班员确认站台安全后通知列车长,列车长通知司机。

②司机报告列车调度员(车站值班员)。经列车调度员(车站值班员)同意后,采取退行或换端方式办理。

③重新对标停车后,司机按规定集控开门,站车组织旅客有序乘降。

第六节 动车组列车晚点

1. 铁路局集团公司调度所在动车组发生故障在20分钟内不能恢复运行或预计运行和到达晚点30分钟及以上时,立即通知机务、车辆、客运等部门,并根据故障类别、性质和影响范围通知供电、电务、工务、安监、公安、宣传等部门。同时,按规定向分管运输副总经理、总调度长、安全总监报告。

2. 动车组晚点超过15分钟时,列车长要及时联系所在地客调了解晚点原因和列车运行情况,及时向旅客公告列车晚点时间。已确定原因的要说明晚点原因,并做好宣传解释和客运服务工作。向旅客通报时,站车广播每次间隔不超过30分钟,有条件的车站应提供实时电子显示查询。

3. 动车组在始发站晚点30分钟以上时,车站应及时通知旅客,并做好晚点列车基础数据维护,引导旅客退票、改签。相关客运单位要派车队长级干部添乘晚点动车组,组织班组认真做好旅客服务和解释安抚工作。

4. 动车组途中晚点时,列车长要组织乘务员积极主动做好服务。列车长会同乘警(列车安全员)巡视车厢,维持车内秩序。

5. 接到动车组终到晚点30分钟及以上的通知后,相关车站要通知派出所共同组织力量到站台接车,组织旅客下车出站,并做好向旅客致歉、解释工作。

6. 对晚点至00:00点以后到达的列车,终到站要联系所在城市交通运输部门,请求指派公交车辆、地铁、出租车等做好到达旅客的市内运输工作。

7. 站车要积极会同公安部门开展滞留旅客的说服劝离工作,争取理解与支持。

(1)发生旅客以滞留列车的方式向铁路要求晚点赔偿时,站车工作人员要会同公安人员在确保车站运输秩序畅通的前提下,将旅客引导至车站指定地点,耐心细致地做好解释和相关法律法规的宣传工作,取得旅客的理解和配合。

(2)客运部门在宣传和说服旅客离开车厢时,应通知公安部门组织力量维持秩序。

8. 认真落实铁路局集团公司舆情引导工作管理相关规定,按照宣传部提供的统一口径向旅客做好宣传解释工作,无统一口径时视情况稳妥应对。同时,积极配合宣传部门做好信息收集、媒体接待、舆情监看、跟评引导等工作,积极防范和处置动车组晚点、旅客滞留状况下各类突发舆情风险。

第七节 动车组应急饮食品供应

1. 动车组因铁路交通事故、设备故障、自然灾害等影响,造成动车组列车晚点1小时以上且逢餐点(11:30—13:00、17:30—19:00)的,由列车向旅客提供免费饮食品。符合免费供应条件时,列车长可向属地铁路局集团公司客运(客服)调度提出应急饮食品供应申请,申请量不应超现员的110%。

2. 客运(客服)调度接到列车长饮食品供应请求后,应及时下发调度命令,安排具备应急供应条件的前方图定停站或列车滞留站做好饮食品供应工作;特殊情况下,可安排在具备应急供应条件的临时停车站。同时,调度将安排计划及时反馈提出需求的列车长;原则上应为应急供应站预留不少于30分钟准备时间。

3. 车站接到调度命令后,应提前将饮食品摆放至动车组停靠站台的餐车位置(重联时分别摆放在前后组餐车位置)。车站应填写并向列车长提供"动车组列车应急饮食品交接单",见表13-1,经列车长和客运值班员双方签字确认,加盖名章。

表13-1　动车组列车应急饮食品交接单

日期:　　　年　　月　　日　　　　　　　　　　　　　　　　单位名称:

日　　间		车　　次		车　　站	
序号	饮食品种类		单价(元)	实际数量	合计金额(元)
段　　列车长(盖章)			站　　组(盖章)		
备　　注					

注:1. 此交接单由饮食品供应车站提供。

2. 一式4份,甲联报车站所属铁路局集团公司留存,乙联由车站留存;丙联报客运段所属铁路局集团公司留存,丁联由客运段留存。

4. 车站发生动车组应急饮食品供应时,相关车站应及时收集应急食品供应单据,填入"动车组列车应急饮食供应情况汇总表"。

5. 跨局动车组应急饮食品供应费用,每季度由各铁路局集团公司依据"动车组列车应急饮食品交接单"、调度命令和相关票据凭证按规定相互清算。铁路局集团公司内部有关费用按铁路局集团公司现有清算制度,由相关单位做好记录报客运部审核后,报财务部统一清算。

6. 饮食品应为易于储存、保质期较长的预包装食品,不宜提供方便面等冲泡食品。每人每份成本应不超过10元。

7. 直辖市和省会城市所在地主要高铁大站为一级应急供应站,应保证在30分钟内供应不少于5 000份应急饮食品;直辖市和省会城市所在地非主要高铁大站,以及地级市所在地主要车站为二级应急供应站,应保证在30分钟内供应不少于2 000份应急饮食品;地级市所在地非主要车站和县级以上所在地高铁车站为三级应急供应站,应保证在30分钟内供应不少于1 000份应急饮食品。

8. 因动车组列车空调失效持续1小时以上,且客室内温度较高的,列车长可参照上述流程和限量提出应急供水申请;车站应提供不少于350毫升/瓶,成本不超过2元/瓶的瓶装饮用水。

第八节　动车组乘务应急组织

遇动车组列车严重晚点，造成图定折返站入公寓休息，但实际停留时间不足 4 小时，原则上采取应急乘务换乘(以下简称乘务换乘)的组织模式。

(一)乘务换乘方案

1. 段内组织换乘：有本段担当的到达折返站的其他列车，由客运段组织具备条件的乘务人员换乘。

2. 铁路局集团公司管内组织换乘：有本铁路局集团公司其他客运段担当的到达折返站列车，可由担当段向本铁路局集团公司客调提出申请，由客调通报客运部，组织具备条件的其他客运段乘务人员换乘。

3. 跨局组织换乘：不具备担当局(段)组织换乘条件的，可由担当段向折返地所在铁路局集团公司客调提出换乘申请，由客调通报客运部，组织折返地或邻近折返地的客运段安排乘务人员担当折返乘务任务。

(二)组织流程

1. 本段内组织乘务换乘时，由客运段自行组织做好有关事项交接和人员安排。

2. 跨段组织乘务换乘时，担当段应不晚于换乘站折返开车前 5 小时向换乘站所在地客调提出换乘申请，并报告列车车型、编组、定员和乘务人员类别、数量等基本情况。

3. 所在地客调接到申请后，应迅速通报本铁路局集团公司客运部。客运部根据列车晚点情况确定换乘事宜，安排本铁路局集团公司客运段担当换乘任务。所在地客调根据客运部安排，于换乘站折返开车前 4 小时向双方客运段等相关乘务担当单位发布换乘调度命令，明确换乘车次、地点、时间及换乘单位、乘务人员类别、数量等事项。

4. 担当换乘任务的客运段接到命令后，立即组织乘务人员做好出乘准备，携带 GSM-R 手持机、对讲机和电子客票等通用的设施备品，于换乘站折返开车前 50 分钟到达站台，与原担当班组进行移动补票设备、票据、服务备品、应急设施，以及沿途停站时刻和上水、吸污作业等重点事项交接。换乘班组值乘终到后，原担当客运段安排车队干部带队接车，并再次办理相应交接手续。

5. 如换乘客运段无该车型的动车组时，可由原担当班组安排一人随车休息，必要时协助换乘班组工作。

6. 相关铁路局集团公司应妥善安排，保证乘务人员退乘入公寓休息，并为后续便乘提供必要条件。原担当班组及换乘班组完成单趟值乘任务后，后续乘务交路由各自客运段安排，可便乘返回本段，也可担当本段后续列车乘务任务。

7. 餐服、保洁人员应随同客运班组由换乘局整体安排换乘，原餐服组应安排一人随车负责结账、管理等相关工作。

第九节　动车组发生火情及火灾、爆炸

(一)动车组发生烟火报警

1. 动车组列车发生烟火报警时，司机应立即采取降速措施，并立即通知随车机械师及

列车长到报警车厢查实确认。同时，报告列车调度员(车站值班员)。

时速 300 千米及以上线路限速 200 千米/时及以下；时速 250 千米及以下线路限速 120 千米/时及以下。

2. 列车长接报后，会同随车机械师查看客室、卫生间，确认报警情况和设备状态。

3. 若发生客室火情或设备火情，可能危及行车、人身安全时，列车长或随车机械师立即通知司机停车，司机报告列车调度员(车站值班员)。后续应急处置按照火灾预案处置。

4. 若确认因旅客吸烟等非火情导致烟火报警，列车长组织对烟头等引燃物进行清理，不危及行车、人身安全时，由列车长或随车机械师通知司机，司机报告列车调度员(车站值班员)，恢复正常行车。

(二)充电宝等含锂电池设备发生起火冒烟

1. 列车发现含锂电池设备发生起火冒烟等情况时，迅速有序疏散周边旅客，加强宣传安抚。

2. 遇旅客含锂电池设备滑入座椅缝隙等隐蔽部位，且无法取出时，严禁擅自改变座席当前状态，及时通知车辆乘务员(随车机械师)处置，防止擅自操作造成挤压，引起含锂电池设备起火冒烟等情况。

3. 断开含锂电池设备的外接电源或与该设备相连的列车充电插座。处于给其他设备充电的充电宝发生紧急情况时，应断开与其他设备的连接。

4. 使用水、茶水、果汁等不可燃液体或水基型灭火器进行灭火处置，灭火后应持续用水或其他不可燃液体进行喷淋、浸湿降温。禁止使用防爆毯、灭火毯等覆盖或包裹方式对含锂电池设备灭火。

5. 降温处置后应检查确认，确定含锂电池设备不再冒烟、表面温度正常，状态趋于稳定后，可使用注入水的垃圾桶等工具移动到盥洗台等风险较小区域。

6. 充电宝冒烟起火的，处置完毕后及时确定充电宝额定能量并按规定上报；如疑似行李内的含锂电池设备起火，应首先进行灭火，灭火后通过问询旅客等形式确定为含锂电池设备且不再有燃烧迹象的，可视情况将含锂电池设备移出行李进行降温处置。如灭火后仍有冒烟现象或温度较高的，应使用水或不可燃液体进行持续喷淋、降温后方可取出。

(三)动车组发生火灾、爆炸

动车组火灾事故应急处置，应按照“统一指挥、快速反应、正确处置、站车协同、尽快开车”的原则。

1. 统一指挥。动车组在运行中发生火灾后，由列车长统一指挥，按照应急处置实施细则要求，通知司机向列车调度员或邻近车站值班员及有关部门报告，组织列车乘务人员疏散旅客，扑救火灾；动车组在车站发生火灾或起火列车进站后，火灾扑救工作由车站站长组织指挥；消防救援人员到达后，由其统一指挥。

2. 快速反应。动车组火灾报警器报警或乘务人员、旅客报警时，列车长、客运乘务员和随车机械师要立即携带灭火器赶到报警车厢，确认火情，迅速扑救。

3. 正确处置。确认火情的情况下，立即组织旅客向邻车疏散，按下火灾报警按钮并通知司机，同时用灭火器扑救，如有旅客被火围困或受伤，应立即抢救；起火车厢旅客疏散完毕后，关闭通道防火门。

疏散时要告知旅客不携带大件、笨重行李物品;有浓烟时用水打湿布制品掩口鼻,弯腰快速通过。防止已经疏散的旅客返回着火车厢拿取行李。

司机接到确认起火信息后,应立即将火灾情况向列车调度员和邻近车站报告。

列车调度员(车站值班员)接到报告后,立即通知邻线相关列车及本线后续列车停车,不再向区间放行列车。现场需停电时,列车调度员通知供电调度员停电。同时,列车调度员向值班主任报告,由值班主任通知应急指挥中心和各相关业务部门共同指挥应急救援工作。

停车后司机使用列车防护报警装置进行防护,配合列车长、随车机械师进行火灾扑救、旅客疏散等工作。

有停放制动装置的由司机负责实施防溜,无制动停放装置(或制动停放装置失效)的由司机通知随车机械师做好防溜。

报告内容:火灾发生时间;发生地点(线别、区间、机车停车位置);车次、种类、动车组型号、所属段别、牵引辆数、总重、计长,关系人姓名;火灾概况及原因的初步判断;人员伤亡情况及动车组损坏情况;是否需要救护车、救援列车和向地方消防部门报警等。上述内容实时补报、更新。

(1)当车内电气设备、旅客行李物品发生火情或车厢内冒烟(无明火)不危及行车及人身安全时,可不停车,按有关规定限速运行至就近车站处理。

①动车组列车工作人员发现或接到旅客反映车厢内有明火、冒烟等火情或消防设施报警时,应立即赶赴现场检查和施救,并同步报告列车长。列车长接到通知后,应会同随车机械师、乘警进行现场确认是否危及本列安全。

②随车机械师接报后及时赶到着火车厢判明情况,与司机保持信息畅通,及时切断着火车厢负载电源,同时判断在不危及安全的前提下保证其他车厢应急照明。发生电源线路或电器火情时,由随车机械师或其他胜任人员切断电源后实施扑救。

(2)当车厢内旅客携带易燃易爆危险物品发生爆炸燃烧,火势迅速蔓延危及行车及人身安全时,应立即停车(停车地点应尽量避开特大桥梁、长大隧道等,如遇特大桥梁、长大隧道应选择在设置有疏散逃生通道等有利于旅客疏散逃生的地点)。区间停车时,司机应通知随车机械师、列车长设置列车防护。

①司机根据列车长的请求,向列车调度员报告,申请向地面疏散,现场救援。

②列车调度员接到司机请求向地面疏散的报告后,必须立即扣停邻线、后续列车,及时了解信息,做好救援准备。

③司机在接到列车调度员已扣停邻线列车的口头指示后,立即通知列车长。

④列车长接到司机通知后应立即组织列车员或随车机械师手动打开疏散车门,安装好应急梯(具备车门脚蹬装置的动车组打开翻板使用脚蹬)组织旅客向地面安全地带疏散。

a. 在桥梁疏散时应开启运行方向右侧车门(双线桥梁为有线路一侧)。

b. 在隧道疏散时应开启邻近疏散通道侧车门,根据引导标识组织旅客通过紧急出口等逃生通道疏散。

c. 非桥梁、隧道时应开启列车运行方向左侧车门(无线路一侧)。

d. 如遇火灾危及人身安全,但未接到扣停邻线列车的通知,应开启运行方向左侧车门(无线路一侧)向安全地带疏散,结合现场实际确定旅客疏散方向和疏散方式。列车工作人员应做好人身安全宣传和防护，严禁旅客擅自跨越线路。

e. 在疏散通道被火封堵的情况下，可在列车停稳后使用安全锤砸开应急逃生窗玻璃解救被火封堵在车厢内的旅客。

⑤旅客疏散下车后，由列车长组织列车工作人员引导下车旅客向远离起火车厢的方向进行疏散。在此过程中列车长要随时保持与司机的联系，并注意旅客情绪的疏导，控制引导速度，防止发生摔伤、坠落等事故。

旅客疏散至安全地带后，列车长组织列车工作人员清点人数，集中安置。列车长要组织列车工作人员和旅客中的医护人员积极抢救伤员，对伤势较重的旅客要首先抢救，对伤员要根据具体情况采取止血、简易固定、包扎等初期现场救护措施，为医院救治创造条件。

动车组重联时，未着火一组内的列车工作人员停车后除留足人员看守外，其余工作人员应迅速到达起火车厢协助疏散旅客等工作。如火势有进一步扩大危及未着火一组列车安全时，要组织未着火一组旅客共同疏散。

列车长要组织列车工作人员维护现场秩序，防止发生混乱，视情况设置警戒区，禁止救援人员以外的人员进入现场，不得擅自移动现场任何物品，对事故现场痕迹、物证、有关证据材料要采取有效措施妥善保护。

列车长要认真了解伤员人数及伤害程度，登记旅客姓名、性别、年龄、单位、地址、购票信息、身份证号码及随身携带物品损失情况，并做成详细记录，为善后处置提供依据。

列车工作人员积极配合公安部门保护好现场，协助调查。

4. 站车协同。车站接到动车组火灾报告后，按照应急处置实施细则要求，做好扑救准备，同时拨打 119 报警。车站接入起火动车组后迅速组织扑救，疏散旅客，抢救伤员；动车组在区间被迫停车时，车站应组织人员并携带消防器材立即赶赴现场救援。

5. 尽快开车。火灾扑灭后，列车长、随车机械师共同检查车辆状况，确认安全后，报告司机转报列车调度员后尽快开车。

第十节　站台紧急停车

(一)站内紧急停车

1. 停车报告。旅客列车初起动时，列车工作人员发现危及人身安全或行车安全时，动车组列车工作人员应立即呼叫司机停车，呼叫用语为“×××次司机，请立即停车，×××次列车长(列车员)报告”；普速旅客列车工作人员应迅速呼叫列车长、车辆乘务员或站台客运工作人员通知司机停车。

2. 停车处置。司机在接到紧急停车呼叫时，如列车没有起动则不起动，如列车已起动要立即停车，同时应答呼叫者“×××次司机明白”，停车后呼叫者告知司机停车事由，司机将相关情况立即报告列车调度员(车站值班员)，旅客列车初起动的范围为客运营业站开车后至列车尾部过出站信号机前。司机无应答或来不及通知时，动车组列车工作人员使用紧急制动装置立即停车，普速旅客列车工作人员使用紧急制动阀立即停车。

3. 处置完毕。紧急事件处理完毕后，动车组列车长与车站客运值班员共同确认后，通知司机紧急事件处置完毕。同时，按规定程序通知司机关闭车门，普速旅客列车由车站工作人员联控司机或助理值班员发车，司机（助理值班员）报告列车调度员（车站值班员）。

4. 留存证据。应急处置过程中，列车长要全程开启音视频记录仪，留存证据。

（二）区间紧急停车

1. 停车报告。旅客列车运行中，列车工作人员发现危及人身安全或行车安全必须紧急停车时，动车组列车工作人员应立即呼叫司机停车，呼叫用语为"×××次司机，请立即停车，×××次列车长（列车员）报告"；普速旅客列车工作人员应迅速呼叫车辆乘务员通知司机停车。遇司机无应答或来不及通知时，动车组列车工作人员使用紧急制动装置立即停车，普速旅客列车工作人员使用紧急制动阀立即停车。

2. 停车处置。司机在接到紧急停车呼叫时，应立即停车，同时应答呼叫者"×××次司机明白"，停车后呼叫者告知司机停车事由，司机将相关情况立即报告列车调度员。使用紧急制动阀（紧急制动装置）停车时列车乘务人员应将使用情况报告司机，司机报告列车调度员。

3. 处置完毕。紧急事件处理完毕后，列车长与车辆乘务员（随车机械师）共同确认后，通知司机紧急事件处置完毕。同时，按规定程序通知司机发车，司机报告列车调度员。

4. 留存证据。应急处置过程中，列车长要全程开启音视频记录仪，留存证据。

第十一节　动车组超员影响运行

1. 动车组超员影响运行的确认。

（1）设置有车载监控装置或空气弹簧压力显示装置的动车组列车发出超员报警信息，或车载监控装置显示空气弹簧压力超过规定即为动车组超员影响运行。

（2）没有车载监控装置或空气弹簧压力显示装置的 CRH3A、CR200J 和 CRH3C 型动车组列车，由列车长组织检查确认车内旅客人数超过限值即为超员影响运行。

（3）CRH2C 型动车组和 CRH380A/CRH380AL、CR400AF/CR400AF-Z 型动车组不允许超员，列车长组织检查确认车内旅客人数超过定员人数即为超员影响运行。

2. 成都局集团公司配属各型动车组超员标准及报警信息见表 13-2。

表 13-2　成都局集团公司配属各型动车组超员标准及报警信息

车　种	超员标准	司机室车载信息 监控装置报警信息	备　注
CRH1A 型动车组	超过载重标准的 15%	车辆过载	自动报警
CRH380D 型动车组	超过载重标准的 15%	车辆或列车过载	自动报警
CRH2A 型动车组 （含统型和非统型）	空簧压力超过规定值	无	由随车机械师检查空气弹簧压力判断是否超员
CRH380A/AL 型动车组	超过定员标准	无	由客运乘务人员检查旅客人数判断是否超员
CRH3A 型动车组	超过定员标准的 15%	无	由客运乘务人员检查旅客人数判断是否超员

续上表

车　种	超员标准	司机室车载信息监控装置报警信息	备　注
CRH3C 型动车组	超过定员标准的 15%	无	由客运乘务人员检查旅客人数判断是否超员
CRH6A-A 型动车组	空簧压力超过规定值	超员报警	自动报警
CR300AF 型动车组	空簧压力超过规定值	超员报警	自动报警
CR400AF 型动车组	空簧压力超过规定值	超员报警	自动报警

3. 设置有超员预警功能的动车组发生超员预警时，列车长应加强预警车厢巡视，关注车厢内无座人员数量，有条件的可适当向其他车厢均衡疏散。

4. 动车组发生超员影响运行的基本处置要求。

(1)动车组超员影响运行时，列车应停止办理无票、越站补票业务，向客运(客服)调度员报告，并立即通过客运管理信息系统通知相关车站对停止车补业务的动车组，前方各办客站停止本次列车车票发售，并加强出站口查堵，对查出的无票旅客按规定补票，并加收票款。

(2)动车组在站期间超员影响运行。

①动车组在车站办理旅客乘降时，司机、随车机械师、列车长发现或接到动车组列车超员信息时，须立即相互通报；并由司机向列车调度员或车站值班员转报。

②列车调度员或车站值班员接到司机报告后不得办理发车，并按规定取消出站信号。

③如部分车厢报警，随车机械师通知列车长具体的报警车厢号，由列车长组织旅客在车内均衡疏散。

④如全列车厢报警或组织旅客车内均衡疏散后报警仍不能消除时，列车长向所在铁路局集团公司客运调度员报告；由客运调度员通知前方车站严控旅客检票，不得放行无票、非本车旅客，以及未签证路内人员上车。同时，站车将相关情况告知公安部门，共同宣传组织无票、越站旅客下车。

⑤车内旅客清理或均衡疏散完毕后，列车长向随车机械师通报；随车机械师检查确认全列车辆技术状态正常后报告司机。

⑥司机接报后立即报告列车调度员或车站值班员，按规定行车。

(3)动车组运行途中超员影响运行。

①动车组运行中司机、随车机械师、列车长发现或接到动车组列车超员信息时，须立即相互通报；并由司机向列车调度员或车站值班员转报。

②由列车长在司机手册签认，CRH2(A)/CRH380A/CRH380AL 型动车组限速 120 千米/时，其余车型限速 160 千米/时，同时列车长组织工作人员引导旅客按车票指定车厢均衡乘车。

③列车调度员安排超员动车组列车运行至前方有客运人员车站停车处理。

④到站停车后，如部分车厢报警，随车机械师通知列车长具体的报警车厢号，由列车长组织旅客在车内均衡疏散。

⑤如全列车厢报警或组织旅客车内均衡疏散后报警仍不能消除时，列车长向所在铁路

局集团公司客运调度员报告；由客运调度员通知前方车站严控旅客检票，不得放行无票、非本车旅客，以及未签证路内人员上车。同时，站车将相关情况通知公安部门，共同宣传组织无票、越站旅客下车。

⑥车内旅客清理（或均衡疏散）完毕后，由列车长向随车机械师通报；随车机械师检查确认全列车辆技术状态正常后报告司机。

⑦司机接报后立即报告列车调度员或车站值班员，按规定行车。

(4)站车对拒绝下车或强行闯闸、强行上车人员应进行说服劝离，对强占列车、车辆，扰乱站车运输秩序，危害铁路运输安全的应配合公安部门依法处置。

5. CRH1A、CRH380D 型动车组超员影响运行应急处置规定。

(1)司机、随车机械师发现或接到超员报警信息后，立即确认报警情况，同时在车载信息监控装置查看各车厢超载状态(CRH1A 型动车组在车载信息监控装置查看各车厢超载状态，显示“红色”表示超员；CRH380D 型动车组车载信息监控装置报车辆过载)，按规定传递信息。

(2)列车长接到超员报警信息后，按规定组织疏散旅客，旅客疏散完毕，通知随车机械师。随车机械师对任意一个车门通过“本地操作”手动开、闭后，通知司机。

(3)CRH1A 型动车组司机在车载信息监控装置确认各车厢超载状态无“红色”显示，CRH380D 型动车组司机在车载信息监控装置确认车辆过载报警消除后，转报列车调度员(车站值班员)，具备开车条件后，按规定开车。

6. CRH2A(含统型和非统型)、CRH380A/CRH380AL 型动车组超员影响运行应急处置规定。

(1)随车机械师通过车载信息监控装置监控各车厢空气弹簧压力，当发现车厢空气弹簧压力超过规定限值时，按规定传递信息。

(2)列车长发现或接到超员报警信息后，按规定组织疏散旅客，旅客疏散完毕，通知随车机械师。

(3)随车机械师确认各车厢空气弹簧压力低于规定限值后，通知司机。

(4)司机接报后转报列车调度员(车站值班员)，具备开车条件后按规定开车。

7. CRH3A、CRH3C、CR200J 型动车组超员应急处置规定。

(1)列车长发现或接到超员信息后(动车组无自动超员报警提示，车厢内实际人数超过超员标准即为超员影响运行)，按规定传递信息。

(2)列车长按规定组织疏散旅客，旅客疏散完毕后，通知司机和随车机械师。

(3)司机转报列车调度员(车站值班员)，具备开车条件后，按规定开车。

8. CRH6A-A 型动车组超员应急处置规定。

(1)司机、随车机械师或列车长发现或接到超员报警信息后，立即确认报警情况，并按规定传递信息。

(2)列车长发现或接到超员报警信息后，按规定组织疏散旅客；旅客疏散完毕，通知司机和随车机械师。

(3)司机在车载信息监控装置确认超员报警消除，转报列车调度员(车站值班员)，具备开车条件后，按规定开车。

9. CR300AF、CR400AF 型动车组超员应急处置规定。

(1)司机、随车机械师或列车长发现或接到超员报警信息后,立即确认报警情况,并按规定传递信息。

(2)列车长发现或接到超员报警信息后,按规定组织疏散旅客;旅客疏散完毕后通知司机、随车机械师。

(3)司机确认超员报警故障消除后转报列车调度员(车站值班员),具备开车条件后,按规定开车。

10. 车站要做好客流高峰时段动车组检票组织工作,一旦发生动车组超员影响运行,要按照"以站保车"原则积极协助列车进行旅客疏散,尽最大努力确保运输秩序。

11. 铁路局集团公司所属各次动车组列车要严控客流高峰期越站补票,凡超出所用车型超员规定时均不得办理越站补票,并组织旅客按车票到站下车。

第十二节　动车组列车发生重大疫情时的应急处置程序

1. 旅客列车发现疑似鼠疫、霍乱及其他列入甲类管理的乙类传染病等重大疫情的病例或接到动车组列车上有疑似病例的通知时,列车长应立即向司机和所在地客调报告;司机立即向列车调度员报告,列车调度员立即向值班主任报告,值班主任立即向辖区铁路疾控所、列车前方停靠车站通报情况,召集社保、客运等部门赶赴应急指挥中心共同处置;必要时,向运行区段所在地铁路局集团公司疾控所或属地卫生行政主管部门报告,请求支援。

2. 列车长在属地疾控中心或铁路疾控所指导下,组织工作人员做好防护,隔离病例、疑似传染病人和密切接触者,对有关人员进行登记,将其他旅客转移至其他空闲车厢单独管理,做好安抚工作,对可能污染区域在属地疾控中心或铁路疾控所指导下进行应急消毒。

3. 列车长要组织封锁已经污染或可能污染的区域,同时做好被隔离人员的交站准备。

4. 列车调度员根据铁路局集团公司研究确定的处置方案,安排列车在前方指定车站停车。列车长接司机指定站停车的通知后,做好疾控人员上车,以及病例、疑似病例、密切接触者交站等相关准备工作,车站联系属地卫生行政主管部门或其指定的疾控中心做好进站接车紧急处置准备。

5. 列车长在指定停车站将病例、疑似传染病人、密切接触者和其他需要医学观察的人员及相关资料,移交属地卫生行政主管部门指定的机构。

6. 列车长将相关情况通知乘警,组织人员维护好车内秩序,确保区域封锁、旅客隔离、站车移交等工作正常开展,并积极配合现场的医疗和疾控部门工作。

7. 属地疾控中心或铁路疾控所对列车、车站污染或可能污染的区域进行终末消毒,确认处置完毕后,方可解除区域封锁。

第十三节　动车组列车发生旅客人身伤害或疾病

1. 发生旅客意外伤害、疾病时,列车长要立即通过广播寻找旅客中的医务工作者帮助救治。

2. 旅客伤害、病情严重,必须临时停车送医院抢救或已经死亡时,列车长需及时向客调(或通过司机向列车调度员或车站值班员)请示在最近前方有医疗条件的车站临时停车,下交伤病或死亡旅客。

3. 按照“以站保车”的原则，前方（临时）停车站接到下交旅客的通知后，应立即联系救护车，并安排人员做好救护伤病（或死亡）旅客的各项准备工作。

4. 列车长应编制客运记录，选择适当的开门方式将伤病（或死亡）旅客，连同旅客有效证件、携带品一并交车站处理，列车乘务组人员不下车参与处理。

5. 旅客在列车上受伤、发生疾病无同行人或旅客在列车上死亡时，列车长还应协助公安人员勘查现场，收集旁证物证，调查伤亡原因，采集见证人证词不少于 3 份，对参加抢救的医生的姓名、单位、电话进行登记，根据有效证件确定伤亡者姓名、单位、住址。为保证动车组列车运输秩序，列车可暂不移交相关材料，3 日内向受理车站补交。

6. 及时拍发事故电报，内容包括但不限于：事故种类，发生日期、时间、车次，发生地点、车站、区间里程，伤亡旅客姓名、性别、国籍、民族、年龄、职业、单位、地址、购票信息、发到站、票号、身份证号码，事故及伤亡概况。

第十四节　动车组列车发生旅客食物中毒

1. 旅客列车发生旅客疑似食物中毒事件，列车长应立即向所在地铁路局集团公司客调报告，并通知司机。司机向列车调度员报告，客调立即向值班主任报告。值班主任通知铁路卫监所、疾控所，并召集社保、客运等部门赶赴应急指挥中心共同处置；必要时，向运行区段所在地铁路局集团公司疾控所、卫监所或属地卫健部门报告，请求支援。

2. 现场应急处置由列车长统一组织指挥，在卫监所、疾控所指导下，组织对发病人员主要症状、出现症状时间、72 小时进食史等信息，发病人员同行人员进食史等信息，其他与发病人员同时就餐人员信息进行登记，封存导致或可能导致食品安全事故的食品及其原料、工具及用具、设施设备、发病人员的呕吐物、排泄物等。重点记录发病人员在铁路车站、列车上就餐食品种类、数量、就餐时间以及路外就餐地点。同时，通过广播寻找医护人员进行救治。

3. 如不能排除疑似食物中毒是旅客列车或车站所致，要立即向铁路局集团公司客调或车站所在地客调报告，立即停止相关食品供应，采取措施追回已售出的可疑食品或通知人员停止继续食用。同时，暂停相应批次食品的销售。

4. 需停站处置时，列车调度员应安排列车在具备医疗抢救救助条件的最近前方车站停车，并命令前方停车站做好抢救准备；需跨局协作处置时，由调度所通知列车运行前方铁路局集团公司调度所。

5. 在抢救安置发病人员的同时，列车长应将相关情况通知乘警，组织人员维护好车内秩序，稳定旅客情绪，防止造成混乱。

6. 铁路卫监所、疾控所派专业人员开展现场调查和处置，列车工作人员应积极配合监督、医疗和疾控机构现场工作。同时，列车长要及时将记录和有关材料移交车站，追踪发病人员救治情况，以便开展善后处置。

第十四章　客运服务英语

一、常用英语介绍

(一)人物英语

chief conductor	列车长
train attendant	列车员
machinist	机械师
passenger	旅客
railway policeman	乘警
train driver	火车司机

(二)设备英语

dinner car	餐车
food trolley	食品推车
folding table	折叠桌
power socket	电源插座
accessible toilet	无障碍卫生间
luggage rack	行李架
window seat	靠窗的座位
aisle seat	靠近过道的座位
middle seat	中间座位
security/emergency hammer	安全锤
fire extinguisher	灭火器
electric water heater	电茶炉

(三)席位英语

standing ticket	站票
second-class seat	二等座
first-class seat	一等座
business-class seat	商务座

(四)饮食品英语

snack	小食品/小吃
cola	可乐
mineral water	矿泉水

orange juice	橙汁
soda water	苏打水
black tea	红茶
green tea	绿茶
coffee	咖啡

(五)常用英语表达——问候

1. 你好。
   Hello. /How do you do?
2. 上午好。
   Good morning.
3. 下午好。
   Good afternoon.
4. 晚上好。
   Good evening.
5. 欢迎您乘坐本次列车。
   Welcome aboard our train.
6. 我是列车长/列车员××。
   I'm chief conductor ××/train attendant ××.
7. 打扰一下。
   Excuse me.
8. 别客气。
   You are welcome.
9. 祝您旅途愉快。
   We hope you have a pleasant journey.
10. 欢迎下次旅行再乘坐本次列车。
    Welcome to take this train in your next trip.

(六)常用英语表达——沟通

1. 您来自哪个国家?
   Where are you from?
2. 您会说中文吗?
   Can you speak Chinese?
3. 我能帮助你吗?
   Can I help you? /What can I do for you?
4. 我不明白您的意思。
   I don't understand what you mean.
5. 能把你说的写下来吗?
   Can you write down what you want to say,please?
6. 请相信我。

Please trust me.

7. 乐意为您服务。

   I am pleased to serve you.

8. 如果您有事,请与我联系。

   If you need anything,please contact me.

9. 谢谢您的建议。

   Thank you for your kind advise.

10. 很抱歉,给您带来了不便。

    We are so sorry to make you unsatisfied.

11. 感谢对我工作的支持和配合。

    Thank you for your support and cooperation.

(七)常用英语表达——列车时刻

1. 请抓紧时间上车。

   Please board quickly.

2. 前方到站××站。

   The next stop is ×× station.

3. 正点到达时间是××。

   The time of arrival is ××.

4. 您到哪个站下车?

   Which station will you get off?

5. 列车正点。

   The train is on time.

6. 列车晚点×分钟。

   It is × minutes behind schedule.

7. ××站很快就要到了。

   We'll get to ×× Railway Station soon.

8. 列车马上就要开车了。

   We are leaving soon.

(八)常用英语表达——提醒

1. 注意安全。

   Pay attention to safety.

2. 注意列车与站台间的缝隙。

   Please mind the gap.

3. 请勿倚靠车门。

   Please don't rely on the door.

4. 请关机充电。

   Please turn it off.

5. 请勿趴在小桌板上休息。

Please don't lean on the table for arrest.

6. 请照看好您的孩子。

Please take good care of your children.

7. 请不要在车厢连接处停留。

Please don't stop at the connecting car.

8. 请注意脚下安全。

Watch your step.

二、场景练习

(C:代表列车长;P 代表旅客)

(一)寻找座位

C:下午好,先生。欢迎乘坐本次列车。

Good afternoon, sir. Welcome aboard.

P:请问 10 号车厢怎么走?

Excuse me, how can I get to carriage NO. 10?

C:可以看一下您的车票吗?

May I have your ticket, please? /Show me your ticket, please.

P:给你。

Here you are.

C:您的座位号是 10 车厢 15A,它是一个靠窗的座位。现在您在 8 车厢。

Your seat number is 15A in carriage 10, and it is a window seat. Now you're in carriage NO. 8.

P:我可以从这个车厢直接过去吗?

Can I go to my seat through this carriage?

C:过不去,这是重联列车。您可以在下个站停车后,从站台过去。

No, this is reconnection train. You can go the seat at the next station and go through the platform.

P:知道了,谢谢。

I get it, thank you.

C:不用客气,祝您旅途愉快!

You are welcome. Have a good trip!

(二)询问热水

P:你好,哪里有热水?

Excuse me. Where could I get the hot water?

C:电茶炉在那边,请您随我来。

Electric water heater is over there. Please follow me.

P:这个电茶炉怎么用?

How to use the electric water heater?

C:按一下这个红色按钮就出水了,水烫,请小心一点。

Just press the red button and here comes the water, the water is hot, please be careful.

P:知道了,谢谢。

I get it, thank you!

C:不用谢。

You are welcome.

(三)点餐

C:早上好。您要点什么?

Good morning. What can I do for you?

P:早上好。午餐供应什么?

Good morning. What do you supply for lunch?

C:我们供应回锅肉、红烧牛肉和辣子鸡丁盒饭,您要哪一种?

We supply for double cooked pork slices, soy braised beef and spicy chicken box-meal, which do you prefer?

P:我想要红烧牛肉。

I would like to have soy braised beef, please.

C:要喝点什么吗?

OK. Would you like something to drink?

P:橙汁。

Orange juice, please.

C:给您。

Here you are.

P:我得付多少钱?

How much shall I pay?

C:一共 40 元。

Forty yuan, altogether.

P:给您 40 元。谢谢!

Here is forty yuan. Thank you!

C:不用谢。

My pleasure.

(四)寻找洗手间

C:女士,早上好。有什么需要吗?

Good morning, madam. Is there anything I could do for you?

P:是的,请问哪里有洗手间?

Yes. Where could I wash my hands?

C:洗手间在车厢的末端。

There is a washroom at the end of the carriage.

P：我怎么去那里呢？

How can I get there?

C：这边走。到了，卫生间里有人，请您稍等。

This way, please. Here it is. It's occupied. Please wait a moment.

P：好的，能告诉我卫生间怎么冲水吗？

OK. Could you tell me how to flush the toilet?

C：卫生间冲水按钮在墙壁上，是按压式按钮。

The flush button is on the wall. Please press it.

P：谢谢！

Thank you!

C：不用谢。

My pleasure.

附件 1

动车组列车各岗位作业标准

一、列车长作业标准

(一)出乘准备

1. 提报计划:使用 ERP 系统提报商品、冷链盒饭、商务座赠品计划;提报公寓住宿计划。

质量标准:班组出乘前按规定时间在手持终端机系统模块 ERP 系统上提报商品、冷链盒饭(乘务餐)、活动赠品计划;涉及值乘车型有商务座时提报商务座赠品计划;涉及公寓住宿的提报间休铺使用需求。

2. 报到请示:车队报到、请示工作;摘抄文电命令;领取文件资料,填写台账及资料。

质量标准:出乘前按车队规定时间到车队报到,着装统一规范,标志佩戴齐全,向车队请示工作,掌握当趟工作重点及人员调整情况;学习文电,摘抄重点内容及调度命令并签字确认,摘抄时使用专用笔记本,字迹清晰;领取班组所需的备品及资料,正确录入客管系统乘务工作日志及消防台账等资料,录入系统数据。

3. 学习点名:组织班组进行学习;检查证件、设备;在规定点名区进行点名试问;组织班组人员出乘健康问询;组织班组人员及外包人员进行酒精检测。

质量标准:组织班组学习,传达重点工作内容、总结上趟车乘务工作,布置本趟车重点工作及要求,做好人员分工安排;检查各工种证件是否齐全有效、填记正确(含电子上岗证、健康证、红十字救护证、卫生许可证);组织职工到规定区域进行集中点名,组织礼仪形体、服务用语、场景模拟等训练并简要布置本趟车重点工作;组织班组人员及外包人员进行出乘健康问询;组织班组人员及外包人员进行酒精检测。

4. 出乘交接:办理工作交接,入住公寓休息。

质量标准:与退乘班组办理商品、备品及当趟重点工作等交接;组织班组工作人员到公寓指定铺位休息,休息期间遵守公寓管理制度,严禁酗酒、赌博、私自外出、损坏公寓设施等行为。

5. 妆容整理:检查妆容着装、标识佩戴,调试通信设备。

质量标准:出乘当天,在公寓住宿时,距离列车始发 2 小时前起床洗漱、化妆,整理仪容着装,佩戴职务标识;检查乘务人员的仪容着装、标识;组织乘务员用餐。

6. 列队进站:队列进站,请领电子客票及设备,做好设备权限开通;领取电器、备品、商品,并进行检查;收取手机、证件,发放设备、钥匙。

质量标准:组织乘务人员按规定行走路线,两人成行、三人成列、步伐一致列队进站,列队时保持队形整齐;到收款室请领移动补票设备、电子客票、行程信息单打印热敏纸,开机确认设备使用状况良好,数据正确,开通补票权限、扫码支付权限,填写“客货票据领发单”,交路添加、车次更新;测试对讲机等设备;组织餐车列车员到商品库对照计划清点商品;检查结合部人容着装,发放对讲机、查危仪;检查站车无线交互系统手机、网络及蓝牙连接作用情况；检查并收取工作人员手机、证件。

(二)始发准备作业

1. 站台接车：站台接车，定点登车，办理工作交接。

质量标准：组织班组工作人员到站台中部(餐车位置)礼仪姿势列队接车，箱包放于身体右侧；遇组中有商务座车或其他情况，可分别安排1车、8车乘务员、乘服员在相应位置列队接车；车底上线后，通过列调对讲机呼叫司机开启全列车门，组织工作人员依次上车。中途换乘(接车)：车底到达前10分钟到站台立岗接车。列车到达后，依次在车底一侧礼仪姿势列队，列车到达后，待旅客下车完毕后依次上车。与交班列车长对岗交接相关事项，接车后按照中途停站时相关流程进行作业。

2. 定位摆放：备品、消耗品、商品、赠品、乘务包及时定位；票据、补票机及时存入保险柜；绑定铁路畅行码。

质量标准：组织乘务人员从餐车上车，与乘务包一同定位指定位置；督促乘务员定位摆放班组备品、备用消耗品、商务座赠品、餐车商品、卫生许可证等；挂放餐车挡帘；检查餐车价目表、宣传画；将电子客票设备及票据入柜加锁加密，修改初始密码，保险柜严禁存放私人物品；使用站车无线交互系统扫码绑定车体铁路畅行码，使用ERP系统扫动车组川之味二维码，绑定铁路畅行系统。

3. 全列检查：调试广播、Wi-Fi设备，检查出库质量并组织补强。

质量标准：督促负责播音的列车员调试设备及音量，确保正常使用；列车长负责对列车车载Wi-Fi进行测试，发现故障及时与随车机械师沟通；全面检查设施设备及安全关键部位，重点检查灭火器、安全锤、应急渡板、防护网、商务座餐车设备等，发现问题及时通知机械师处理，并上报信息；检查卫生整备质量、备品定位、头枕片铺放、座套套放，杂志刊物、清洁袋摆放；厕所卷纸、座便垫圈纸、擦手纸、洗手液、芳香盒摆放，垃圾袋套放等；冷链盒饭配送上车后，督促餐车列车员做好检查，无误后进行签字确认，并安排做好摄录；督促餐车人员快速对商品和备品进行定位摆放；检查车体“铁路畅行”二维码的粘贴情况，发现缺失及时补充粘贴并做好车体绑定。

4. 通信核对：注册GSM-R，与司机、随车机械师调试无线列调对讲机、GSM-R，核对CIR时间、车次。

质量标准：始发前按规定与司机、随车机械师调试无线列调对讲机、注册GSM-R(电量充足)、核对CIR时间、车次以及值乘人员信息；利用始发前在站台时间与司机、机械师、乘警对接，了解车辆设施设备情况，传达当趟重点工作。

5. 验收考核：与出库保洁办理交接，上报验收情况。

质量标准：办理耗材、备品交接，发现破损或短缺及时联系更换、补齐，并上报情况；对车底出库卫生进行全面检查，对存在的问题做好记录，对不合格项目督促进行整改和补强，通过钉钉上报整备质量验收考核结果。

6. 接收信息：登录客管系统、EPR系统、站车无线交互系统；接收网络订餐信息；查看成铁畅行信息及院士乘车信息。

质量标准：提前登录站车无线交互系统、客运管理系统，了解本趟车客流情况，特殊情况下遇站车无线交互系统无法下载时，提前与车站对接，了解客流情况；查看EPR系统及铁路畅行码系统，适时更新数据，掌握网络订餐送餐站和送餐份数，提前做好接收，并安排人员做好配送；通过成铁畅行小程序查看成铁畅行订单信息，按规定通过站车无线交互系统查询院士乘车信息。

(三)始发作业

1. 立岗迎客：车站检票后在指定位置立岗，迎接旅客上车。

质量标准：车站检票后，通知各工种在指定位置立岗，迎接旅客上车，列车工作人员立岗要保证首尾有人，根据实际情况进行动态调整；列车长原则上在临近旅客放行天桥位置站台处立岗，组织并引导旅客乘车；做好站台巡视，检查各工种立岗情况，开车前结合实际情况对车门滑槽进行检查，并用巡检仪对始发组织情况进行摄录。

2. 帮助重点：协助重点旅客上车，做好妥善安排；做好重点任务陪同引导。

质量标准：掌握旅客上车情况，协助帮扶重点旅客上车；遇重点任务时，根据现场情况做好陪同引导；对持电子客票不清楚座席的旅客，做好席位查询引导。

3. 办理交接：办理高铁快运、特殊重点旅客、军运等特殊任务交接。

质量标准：遇有中铁快运装运时，做好装车数量、包装检查，指定装车位置，确认无误后与中铁快运工作人员办理交接；特殊重点旅客乘车时，应与车站办理交接手续，及时赶赴现场做好引导和安全宣传；遇军运等特殊任务时，掌握任务性质、座席、人数，做好对接和车内服务安排；交接位置：原则上短编组动车组在4、5号车厢之间；重联动车组在7、8位车厢之间；长编组动车组在8、9号车厢之间。

4. 车机联控：乘降确认，站车客运作业完毕确认，与司机进行车机联控。

质量标准：开车前，列车长(重联时为前组列车长)与车站进行客运作业完毕的确认，组织班组进行旅客乘降确认(重联时前后列均需进行确认)。如开车前车站仍未进行确认时，列车长应主动呼叫车站进行确认；站台铃响，在确认旅客乘降完毕，车站客运作业完毕后，通过列调对讲机使用标准用语呼叫司机关闭车门；并做好关闭车门前的瞭望检查及车门口卡控工作；在车门处立岗行注目礼出站，车门处有列车员立岗时，列车员站在列车长身后位置。

5. 始发巡视：始发开车后对全列进行巡视检查。

质量标准：检查各工种开车后作业情况，商务座服务、车内卫生情况、车容整理、设施设备运用情况、旅客动态、乘服员工具定位等，做好大件行李安置，访问重点旅客并及时做好安顿；检查广播是否按规定进行播报，对车内的重点旅客及特殊人群等做好针对性的安全宣传；检查高铁快运装运情况；检查餐车售货车下车厢及销售经营情况；对旅客提出的各类咨询做好解答；组织乘务员，使用站车无线交互系统对电子客票进行查验，并做好查验登记；补强始发准备作业全列检查中未完成的检查。

(四)途中作业

1. 运行中作业

(1)业务办理：接待旅客来访，受理旅客现场投诉、问询；办理补票业务；办理旅客遗失物品移交；处置烟雾报警、旅客伤害、超员集重、列车晚点等各类突发事件并认真落实“首报告”制度；做好设施设备故障处置及应急吸污安排。

质量标准：做到积极主动、热情大方、用语规范、耐心周到、有问必答、答必准确、负责到底；通过站车无线交互系统查询业务信息，按规定做好业务办理；遇列车发生突发情况，积极做好处置，收集旁证(含视频、音频)，编制客运记录(或拍发铁路电报)，及时上报信息，并做好信息续报，避免迟报、漏报、错报、谎报、瞒报、信息倒灌；遇列车设施设备故障无法修复时，及时向调度指挥中心上报信息，并做好记载，终到前对接机械师提交“动车组故障交接记录单”入库处理；途中30%以上的卫生间集便箱满载停用，预计无法维持使用至下一图定吸污站点时，提前安排应急吸污。

(2)重点访问：了解重点旅客以及商务座旅客入座情况，访问(特殊)重点旅客，做到“三知三有”。

质量标准：掌握重点旅客车厢分布情况，及时做好安全宣传和重点关注，为有需求的特殊重点旅客联系到站提供担架、轮椅等辅助器具，及时办理站车交接；督促列车员开展好商务座专项服务，回访商务座旅客。

(3)途中巡视：检查全列禁烟宣传、安全宣传情况，检查各工种标准化作业、广播、重点旅客服务、商务座专项服务、商品销售和乘务纪律按标执行情况，检查车内卫生保持情况、结合部人员质量标准落实及纪律情况；检查列车消毒工作开展情况。

质量标准：掌握车厢旅客动态、车厢温度及电茶炉等设施设备运用情况，有针对性做好车内禁烟宣传等安全、服务宣传；按规定对冷链盒饭箱巡视，检查冷链盒饭箱的封存情况，签字确认并摄录；按规定做好票据清点、交接工作；检查乘务人员仪容着装、岗位标准、列车播音、商品销售、高铁快运和重点旅客照顾等的落实和乘务纪律执行情况；检查车容整理、卫生质量、消耗品补充，各类备品定位摆放情况，检查厕所卫生清扫情况；检查商务座、特等座、一等座车列车员服务作业开展情况，对旅客进行服务回访；严格落实“233”禁烟管理重点卡控措施；对列车消毒工作进行检查，督促乘服员落实消毒工作。

(4)核验车票：组织开展车票实名制验证。

质量标准：动车组列车运行时间超过2小时的，始发后全面核对1次，途中对上车旅客进行核对，要求票、证、人一致；运行时间2小时以内的按规定对特殊票种以及商务座、特等座、一等座旅客重点抽验；在站车无线交互系统终端记录列车查验信息，及时更新数据，做到“四必检”(设备显示“未进检”的必检、空闲席位必检、无座旅客必检、特殊票种必检，查验时，须使用配发的“一体机”或“蓝牙机”查验旅客购票证件)。

(5)餐售组织：组织进行餐饮销售，开展车内订餐、送餐和网络订餐送餐服务。到达网络订餐接餐站前，提示餐服员做好接餐准备。遇网络异常订餐，无法完成配送时，按规定做好应急处置工作；根据销售情况向车队提报途中补餐计划，特殊情况提报商品补充计划。

质量标准：及时查阅订餐系统，了解订餐旅客信息，做好送餐安排；做好商务座旅客送餐安排；餐前：督促餐车列车员做好供餐前的准备工作，提前对盒饭进行加热并做好登记，要求冷链盒饭加热后中心温度不低于70摄氏度，保存时间不超过4小时；组织列车员做好车厢内的订餐工作，督促做好供餐宣传；供餐：协助餐车做好盒饭、商品销售工作；供餐时段检查餐吧人员是否按规定使用餐车电器设备、使用防护用品、发票；督促乘服员及时做好车内卫生恢复；关注重点旅客就餐情况，督促列车员做好送餐、送水工作；餐后：巡视、督促列车员做好吧台内卫生恢复，乘服员做好车厢内卫生恢复工作；安排班组职工分批轮流到餐车用餐，用餐时应避开旅客。

2. 中途到站作业

(1)重点提示：乘降组织安排提示，技术作业提示。

质量标准：各站到站前、开车后，通过站车无线交互系统掌握到站客流上下情况，做好乘降组织重点安排及提示，合理安排，分散客流；垃圾投放站提醒乘服员做好垃圾投放，投放时要求扎口定点投放；遇上水吸污站，做好吸污作业检查及客运作业完毕确认。

(2)进站立岗：在车门口按标准姿势立岗进站。

质量标准：立岗时姿势规范，精神饱满，熟知停靠站台方向，并在停靠站台一侧车门处立岗至进站。

(3)乘降组织：做好旅客下车的组织工作，对重点旅客做好帮扶。

质量标准：在客流集中上、下车的车厢安排工作人员做好组织、引导及疏散，避免集重报警和晚点；做好重点旅客帮扶，对下车吸烟或散步的旅客，做好宣传和提示；对持电子客票不清楚座席的旅客，做好席位查询引导。

(4)办理交接：做好与车站高铁快运、网络订餐配送、重点旅客及重点运输等各项业务交接工作。

质量标准：交接位置：原则上短编组动车组在4、5号车厢之间；重联动车组在运行前组7、8位车厢之间；长编组动车组在8、9号车厢之间；发现有网络订餐订单，但车站无人送餐时，使用作业记录仪做好取证(摄录车站名、车厢号以及站台情况)，及时上报信息。

(5)车机联控：乘降确认，站车客运作业完毕确认，与司机进行车机联控。

质量标准：组织班组进行旅客乘降、网络订餐配送完毕确认(重联时前后列均需进行确认)，列车长(重联时为前组列车长)与车站进行客运作业完毕的确认，如开车前车站仍未进行确认时，车长应主动呼叫车站进行确认；站台铃响，在确认旅客乘降完毕，车站客运作业完毕后，自立岗车门上车，通过列调对讲机使用标准用语呼叫司机或关闭车门，并做好关闭车门前的瞭望检查及车门口卡控工作。

3. 折返站作业

(1)作业督促：督促各工种按标准落实到站前工作，检查到站前车内卫生情况；各类备品收取齐全，按规定装箱打包。

质量标准：督促各工种按流程要求认真落实到站前各项作业，乘服员重点做好到站卫生清理。

(2)乘降组织：做好旅客下车的组织工作，对重点旅客做好帮扶；站停时间超过40分钟的组织关闭车门。

质量标准：做好安全提示，注意旅客下车情况，用巡检仪做好摄录；折返站站停时间超过40分钟的，接随车机械师通知后联控司机组织关闭车门，检票前再次呼叫司机关门。

(3)巡视车厢：终到旅客下完毕后进行全列巡视。

质量标准：旅客下车完毕后对全列进行检查，查看是否有滞留旅客或旅客遗留物品，发现后按规定下交车站，督促列车员进行专项服务用品补充等工作，做好折返准备。

(4)验收考核：组织进行卫生验收。

质量标准：督促折返保洁进行折返卫生作业，发现问题，及时督促整改，按标准进行验收，并及时上报。

(5)办理交接：与车站业务交接工作。

质量标准：做好与车站办理高铁快运、网络订餐配送、重点旅客及重点运输等各项业务交接。

(6)更新信息：站交、GSM-R等设备进行车次更换。

质量标准：更换站车无线交互系统终端、GSM-R 手持终端的车次信息，登录站车无线交互系统终端，同时做好数据下载。

（五）终到作业

1. 终到准备：做好终到前准备工作。

质量标准：终到前 30 分钟全列巡视，检查乘务员人容着装，检查乘服员终到卫生工作开展情况，督促列车员予以协助和配合；提报需入库洗涤和更换的座套等。

2. 打包清点：组织进行票款结算，商品、备品清点打包。

质量标准：涉及当天不再使用补票机的，结算票款，清点票据现金，入柜加锁、加密；填写乘务报告；保险柜密码恢复成初始密码；终到前，组织列车员轮流清点商品及备品并集中打包存放。

3. 乘降组织：做好旅客下车的组织工作，对重点旅客做好帮扶。

质量标准：做好安全提示，注意旅客下车情况，用巡检仪做好摄录。

4. 办理交接：做好与车站终到业务交接工作；与随车机械师办理交接。

质量标准：做好与车站高铁快运、重点旅客及重点运输、旅客遗失物品等各项业务交接工作；根据掌握车体设施设备故障情况，与随车机械师办理交接。

5. 巡视车厢：终到后全列巡视检查。

质量标准：组织班组检查车内旅客是否下车完毕，有无滞留旅客或旅客遗失物品，检查车内设施设备情况，仔细查看隐蔽部位，发现问题时，及时处置。

6. 班组交接：与接车班组、入库保洁，办理工作交接。

质量标准：办理备品、商品及当趟重点工作等交接，做到交接事项清楚、重点明确。

7. 退乘作业：检查班组人员在站台的立岗情况，组织乘务人员到列车中部集中，统一列队出站；办理缴存票款、设备退还、数据录入、耗材退库等。

质量标准：终到作业完毕后，确认班组人员的站台立岗及结合部人员下车情况；按规定通知司机关闭车门，组织班组人员中部集中，对当趟乘务工作进行总结；列队出站，出站时按规定秩序列队，行走中严禁使用手机，交头接耳，嬉戏打闹；按规定在安全员（或乘务员）陪同下到收款室缴款（含餐售经营款），票据、补票机入柜加锁；办理站车无线交互系统、GSM-R 退乘手续；录入生产数据、餐售数据等，提交整备质量考核；办理剩余耗材退库。

二、列车员岗位作业标准

1. 出乘准备作业

（1）学习点名：出乘携带证件和设备，参加班组学习，在段规定点名区进行点名。

质量标准：出乘前按车队规定时间到车队参加学习，学习时仪容整洁、着装统一，做好学习记录，掌握当趟重点工作；协助列车长整理台账；出乘前自查电子上岗证、健康证、红十字救护证等证照是否齐全、有效；认真参加点名试问，进行礼仪培训。

（2）出乘交接：列队上站接车，办理工作交接。

质量标准：与退乘班组办理商品、当趟重点工作等交接；在列车长带领下到公寓指定铺位休息，休息期间遵守公寓管理制度，严禁酗酒、赌博、私自外出、损坏公寓设施等行为。

（3）妆容整理：检查妆容着装、仪容仪表、标识佩戴，乘务设备。

质量标准：出乘当天，在公寓住宿时，距离列车始发 2 小时前起床洗漱、化妆，整理仪容着装，佩戴职务标识；在列车长带领下列队到食堂用餐。

(4)列队进站：请领电器设备、清理备品、商品，在列车长带领下集体列队进站接车。

质量标准：在公寓门口集合，按照两人成行、三人成列、步伐一致的要求列队进站；携带乘务箱、包一致，均右手拖包，物品放置在乘务箱(包)内；测试对讲机等备品；清理备品、商务座赠品，确保品种齐全，作用良好；检查站车无线交互系统手机、蓝牙识别器电量、网络及蓝牙连接作用情况；证件、手机交列车长保管。

2. 始发准备作业

(1)站台接车：站台列队接车，指定位置有序登车。

质量标准：到站台在指定位置呈礼仪姿势列队接车，箱包放于身体右侧；开车前1小时，在站台指定位置列队接车；中途换乘(接车)：车底到达前10分钟到站台立岗接车。列车到达后，依次在车底一侧礼仪姿势列队，待旅客下车完毕后依次上车；在列车长安排下与退乘班组办理交接，记录相关设备、设施、用品、备品等情况，完毕后或在接到车长通知后在责任车厢位置立岗。

(2)清点备品：清点商务座服务备品；领取足够数量的赠品、饮品分发至服务车等。

质量标准：登车后，对责任车厢客运服务备品等进行清点，并定位存放；将领取上车的商品、赠品进行分发。

(3)巡视检查：检查设施设备、消耗品定位、刊物读物等，调试广播设备。

质量标准：检查防护网、应急梯、灭火器、应急破窗锤等应急备品是否齐全定位，车内客运服务设施是否作用良好；芳香盒粘贴位置是否正确，坐垫纸是否按规定配备，卷纸和擦手纸是否折叠三角形，服务指南等刊物、清洁袋是否按规定摆放；负责广播列车员测试车体广播；检查禁烟提示器电量及性能，做好卫生间禁烟提示器定位摆放和开启。

(4)整备验收：验收责任车厢整备质量。

质量标准：对照动车组出库卫生质量标准检查、验收责任车厢出库整备质量，对不合格项目督促和协助进行整改和补强；检查发现的问题及时记录，汇报列车长。

(5)接收信息：登录站车无线交互系统。

质量标准：提前登录站车无线交互系统，了解本趟车客流情况。

3. 始发作业

(1)立岗迎客：在指定位置立岗，迎接旅客上车。

质量标准：接到列车长通知后及时到岗，在规定位置按标准站姿立岗，做好车门口扶老携幼及宣传服务，为旅客指引时手势标准，语言规范，保持微笑。服务语言：“您好，欢迎乘车，请注意脚下”。

(2)引导旅客：宣传提示。对特殊重点旅客，做好乘降帮扶和引导。

质量标准：立岗标准，引导规范，做好车门口安全提示，协助重点旅客上、下车；对持电子客票不清楚座席的旅客，做好席位查询引导。

(3)及时汇报：及时汇报高铁快运装载、特殊重点旅客乘车及突发情况等。

质量标准：掌握高铁快运的装车位置、到站、外包装、施封、码放等情况，确认无误后向列车长汇报；遇特殊重点旅客乘车时及时报告，做好现场安排、服务工作；其他突发情况时及时报告列车长，做好现场处置。

(4)播报广播：开车前广播。

质量标准:根据广播流程,在开车前5分钟按广播流程进行广播播报;遇突发情况,根据列车长通知,做好临时应急广播。

(5)乘降汇报:开车前汇报责任车厢旅客乘降情况。

质量标准:开车前2分钟,查看责任车厢旅客乘降情况,做好开车前宣传;开车前,根据列车长通知,进行旅客乘降汇报,汇报乘降时,由小号至大号依次汇报,列车员在车门口手扶门把手,用语规范,落实“蜂鸣不止,瞭望不断”乘降组织确认规定,提示站台上及车门口旅客及时上车,发现异常及时处理;在车门口立岗行注目礼至列车出站。

4. 运行中作业

(1)车内巡视:巡视责任车厢,开展安全宣传,检查督促整备作业,检查设施设备使用情况;对车内行李架、衣帽钩、头枕片、小桌板等进行整理。

质量标准:开展车内巡视,做好安全提示、宣传和防范,对重点旅客有针对性地进行安全宣传;按照“233”禁烟管理重点卡控措施做好禁烟宣传;发现吸烟行为及时劝阻,通知列车长及时处置;检查车内用水、厕所卫生情况;督促保洁进行客室整理、卫生清洁、补充清洁袋;检查安全用电情况,正确使用电器设备;检查旅客携带行李物品存放情况,行李架、大件行李存放处物品摆放平稳、牢固、整齐(行李箱倒放),不占用席位,不堵塞通道。锐器、易碎品、杆状物品及重物等提醒旅客放在座位下面或大件行李存放处,并主动予以帮助。提醒旅客衣帽钩限挂衣帽、服饰等轻质物品,使用小桌板不超过承重范围,小桌板上水杯需加盖拧紧,以防烫伤。整理车容,恢复小桌板、扶手、窗帘等初始状态,整理头巾、杂志或清理杂物。提醒靠车门旅客勿依靠车门。

(2)业务处理:开车后,做好车票核对和乘务登记;开展补票业务等工作。

质量标准:根据上级核对车票相关规定,开展实名制验证工作,同步在站车无线交互系统终端记录列车查验信息,及时更新数据,做到“四必检”(设备显示“未进检”的必检、空闲席位必检、无座旅客必检、特殊票种必检,查验时,须使用配发的“一体机”或“蓝牙机”查验旅客购票证件);与列车长办理电子票据交接手续,办理车内补票业务。

(3)车内服务:访问重点旅客,落实重点旅客“三知三有”;落实首问首诉负责制;关注旅客动态,根据旅客需要,做好茶水、爱心毯提供等工作;做好“铁路畅行”等服务。

质量标准:访问重点旅客,及时掌握重点旅客需求和困难,积极予以协助和解决;落实首问首诉负责制,及时处理旅客咨询、求助、投诉;根据上级下发的服务标准,做好一等座重点服务及其他二等座车厢茶水、爱心毯等基础服务,做到“有需求、有服务,无需求、无干扰”。

(4)播报广播:按广播流程进行点播。

质量标准:根据广播流程,进行广播播报;遇突发情况,根据列车长通知,做好临时应急广播。

(5)餐营销售:做好餐车销售工作,并做好广播宣传。

质量标准:餐前为旅客做好订、送餐服务,同时做好广播宣传;供餐观察旅客动态,旅客有需求时应及时服务,旅客询问时,须做好解答,旅客用餐期间,配合、督促做好餐后清理工作;餐后加强车内巡视,协助做好餐后车容恢复工作,听从列车长安排轮流到餐车用餐;销售按照列车长安排开展售货车下车厢销售服务,携带水壶、发票、零钱包,服务用语规范,商品包装完好,价签张贴齐全,及时找补,根据旅客需求提供发票,为重点旅客提供送水服务,遇旅客行走应主动避让,避免撞、压、挂伤旅客,推车时应防止碰撞;列车设备;做好商品、货款清点交接。

5. 中途到站作业

(1)播报广播:中途到站前按广播流程做好到站前直播。

质量标准:根据广播流程,进行广播播报;遇突发情况,根据列车长通知,做好临时应急广播。

(2)车门立岗:进站前提前到指定位置立岗,到站开门后,在车内立岗位置立岗迎送旅客。

质量标准:立岗时做好安全宣传,组织旅客先下后上,有序乘降。提醒上车旅客全程对号入座,下车旅客带好行李物品;旅客下车时服务语言:“请慢走,请注意脚下,欢迎下次乘车”;协助销售时,到站前停止售卖,售货车制动停在不阻挡旅客上下车位置,使用车套套好,在车门口对下车的旅客做好提示和引导。

(3)乘降组织:提前组织特殊重点旅客到车门口等候下车;对下车旅客提前做好安全宣传;对上车旅客做好引导和上车安全宣传。

质量标准:列车到站前5分钟,根据重点旅客到站,提醒重点旅客做好下车准备,并引导至车厢门口等待;列车到站后,对下车旅客做好送别和安全宣传,对上车旅客做好乘车引导和上车防踏空的安全宣传;对持电子客票不清楚座席的旅客,做好席位查询引导;协助乘服员做好垃圾投放工作。

(4)乘降汇报:开车前责任车厢旅客乘降汇报。

质量标准:确认旅客乘降完毕后,通过对讲机使用规范用语汇报乘降情况;做好关闭车门前车门检查及车门口卡控工作,查看责任车厢旅客乘降情况,检查立岗车门口滑槽等部位有无异物,主动做好开车前宣传;遇特殊重点旅客乘车及其他突发情况及时汇报列车长。

6. 折返站作业

(1)播报广播:折返到站前按广播流程做好到站前直播。

质量标准:按广播流程进行广播播报;遇突发情况,根据列车长通知,做好临时应急广播。

(2)乘降组织:做好到站前巡视、重点旅客引导;提前组织特殊重点旅客到车门口等候下车;对下车旅客提前做好下车安全宣传。

质量标准:巡视车厢,检查自身仪容着装,车内卫生质量、备品定位情况;对重点旅客、特殊重点旅客做好重点帮扶。

(3)到站送别:做好车门口宣传,对特殊重点旅客及时给予照顾,帮助其安全下车;协助列车长做好高铁快运交接。

质量标准:旅客下车时服务语言:“请慢走,请注意脚下,欢迎下次乘车”。

(4)车内巡视:旅客下车完毕后,对所负责的车厢进行全面巡视。

质量标准:旅客下车完毕后对全列进行检查,查看是否有滞留旅客或旅客遗留物品,发现后立即报告列车长处置。

(5)整备督促:检查车内卫生恢复情况,督促和协助保洁人员做好卫生整备;督促乘服员做好车内消毒工作。

质量标准:督促保洁人员做好车内卫生、厕所卫生恢复,消耗品的补充,头巾片、杂志刊物及清洁袋整理,纸杯补充等;要求小桌板、座椅扶手复位,做到卫生达标,车容规范;督促乘服员开展车内消毒工作。

(6)更新信息:站交设备进行车次更换。

质量标准:更换站车无线交互系统终端的车次信息,登录站车无线交互系统终端,同时做好数据下载。

(7)立岗准备:车站检票前,在车门口做好立岗准备。

质量标准:整理妆容着装,面带微笑,站姿标准,在指定位置立岗。

7. 终到站作业

(1)卫生清理:做好终到前准备工作,协助乘服员彻底完成终到卫生工作。

质量标准:终到前全列巡视,自查妆容着装,协助乘服员收取旅客废弃物。终到卫生做到卫生达标,厕所三不带,地面清扫干净,座椅网兜后无垃圾,垃圾袋扎口后定位摆放。

(2)打包清点:整理备品,做好交接准备。

质量标准:终到前1小时内,根据列车长安排,将服务备品、用品等运送到备品交接、存放点,做好交接、打包工作。

(3)播报广播:播报终到前列车广播。

质量标准:终到前,按广播流程,根据值乘线路特点,进行"终到通告词"等播报。

(4)乘降组织:组织旅客到责任车门口立岗行注目礼至进站;做好旅客下车送别。

质量标准:到站对重点旅客进行提醒,帮助重点旅客取拿行李。旅客下车时服务语言:"请慢走,请注意脚下,欢迎下次乘车"。

(5)车内巡视:旅客下车完毕后,巡视责任车厢。

质量标准:重点检查有无滞留旅客、旅客遗失物品、服务设施状态等;发现异常,立即报告列车长。下车立岗后,注意确认乘服员下车立岗情况,卡控好车门,严禁闲杂人员上车,向列车长汇报后等待车门关闭列队至中部集合。

(6)班组交接:与接车班组办理工作交接。

质量标准:与接车班组办理值乘车体设备情况、商品、当趟重点工作等交接,做到交接事项清楚、重点明确。

(7)退乘作业:站台列队听取列车长对当趟工作进行总结;列队出站,协同列车长缴款,做好耗材退库,协助做好设备退还等工作。

质量标准:集中退乘,听取列车长总结本趟乘务工作。在列车长带领下集体列队出站,保持脚步一致、队列整齐。行进时两人成行,三人成列,乘务包统一置于右手侧。列队出站,协同列车长缴款,做好耗材退库,协助做好设备退还等工作。

三、列车餐服人员岗位作业标准

1. 出乘准备作业

(1)协助提报:提前24小时协助列车长通过ERP手持机提报商品、冷链盒饭、商务座赠品计划。

质量标准:出乘前认真分析趟销售规律,合理提报商品、冷链盒饭等计划;掌握乘务餐品种,收集班组职工意见,提报乘务餐计划;根据担当车型及客流情况,合理提报商务座赠品计划。

(2)学习点名:出乘携带证件和设备,检查设备作用情况;参加班组学习,在段规定点名区进行点名；进行出乘前健康问询；进行酒精检测。

质量标准：出乘前按车队规定时间到车队参加学习，学习时仪容整洁、着装统一，做好学习记录，掌握当趟重点工作；出乘前自查上岗证、健康证、红十字救护证、经营许可证等证照是否齐全、有效；检查 ERP 手持机设备，确保作用良好，电量充足；认真参加点名试问，进行礼仪培训；按照列车长要求进行出乘前健康问询；参加酒精检测。

(3)清点商品：清点本趟计划商品。

质量标准：在列车长带领下到商品库对照计划清点商品，将展示柜、展示架、售货车商品及商务座赠品提前分类打包，存放在商品库指定位置。

(4)出乘接车：列队上站接车，办理工作交接。

质量标准：根据列车长安排到达商品库与退乘班组办理商品交接，根据商品实际剩余数量可提报补领计划，掌握当趟商品、赠品装车情况，并与配送人员办理商品暂存手续；在列车长带领下到公寓指定铺位休息，休息期间遵守公寓管理制度，严禁酗酒、赌博、私自外出、损坏公寓设施等行为(非入住范围班组人员，集体出站后自行安排)。

(5)妆容整理：检查妆容着装、仪容仪表、标识佩戴，乘务设备。

质量标准：出乘当天，在公寓住宿时，距离列车始发 2 小时前起床洗漱、化妆，整理仪容着装，佩戴职务标识(非入住范围班组人员，按规定时间集合)；在列车长带领下集体用餐。

(6)列队进站：检查电器设备、清理备品、商品，在列车长带领下集体列队进站接车。

质量标准：在公寓门口集合，按照两人成行、三人成列、步伐一致的要求列队进站；携带乘务箱、包一致，均右手拖包，物品放置在乘务箱(包)内；到达小二层，核实商品装车情况；测试对讲机等设备；检查站车无线交互系统手机、蓝牙识别器电量、网络及蓝牙连接作用情况；证件、手机交列车长保管。

2. 始发准备作业

(1)站台接车：站台列队接车，指定位置有序登车。

质量标准：开车前 1 小时，在站台指定位置列队接车；到站台中部(餐车位置)礼仪姿势列队接车，箱包放于身体右侧，列队位置距安全白线 1.5 米；中途换乘(接车)，车底到达前 10 分钟到站台立岗接车。列车到达后，依次在车底一侧礼仪姿势列队，做好车门口安全宣传和帮扶，待旅客下车完毕后依次上车；在列车长安排下与退乘班组办理交接，记录相关设备、设施、用品、备品等情况，完毕后或在接到列车长通知后在责任车厢位置立岗。

(2)设备检查：检查餐车设备设施及服务备品。

质量标准：检查微波炉、冷藏柜、展示柜、保温箱、电茶炉等设备设施作用情况，及时开启电源，确保正常使用；冷藏柜设置温度保持 0～8 摄氏度，保温柜设置温度不低于 60 摄氏度；核对随车出库的售饭车、售货车等餐车备品数量是否相符、刹车作用是否良好、防撞胶条是否齐全，发现问题及时向列车长汇报。

(3)定位摆放：整理并定位摆放各类餐车备品、商品、食品、冷链盒饭，登录铁路畅行二维码和 ERP 手持机并绑定车体。

质量标准：在所有 ERP 手持机上登录本班组账号，检查确定担当信息，并绑定担当车体；对照 ERP 手持机认真核对商品、盒饭配送品种数量，与实际不符的及时在手持机上修订；检查餐车价目表、宣传画。按定位标准摆放经营许可证，悬挂餐车挡帘，将商品整齐摆放在商品展示架、展示柜、售货车上，摆放商品过程中，注意检查有无包装破损、腐烂变质，发现后按规定程序报废;商品展示架按规定套好布套,售货车定位摆放在吧台斜前方靠窗户板壁一侧,制动停放;协助或提醒列车长使用站车无线交互系统扫码绑定车体铁路畅行码,使用ERP系统扫动车组川之味二维码,绑定铁路畅行系统;工作人员自带餐食存放在乘务餐专用收纳箱内。

(4)接收信息:登录站车无线交互系统;接收网络订餐信息;查看成铁畅行信息。

质量标准:提前登录站车无线交互系统,了解本趟车客流情况;查看EPR系统及铁路畅行码系统,适时更新数据,掌握网络订餐送餐站和送餐份数,提前做好接收,并安排人员做好配送。

(5)准备作业:做好销售准备工作。

质量标准:准备好零钱、发票,做好吧台内务整理;按规定浓度调配消毒液,对中心温度计进行消毒;对商务座餐具进行清洗、消毒;掌握网络订餐情况,按照列车长指挥做好交接、验收、定位、配送等工作。

3. 始发作业

(1)立岗迎客:在指定位置立岗,迎接旅客上车。

质量标准:接到列车长通知后及时在吧台内指定位置立岗,配合手势指引,做好上车旅客车厢席位引导;一名餐吧列车员值乘时在吧台立岗;两名餐吧列车员值乘时,分别在吧台和车门处立岗。

(2)销售服务:开展商品、食品销售。

质量标准:吧台立岗期间遇旅客询问购买商品、餐食时,应主动问好,详细介绍预包装商品、盒饭食品种类;售卖时必须通过ERP手持机销售,严禁事后补充销售记录,销售现金款项及时入柜存放;实时查看铁路畅行码订单以及ERP手持机旅客扫码订单,并按订单信息及时安排送餐。

(3)播报广播:广播播报。

质量标准:根据广播流程,使用蓝牙设备播放录制广播;遇突发情况,根据列车长通知,做好临时应急广播。

4. 运行中作业

(1)商品销售:开展下车厢销售服务,满足旅客需求;为重点旅客提供送水服务;关注车内动态,发现异常,及时报告。

质量标准:始发开车后按照列车长安排携带ERP手持机、发票、零钱包、水壶,开展售货车下车厢销售服务;销售的商品、冷链餐等必须即时通过ERP手持机,严禁事后补充记录,使用赠品在当天乘务工作结束时统一将使用数量录入ERP手持机,销售现金款项及时入柜存放;服务用语规范,商品包装完好,价签张贴齐全,及时找补,根据旅客需求提供发票,为重点旅客提供送水服务,遇旅客行走应主动避让,避免撞、压、挂伤旅客,推车时应防止碰撞列车设备,离人制动;掌握相关知识,妥善回答旅客的问询;巡回售货不得干扰旅客;关注车内动态,发现异常及时汇报,落实首问首诉相关工作要求。

(2)订餐工作:开展订餐服务。

质量标准:根据列车长安排到车厢开展订餐服务,提前做好送餐准备工作;掌握商务座旅客用餐需求。

(3)餐食供应:积极做好餐食供应。

质量标准:餐前根据列车长安排做好供餐前的准备工作,提前对冷链盒饭进行加热、抽查,按要求填写冷链餐食加热登记帖,每个盒饭逐一粘贴加热记录贴,加热、销售盒饭时做好温度、保质期的卡控;做好网络订餐、商务座餐食准备。供餐旅客进入餐车时,列车员应主动招呼,介绍就餐方式、供应品种。吧台点餐完毕,先准确收款,后取出商品交给旅客,并致谢,根据旅客要求开具发票。按规定使用餐车电器设备、使用防护用品、发票;及时做好吧台内卫生恢复。关注重点旅客就餐情况,积极做好送餐、送水工作。往程因旅客需求较大,需开启返程冷链盒饭时,提前向列车长汇报,并协助做好开箱工作。供餐结束后及时对微波炉、餐吧台面、地面卫生进行恢复。根据车长安排,提前为就餐职工准备好乘务餐。

5. 中途到站作业

(1)餐食服务:做好网络订餐服务;根据销售情况向列车长提报途中补餐计划。

质量标准:掌握网络订餐送餐站和送餐份数,按照列车长指挥做好交接、验收、定位、配送等工作;根据销售情况,按规定提报途中补餐计划,严格按规定流程在补料点补餐,严禁违规转运。

(2)播报广播:到站前听从列车长安排,协助做好广播播报。

质量标准:根据广播流程,进行广播播报;遇突发情况,根据列车长通知,做好临时应急广播。

(3)到站立岗:立岗迎送旅客上下车。

质量标准:吧台内值守时,列车进站站在吧台内面向过道行注目礼,立岗姿势规范,面带微笑;车内销售时,到站前停止售卖,售货车制动停在不阻挡旅客上下车位置,使用车套套好,在车门口对下车的旅客做好提示和引导。

(4)乘降组织:提前组织特殊重点旅客到车门口等候下车,对下车旅客提前做好安全宣传,对上车旅客做好引导和上车安全宣传。

质量标准:列车到站前 5 分钟,根据重点旅客到站,提醒重点旅客做好下车准备,并引导至车厢门口等待;列车到站后,对下车旅客做好送别和安全宣传,对上车旅客做好乘车引导和上车防踏空的安全宣传;协助乘服员做好垃圾投放工作。

6. 折返站作业

(1)清点整理:整理、补充、盘点商品和餐食。

质量标准:到站前 10 分钟售货(饭)车停止售卖。补充展示柜、售货车商品;对餐吧备品按要求定位摆放;清点剩余餐食饮品等,过期、断链餐食,报告列车长按规定报废。

(2)吧台整理:做好吧台卫生清理,检查设备设施作用是否良好;特殊情况向列车长提报商品补充计划。

质量标准:全面清理吧台卫生,确保整齐、规范。商品配备充足,同时对设备设施进行检查,关闭设备电源;遇商品存量不足时,提前汇报做好补充商品计划。

(3)立岗准备:按照立岗标准,立岗迎送旅客上下车。

质量标准:餐车商品补充齐全、卫生恢复到位后或接到列车长通知及时在指定位置立岗。

7. 终到作业

(1)整理打包:盘点剩余商品、餐食,分类打包。

质量标准:终到前通过 ERP 手持机清点剩余商品、盒饭、赠品数量,分类清点打包备品、耗材，确保摆放整齐。检查冰箱、保温箱内无剩余物品；清点剩余餐食饮品等，过期、断链餐食，报告列车长按规定报废。

(2)盘点结账：核对账目，填写报表。

质量标准：通过ERP手持机，核对餐车相关账目，做好终到缴款准备；结算时，确保账款相符。

(3)全面清理：做好卫生清扫工作，关闭电器设备。

质量标准：全面清理吧台内卫生，做好微波炉、冰箱、展示柜、橱柜、吧台台面、垃圾桶、售货车等清洁工作；检查电器设备，确保电源处于关闭状态，保证安全。

(4)到站立岗：立岗迎送旅客下车。

质量标准：列车进站前至列车停稳，在吧台内立岗，面向站台行注目礼，做好到站前的宣传和组织引导工作。

(5)班组交接：与接车班组办理工作交接。

质量标准：与接车班组办理商品，ERP手持机，当趟重点工作等交接，做到交接事项清楚、重点明确。

(6)列队退乘：站台列队听取列车长对当趟工作进行总结；列队出站。

质量标准：在站台中部集中，听取列车长总结本趟乘务工作；在列车长带领下集体列队出站，保持脚步一致、队列整齐。行进时两人成行，三人成列，乘务包统一置于右手侧。

(7)交接缴款：库房与接车班组办理工作交接；上缴餐营款。

质量标准：到达商品库与接车班组办理交接；随同列车长到收款室上缴餐营款，做到账款相符。

四、安全员岗位作业标准

1. 出乘准备作业

(1)学习点名：出乘携带证件和乘务设备，参加班组学习，在段规定点名区进行点名；进行出乘前健康问询；进行酒精检测。

质量标准：出乘前按车队规定时间到车队参加学习，学习时仪容整洁、着装统一，做好学习记录，掌握当趟重点工作；出乘前自查健康证、专职安全员培训资格等证照是否齐全、有效；认真参加点名试问，进行队列训练；按照列车长要求进行出乘前健康问询。

(2)出乘交接：认真办理工作交接；入住公寓休息。

质量标准：列车终到前与退乘班组办理商品及当趟重点工作等交接；在列车长带领下到公寓指定铺位休息，休息期间遵守公寓管理制度，严禁酗酒、赌博、私自外出、损坏公寓设施等行为。

(3)着装整理：检查妆容着装、仪容仪表、标识佩戴，乘务设备。

质量标准：出乘当天，在公寓住宿时，距离列车始发2小时前起床洗漱，整理仪容着装，佩戴职务标识；在列车长带领下用餐；检查仪容着装、标识，在公寓接受列车长点名、列队出乘。

(4)列队进站：在列车长带领下集体列队进站接车；陪同列车长到收款室领取票据；进行酒精检测、考勤打卡；领取设备，上交手机、证件，进行出乘前健康问询。

质量标准：在列车长带领下按规定行走路线，按照两人成行、三人成列、步伐一致的要求

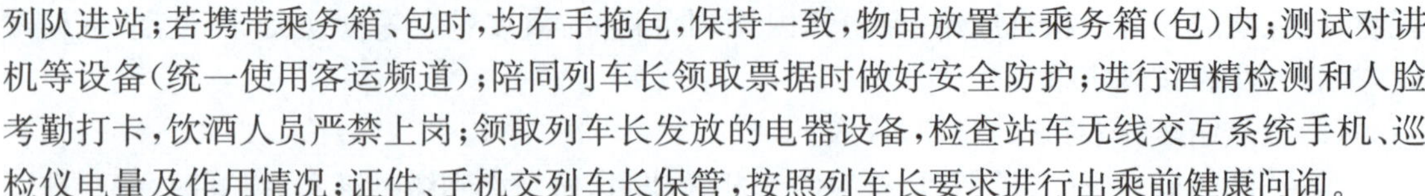

列队进站；若携带乘务箱、包时，均右手拖包，保持一致，物品放置在乘务箱（包）内；测试对讲机等设备（统一使用客运频道）；陪同列车长领取票据时做好安全防护；进行酒精检测和人脸考勤打卡，饮酒人员严禁上岗；领取列车长发放的电器设备，检查站车无线交互系统手机、巡检仪电量及作用情况；证件、手机交列车长保管，按照列车长要求进行出乘前健康问询。

2. 始发准备作业

(1)站台接车：站台列队接车，指定位置有序登车。

质量标准：原则上，开车前 1 小时，在站台指定位置列队接车；到站台中部（餐车位置）礼仪姿势列队接车，箱包放于身体右侧，列队位置距安全白线 1.5 米；中途换乘（接车），车底到达前 10 分钟到达站台，在各自责任车厢位置立岗接车（对岗接车）。列车到达后，依次在车底一侧礼仪姿势列队，做好车门口安全宣传和帮扶，待旅客下车完毕后依次上车；在列车长安排下与退乘班组办理交接，记录相关设备、设施、备品等情况。

(2)定位摆放：乘务包、备品按定位摆放标准进行摆放。

质量标准：从餐车上车将乘务包定位摆放。

(3)检查设备：接车后，和列车长一同检查全列安全设备设施、安全关键部位及安全备品等，重点检查防护网、灭火器、安全锤、应急梯、防暴器械等。

质量标准：安全设备设施施封完好、外观无异常、运用正常。防暴器械配置齐全，定位摆放、作用良好；全面检查设施设备及安全关键部位，重点检查灭火器、安全锤、应急渡板、防护网等，发现问题及时通知列车长处理；遇始发时间紧张或其他特殊情况时，可在开车后进行全面检查。

(4)接收信息：登录站车无线交互系统。

质量标准：提前登录站车无线交互系统，了解本趟车客流情况。

3. 始发作业

(1)站内卡控：安全防护。列车无乘警值乘时，车站放客后，在机次位车门立岗，重点对驾驶室区域进行监控，防止旅客进入驾驶室区域。

质量标准：列车无乘警值乘时，始发前在机次位车门立岗，做好驾驶室区域安全监控，防止旅客进入驾驶室区域并发生意外事件。

(2)全面巡视：列车无乘警值乘时，始发站开车后，会同列车长对全列进行巡视，补强检查接车后未检查完的安全设施设备运用情况；巡查车内治安情况；在餐车检查食品安全卡控情况，防止食品污染及人为投毒情况发生；做好禁烟宣传。

质量标准：执行巡视制度，配备巡检仪时，开启现场作业仪，从车头位置向尾部逐车巡视；发现问题及时报告列车长，并做好现场卡控；巡视过程中，加强安全知识宣传；补强检查安全设施设备运用情况，并做好登记。遇有安全设施设备作用不良问题时，及时报告列车长；对餐车盒饭及商品储存、施封、包装完整状况及餐料管理情况等进行检查，发现问题及时报告列车长；按照“233”禁烟卡控措施，在禁烟重点区段、重点时段，对重点人群要进行点对点宣传，确保车内禁烟工作成效。

(3)安全提示：运行秩序维护。做好车内旅客安全设备设施勿动宣传。

质量标准：对车内红色安全紧急按钮（设备）进行巡查，对周围旅客做好安全提示，防止触动，以免影响列车运行秩序。掌握安全宣传要点，及时消除现场安全隐患，杜绝安全事故发生。

(4)人证核对:协助做好车票核对,对重点人员进行重点排查和核对。

质量标准:对车内重点旅客进行核查,同时对整车箱其他旅客进行核查,避免特殊对待。

4. 运行中作业

(1)动态巡查:列车无乘警值乘时,加强车厢巡视;掌握车内旅客动态、治安状况、安全设施设备运用情况;做好旅客乘车动态观察;对神色异常的旅客应及时给予关心和帮助;对司机室附近加强监控。

质量标准:严格落实巡视检查制度,对车内服务设施设备状况进行检查,纠正旅客使用中不规范行为;对车内可疑物品、人员进行检查,对发现的问题及时汇报列车长,并做好现场处置和安全卡控;日常重点对司机室进行监控,防止非法人员进入。换乘司机时,安全员必须到现场进行监控,保证司机换乘交替顺利。

(2)应急处突:列车运行中,遇车内突发异常状况时,及时向列车长进行情况汇报;参与列车突发情况的处置,掌控涉嫌违法犯罪人员、物品等,做好现场保护和证据材料的收集,协助列车长开展处置工作。

质量标准:快速到达,保护现场,收集证据,协助处置。

5. 中途到站作业

(1)到站交接:列车无乘警值乘时,协助列车长对列车查获的可疑人员、物品等及时通报前方站派出所,收集相关材料,到站后与车站派出所办理交接手续。

质量标准:可疑人员、物品卡控到位,材料收集准确,交接手续齐全。

(2)旅客疏导:根据列车长安排,协助乘务员将重点超员车厢旅客均衡疏散至各车厢;在停站需车站组织旅客疏散时,配合做好安全疏散工作。

质量标准:做好旅客疏散,避免车门拥堵或某一车厢集重,危及行车安全。

6. 折返站作业

(1)折返巡视:旅客下车完毕后,会同列车长巡视全列车厢,检查反恐械、应急设备设施、安全设备设施情况,以及是否存在旅客遗失物品等;对全列隐蔽部位进行排查。

质量标准:检查全列安全设备设施,发现问题及时通知列车长、机械师处理,并做好折返站始发安全卡控工作;重点检查车内卫生间、行李架、座椅下、垃圾箱等隐蔽部位,并做好视频摄录,发现旅客遗失物品及异常状况时,立即报告列车长。

(2)更新信息:站交设备进行车次更换。

质量标准:更换站车无线交互系统终端的车次信息,登录站车无线交互系统终端,同时做好数据下载。

(3)入住公寓:由列车长组织集体入住公寓,按规定的线路行走,遵守公寓管理规定,对通信设备等进行充电;叫班后列队进站接车。入住公寓期间往返途中做好票据现金安全防护及班组人员安全的防护。

质量标准:入住公寓严禁酗酒、赌博、私自外出,对讲机等通信设备充电,保证始发时设备电量充足,使用正常;按叫班时间起床,做好出乘前全面准备。

7. 终到作业

(1)整理打包:收取清点反恐器材,整理打包,做好交接准备。

质量标准:仔细清点检查器材数量及作用状态,遇有损坏,及时报告列车长。

(2)终到巡视:旅客下车完毕后,会同列车长巡视全列车厢,检查反恐器械、应急设备设施、安全设备设施情况，以及是否存在旅客遗失物品等；对全列隐蔽部位进行排查。

质量标准：检查全列安全设备设施，发现问题及时通知列车长、机械师处理，并做好折返站始发安全卡控工作；重点检查车内卫生间、行李架、座椅下、垃圾箱等隐蔽部位，并做好视频摄录，发现旅客遗失物品及异常状况时，立即报告列车长。

(3)列队退乘：在站台指定位置与班组人员集体列队点名，接受列车长对趟工作的总结，后在列车长带队下离开站台，返回指定区域。

质量标准：规范着装、仪容，按时到位，统一列队。与客车班组一起按规定径路行走（按照两人成行、三人成列，由高到矮顺序列队行进，保持队列整齐）。

(4)护送票据：进行酒测，护送列车长上缴运输款项、锁存补票机和票据后退乘。

质量标准：进行酒精检测、考勤打卡后，护送列车长途中做好票据现金安全卡控；交款完毕后，在待乘区听取列车长总结本趟乘务工作。

五、动车组乘服员岗位作业标准

1. 接车作业

(1)列队接车。提前到达指定地点与班组会合，参加酒测，接受随车主管检查。领取设备，进行出乘前健康问询、收取证件及手机后，随班组列队到站台（按照两人成行、三人成列，由高到矮顺序列队），等候接车。

质量标准：按规定着装，整理仪容，接受随车主管检查，强调乘务过程中的注意重点事项。

(2)整理备品。按照责任车厢范围，做好车内备品、低值易耗品整理和发放。定位摆放保洁备品、乘务箱(包)等，配备好消毒水。

质量标准：备品归位，低值易耗品按照要求定位放置，配置齐全；检查垃圾箱（卫生间废物箱）垃圾袋套装情况。个人乘务箱(包)、保洁备品按指定位置入柜存放。消毒水浓度达标。

(3)补强车容。检查车内车容整理、卫生状况，对库内保洁作业未达标的部位进行卫生补强，确保列车始发车容卫生质量达标。

质量标准：车厢内车容卫生整洁、干净，头巾片、头靠枕齐全，摆放整齐；卫生间内无积水、无异味；芳香盒无脱落，香片更换及时；低值易耗品定位并按规定数量放置；车厢内座位网兜内纸质清洁袋均配发到位；电茶炉一次性纸杯补充安放到位。

2. 始发作业

(1)车门立岗。始发放客时，在指定车门立岗迎客，做好旅客的安全宣传及引导，耐心回答旅客提出的问题。开车前，做好车门瞭望，及时劝导车门处停留旅客上车。

质量标准：立岗姿势标准，面带微笑迎接旅客上车，正确引导旅客入座；做好车门口安全宣传；解答旅客问询时，使用服务行业文明用语，语态端正、语气平和，严禁语音过高。

(2)卫生清理。始发开车后，全面清洁车厢中间过道、卫生间、洗脸间的卫生。

质量标准：保持车内干净整洁，车厢内与卫生间清扫工具做到分开使用。

3. 途中作业

(1)检查清理。巡视责任车厢，做好卫生清理。

质量标准：车内巡视原则上每20分钟巡视一次；随时保持列车车容卫生干净、整洁，地面无垃圾、纸屑等；垃圾及时装袋封口，定位放置，到站定点投放。每 4 小时对列车重点部位进行消毒(卫生间及洗手间的垃圾桶、马桶、便池、卫生间门把手、残疾人卫生间门按钮及 SOS 按钮、镜面、洗手台台面、洗手液压把、纸架、水龙头，车厢内的遮阳板、窗台、小桌板、行李架、座椅扶手、垃圾投掷门，壁板、窗台、衣帽钩等部位)。

(2)重点保洁。运行途中及时清理卫生间、洗脸间的卫生，补充消耗品。对重点部位进行消毒。

质量标准：保持镜面、洗手盆及台面干净、无水渍、无垃圾，卫生间便池无污物、无异味，消毒达标。按照防疫要求进行列车重点部位的消毒工作。

(3)提前立岗。列车途中到站，提前到指定车门处立岗。

质量标准：提前组织重点旅客到车门口；立岗姿势标准，引导旅客先下后上；面带微笑迎接旅客上车，做好车门口安全宣传和引导；解答旅客问询时，使用服务文明用语，语态端正、语气平和，严禁语音过高。

(4)情况报送。遇车内突发异常状况时，及时向车厢乘务员、列车长、乘警长进行情况汇报。

质量标准：对车内发生的突发状况(设备故障、旅客疾病、突发伤害、治安纠纷等非正常情况)，通过对讲机或车厢传达的方式及时做好信息报送，并做好问题车厢的持续盯控。

4. 供餐作业

(1)车内巡视。供餐时，加强车内巡视检查力度，及时回收快餐饭盒及食品包装袋，做好车内环境卫生的清理。

质量标准：旅客用餐完毕及时恢复车内卫生；擦抹小桌板，使用垃圾车收取小桌板及网兜内的垃圾、补充消耗品。

(2)轮流就餐。根据列车长安排，轮流在餐车吧台内就餐。餐食加热由餐服员负责。

质量标准：按列车长安排，轮流到餐车就餐，未就餐人员在车厢内正常作业。就餐人员就餐结束后返回车厢做好人员轮换，严禁长时间在餐车逗留。

5. 折返站作业

(1)垃圾回收。到站前进行终到卫生作业，使用垃圾车全面回收车厢内的垃圾。

质量标准：收取小桌板、网兜内的垃圾，同时擦拭小桌板上的污渍，取出已装满的垃圾装袋扎口，定点摆放。

(2)全面清理。全面扫、拖车厢地面；清理卫生间、洗脸间卫生，擦抹镜面、台面等；责任车厢垃圾箱及卫生间废物箱垃圾袋全面收取和更换。

质量标准：车厢内卫生洁净；卫生间、洗脸间地面干燥、清洁；镜面、台面干净无水渍；洗手池、便池通畅、无堵塞；卫生间无异味、无污物。垃圾袋扎口，定点摆放，终到折返站投放。

(3)卫生恢复。旅客下车完毕，快速做好卫生间和洗脸间卫生再恢复。做好座席转向(无折返保洁情况下)。补齐车内低值易耗品(清洁袋、卫生卷纸、擦手纸等)，对卫生间及车厢重点部位进行预防性消毒。

质量标准：卫生间、洗脸间地面干净，洗手盆台面干燥无水渍，镜面光亮无水迹，下四壁壁板干净无污迹；卫生间无异味、便池无污物；配齐卫生间服务用品，更换的卷纸、抽纸叠成对称三角形。有转向功能的座椅全部转为面向列车前进方向。折返站对车厢重点部位进行全面消毒(卫生间及洗手间的垃圾桶、马桶、便池、卫生间门把手、残疾人卫生间门按钮及

SOS按钮、镜面、洗手台台面、洗手液压把、纸架、水龙头，车厢内的遮阳板、窗台、小桌板、行李架、座椅扶手、垃圾投掷门，壁板、窗台、衣帽钩等部位）。

（4）入住公寓。在列车长的带领下列队到公寓休息。

质量标准：往返于列车与公寓间必须按规定径路行走，做好人身安全防护；保证休息充足，保持精力充沛。严格遵守公寓管理制度，爱护公寓设备，严禁私自外出、打牌、饮酒、赌博等。

（5）接车准备。随班组列队点名，接受列车长返程重点工作传达布置后列队进站接车。

质量标准：按照班组规定时间准时列队集合，着装符合出乘标准要求。往返于公寓与列车间必须按规定径路行走，做好人身安全防护。

6. 终到作业

（1）垃圾回收。到站前提前进行终到卫生作业，使用垃圾车全面回收车厢内的垃圾。

质量标准：使用垃圾车往返收取小桌板及网兜内的垃圾、补充消耗品，取出已装满的垃圾袋扎口，定点摆放。

（2）全面清理。全面扫、拖车厢地面；清理卫生间、洗脸间的卫生，擦抹镜面、台桌上的水渍；将垃圾桶的垃圾连袋收入台盆下面的垃圾箱内，重新套上小垃圾袋并放入少量水。

质量标准：车厢内大面环境卫生干净、整洁，地面清洁，卫生间、洗脸清洁、无异味、无污物。

（3）统计报告。清理当趟低值易耗品使用剩余情况，做好定位归纳，由乘服组长向列车长进行报告。

质量标准：严禁私自截留当趟剩余低值易耗品，剩余数量统计准确，报告列车长，并按列车长要求做好打包或整理定位。

（4）提前立岗。列车终到站前，提前到指定车门处立岗。

质量标准：提前组织重点旅客到车门口；立岗姿势规范。

（5）卫生收尾。旅客下车完毕，收取车内垃圾，对终到卫生进行收尾。

质量标准：全面做好终到收尾工作，使用垃圾车再次收取小桌板及网兜内的垃圾，垃圾定点投放。

（6）巡视车厢。检查遗留物品，开展其他临时性事务。

质量标准：检查桌板、座位及行李架等是否有旅客遗留物品，开展其他临时性事务。

（7）定点立岗。防控非工作人员再次上车。

质量标准：在对应车门的站台上面向车体立岗，立岗姿势规范，防控非工作人员再次上车。

（8）保洁评价。列车长对随车乘服员本趟保洁情况进行评分。

质量标准：听取列车长对本次乘务中保洁卫生工作的意见，乘服员工作中违章违纪的对标考核情况。

（9）列队退乘。在站台指定位置与班组人员集体列队退乘。

质量标准：整理着装、仪容，携带个人乘务箱包，与客车班组一起按规定径路行走（按照两人成行、三人成列，列队行进，保持队列整齐），到达指定区域进行酒精检测，听取列车长总结本趟乘务工作，完毕后退乘。

附件 2

成都局集团公司动车组广播词

一、日常广播词

1. 欢迎词

播放时机：始发开车前 5 分钟。

适用车型：所有车型。

女士们、先生们：欢迎您乘坐中国铁路成都局集团有限公司(复兴号)动车组列车。本次列车是开往××站的动(城、高)××次列车，列车很快就要开车了。

本次列车全程禁止吸烟，请您不要在任何部位吸烟。随身携带物品请平稳整齐的放置在行李架上(持中铁银通卡的旅客，列车预留席安排在×号车厢×号 ABCDF 席位和×号 ABCDF 席位)，感谢您的配合。列车长携全体乘务员竭诚为您服务！

Dear passengers: welcome aboard China Railway High speed. This train is No. D(C/G) ××××. This is a smoke-free train. Please do not smoke on board, thank you for your cooperation. Chief conductor and our crew members are pleased to serve you.

2. 车门关闭提示

播放时机：旅客乘降完毕后，车机联控前，列车长对讲机通知乘务员。

适用车型：所有车型。

车门即将关闭，请注意安全。

The doors are about to close. Please be careful.

3. 文明出行和安全宣传

(1)播放时机：始发开车后 3 分钟。

适用车型：CRH1A、CRH2A、CRH3A、CRH3C、CRH380A、CRH380AL、CRH380D 型动车组。

女士们、先生们：欢迎您乘坐中国铁路成都局集团有限公司动车组列车。本次列车是开往××站的动(城、高)××次列车，列车前方到站××站，请在××站下车的旅客提前做好下车准备。

本次列车全程禁止吸烟，请您不要在任何部位吸烟。请勿随意触碰车内红色安全按钮等安全设施。请注意放置在小桌板上的高温食品、饮品，防止旅客调整或碰撞座椅时造成烫伤。家长朋友，请照看好您的小孩，不要让小孩在车内奔跑、吵闹、攀爬。您在使用手机等电子设备以及互相交谈时请勿喧哗，以免打扰其他旅客。为保持空气清新，请不要在车内食用有浓重气味的食品。旅行中您有什么需求，请与乘务员联系，我们将竭诚为您服务。了解更多铁路出行资讯，请关注“成都铁路 12306”官方微信公众号。祝您旅途愉快！

Dear passengers: welcome aboard China Railway High-speed. This train is No. D(C/G) ×××× to ××× station. The next station is ××. This is a smoke-free train. Please do not smoke on board. Please do not touch the red emergency buttons. If you require any assistance, please contact our crew members, we are pleased to serve you. Hope you have a pleasant journey!

(2)播放时机:始发开车后 3 分钟。

适用车型:CR200J 型动车组。

女士们、先生们:欢迎您乘坐中国铁路成都局集团有限公司(复兴号)动车组列车。本次列车是开往××站的动(城、高)××次列车,列车前方到站××站,请在××站下车的旅客提前做好下车准备。

列车车厢内设有饮水机和卫生间,座椅背后网袋内和茶桌上放有纸质清洁袋,座椅下方设有充电插座。餐车和残疾人卫生间设在 4 号车厢,动车组重联时设在 4 号和 13 号车厢,残疾人卫生间内设有婴儿护理台。本次列车全程禁止吸烟,请您不要在任何部位吸烟。请勿随意触碰车内红色安全按钮等安全设施。列车运行中请不要倚靠车门,不要将废纸、杂物扔进洗手盆和便器内,以免堵塞。请注意放置在小桌板上的高温食品、饮品,防止旅客调整或碰撞座椅时小桌板晃动,引起倾倒造成烫伤。家长朋友,请照看好您的小孩,不要让小孩在车内奔跑、吵闹、攀爬。您在使用手机等电子设备以及互相交谈时请勿喧哗,以免打扰其他旅客。为保持空气清新,请不要在车内食用有浓重气味的食品。旅行中您有什么需求,请与乘务员联系,我们将竭诚为您服务。了解更多铁路出行资讯,请关注“成都铁路 12306”官方微信公众号。祝您旅途愉快!

Dear passengers:welcome aboard China Railway High-speed. This train is No. D(C/G) ×××× to ××× station. The next station is ××. This is a smoke-free train. Please do not smoke on board. Please do not touch the red emergency buttons. If you require any assistance, please contact our crew members, we are pleased to serve you. Hope you have a pleasant journey!

4. 铁路旅客信用信息记录管理公告

播放时机:始发站(换乘量较大的中间站)开车后 10 分钟播报。单程运行时间在 3 小时以内的,仅始发开车后播报;单程运行时间在 3 小时以上的,除始发外,还应在客流较大车站开车后播报,单程累计不超 3 次。

适用车型:所有车型。

女士们、先生们:按照国务院《征信业管理条例》、国家发展改革委等五部委《关于加强交通出行领域信用建设的指导意见》、国家发展改革委等八部委《关于在一定期限内适当限制特定严重失信人乘坐火车推动社会信用体系建设意见》的要求,为弘扬诚实守信的文明新风,倡导文明出行,维护铁路旅客运输良好秩序,对以下行为,除按有关规定进行处置外,还将记录个人身份信息,在一定期限内限制购票,并按规定向国家、地方政府相关部门和有关征信机构提供铁路旅客信用信息:

(1)扰乱铁路站车运输秩序且危及铁路安全、造成严重社会不良影响的。

(2)在动车组列车上吸烟或者在其他列车的禁烟区域吸烟的。

(3)查处的倒卖车票、制贩假票的。

(4)冒用优惠(待)身份证件、使用伪造和无效优惠(待)身份证件购票乘车的。

(5)持伪造、过期等无效车票或冒用挂失补车票乘车的。

(6)无票乘车、越站(席)乘车且拒不补票的。

(7)依据相关法律法规应予以行政处罚的。

为避免对个人信用造成影响,请旅客自觉遵守国家法律规定和铁路有关规定,自觉维护铁路旅客运输秩序,谢谢配合!

5. 中途到站前通告词

播放时机:中途到站前 5 分钟。

适用车型:所有车型。

女士们、先生们:列车即将到达××站,下车的旅客请您携带好行李物品到车门口等候,下车时请注意列车与站台之间的空隙,带小孩的旅客请看护好小孩,注意安全。由于列车停站时间很短,未到站的旅客请不要下车。感谢您的配合。

Dear passengers:the train will arrive at ×× station. Please take all your belongings, and prepare to get off.

6. 中途到站停稳后通告词

播放时机:中途到站停稳后。

适用车型:所有车型。

女士们、先生们:列车已经到达××站。

Dear passengers:we are now at ×× station.

7. 中途开车后通告词

播放时机:中途开车自动到站播报后即播。

适用车型:所有车型。

女士们、先生们:欢迎您乘坐中国铁路成都局集团有限公司(复兴号)动车组列车。列车前方到站××站,有在××站下车的旅客请提前做好准备(列车前方到站是本次列车终点站××站)。带小孩的旅客,请看护好您的小孩,不要让小孩在车厢内奔跑、吵闹、攀爬。

您在使用手机等电子设备以及互相交谈时请勿喧哗,以免打扰其他旅客。本次列车全程禁止吸烟,根据《铁路安全管理条例》规定,在动车组列车上吸烟属违法行为,违反时由公安机关责令改正,并对个人处500元以上2 000元以下罚款,同时还将记录个人身份信息,纳入铁路旅客信用信息记录管理。感谢您的配合!

Dear passengers, welcome aboard China Railway High-speed. The next station is ××. This is a smoke-free train. Thank you for your cooperation.

8. 禁烟宣传通告词

播放时机:需增加禁烟宣传频次时。

适用车型:所有车型。

女士们、先生们:欢迎您乘坐中国铁路成都局集团有限公司(复兴号)动车组列车。本次列车全程禁止吸烟,根据《铁路安全管理条例》规定,在动车组列车上吸烟属违法行为,违反时由公安机关责令改正,并对个人处500元以上2 000元以下罚款,同时还将记录个人身份信息,纳入铁路旅客信用信息记录管理。铁路公安郑重提醒:列车车厢和卫生间内均安装有烟雾报警装置,吸烟会触发报警危及行车安全,造成列车降速运行或者紧急停车,请您不要在列车任何部位吸烟,否则将依法追究吸烟者责任。感谢您的配合!

Dear passengers: welcome aboard China Railway High-speed. This is a smoke-free train. Thank you for your cooperation.

9. 早午餐介绍词

(1)早餐介绍词

播放时机:7:00—9:00,不超过两次。

适用车型:所有车型。

女士们、先生们:美丽的心情从清晨开始,健康的生活从早餐开始。"川之味"厨房为您精心准备了健康营养的早餐,品种有牛奶、面包、八宝粥、旅行套餐等,您可以到列车中部餐车选购,也可以联系乘务员订餐,我们将为您提供送餐服务,祝您旅途愉快!

Dear passengers, the train staff have prepared fast food, snacks and drinks, which may be purchased at the dining car, or order from an attendant with delivery service. Hope you have a pleasant journey!

(2)正餐介绍词

播放时机:11:00—13:00,17:00—19:00,每时段不超过两次。

适用车型:所有车型。

女士们、先生们:"川之味"厨房秉承川菜"一菜一格、百菜百味"的特点,推出多款营养丰富、味美质优的旅行套餐,另外还准备有啤酒、饮料、小吃(据实播出),您可以到列车中部餐车选购,也可以联系乘务员订餐,我们将为您提供送餐服务,祝您旅途愉快!

Dear passengers: Sichuan Flavor Impression offers a range of delicious and nutritious food and drink combos, which may be purchased at the dining car, or order from an attendant with delivery service. Hope you have a pleasant journey!

10. 终到通告词

播放时机:到站前10分钟。

适用车型:所有车型。

女士们、先生们:列车就要到达终点站了。请您调直座椅靠背,收起座位前方的小桌板,不再阅读的书刊请放回座椅下方的网袋内,请您整理好行李物品等候下车。下车时请注意列车与站台之间的空隙,带小孩的旅客请看护好小孩,注意安全。感谢您选乘中国铁路成都局集团有限公司(复兴号)动车组列车,祝您愉快,下次旅途再会!

Dear passengers: the train is arriving the terminal station. Please check all your belongings, and prepare to get off the train. Thank you for traveling by China Railway High-speed. Hope you have a pleasant journey.

11. 验票通告

播放时机:春暑运小长假大客流或重点区段全列验票前5分钟。

适用车型:所有车型。

女士们、先生们:列车乘务人员即将开展核对车票工作,请您提前准备好(车票和)有效身份证件。按照铁路部门对车票实名制查验工作有关管理规定,票、证、人不一致及成人旅客持儿童优惠票乘车的行为均按无票处理。对违章乘车的旅客,除按规定补收票价外,还将加收已乘区间应补票价50%的票款,拒不补票的将纳入铁路旅客信用信息记录管理。有需要办理补票手续的旅客请与列车乘务人员联系,感谢您的配合。

Dear passengers: our train conductor is going to check your tickets soon. Please have your ticket and valid identification ready. Thank you for your cooperation.

12. 升等补票通告

播放时机:列车有剩余席位可发售时。

适用车型:所有车型。

女士们、先生们:本次列车一等座(或特等座、商务座、软卧)还有少量空位,有需要办理升等补票的旅客,请与列车乘务人员联系。

Dear passengers: welcome aboard China Railway High-speed. Please contact our crew members if you need to pay any excess ticket fares.

13. 便捷换乘通告

播放时机:便捷换乘站到站前 10 分钟。

适用车型:所有车型。

女士们、先生们:前方到站××站,请持有联程车票的换乘旅客,到站后按便捷换乘标识指引换乘接续列车,距离换乘地点最近的是×号车厢。

Dear passengers: we are now arriving at ×× station. For transferring to other trains, please follow the signs upon your arrival. The car No. × is the nearest to the transfer area.

14. 折角座椅转向通告词(直播)

播放时机:换向车站到站前和开车后(到站前和开车后通告词后播出)。

适用车型:所有车型。

女士们、先生们:列车运行前方即将到达××站,列车到站后将转换方向运行(现在我们列车的运行方向发生了转换),您可踩下座椅外侧下部的旋转脚踏,轻轻推动座椅靠背旋转方向。旋转座椅时,请注意将自己的行李物品安放稳妥,防止损坏。感谢您的配合。

二、节假日问候广播词

播放时机:遇指定节假日,始发开车后 3 分钟播出,"列车概况介绍词"顺延。

适用车型:所有车型。

1."元旦"问候语

女士们、先生们:欢迎您乘坐中国铁路成都局集团有限公司(复兴号)动车组列车,今天时逢元旦佳节,在这一元复始,万象更新的日子里,列车长携全体乘务人员祝愿您在新的一年里身体健康、万事如意!您在旅行中有什么需求,请与乘务员联系,我们将竭诚为您服务。

2."除夕"问候语

女士们、先生们:欢迎您乘坐中国铁路成都局集团有限公司(复兴号)动车组列车,今天是农历腊月三十(二十九)大年除夕,很荣幸在这辞旧迎新的节日里与您同行,列车长携全体乘务人员提前给您拜个早年!祝大家新春快乐,阖家团圆!您在旅行中有什么需求,请与乘务员联系,我们将竭诚为您服务。

3."春节"问候语(农历正月初一至初六)

女士们、先生们:欢迎您乘坐中国铁路成都局集团有限公司(复兴号)动车组列车,岁岁年年迎今朝,爆竹声声送春到。列车长携全体乘务人员给您拜年,祝您新春快乐,幸福安康。您在旅行中有什么需求,请与乘务员联系,我们将竭诚为您服务。

4.“元宵节”问候语

女士们、先生们:欢迎您乘坐中国铁路成都局集团有限公司(复兴号)动车组列车,今天是农历的正月十五元宵佳节,列车长携全体乘务人员祝大家元宵节快乐,好运源源不断,四季团团圆圆。您在旅行中有什么需求,请与乘务员联系,我们将竭诚为您服务。

5.“三八国际妇女节”问候语

女士们、先生们:欢迎您乘坐中国铁路成都局集团有限公司(复兴号)动车组列车,今天是三八国际妇女节,列车长携全体乘务人员,向乘坐本次列车的女性朋友们致以节日的祝贺!祝您健康美丽,幸福快乐!旅客朋友们在旅行中有什么需求,请与乘务员联系,我们将竭诚为您服务。

6.“五一国际劳动节”问候语

女士们、先生们:欢迎您乘坐中国铁路成都局集团有限公司(复兴号)动车组列车,今天是五一国际劳动节,是全世界劳动人民的节日,列车长携全体乘务人员祝您节日快乐,尽情享受一个愉快的五一假期。您在旅行中有什么需求,请与乘务员联系,我们将竭诚为您服务。

7.“五四青年节”问候语

女士们、先生们:欢迎您乘坐中国铁路成都局集团有限公司(复兴号)动车组列车,今天是5月4日青年节,列车长携全体乘务人员向青年朋友们致以节日的祝贺!祝愿青年朋友们早日实现自己的理想!您在旅行中有什么需求,请与乘务员联系,我们将竭诚为您服务。

8.“端午节”问候语

女士们、先生们:欢迎您乘坐中国铁路成都局集团有限公司(复兴号)动车组列车,今天是农历五月初五,是我国民间古老的传统节日——端午节,在这艾叶飘香的仲夏时节,列车长携全体乘务人员祝您端午安康!您在旅行中有什么需求,请与乘务员联系,我们将竭诚为您服务。

9.“六一儿童节”问候语

女士们、先生们:欢迎您乘坐中国铁路成都局集团有限公司(复兴号)动车组列车,今天是六一儿童节,在这个欢乐的日子里,让我们一起对列车上的小朋友说一声“节日快乐”!祝小朋友们天天开心、茁壮成长!

10.“八一建军节”问候语

女士们、先生们:欢迎您乘坐中国铁路成都局集团有限公司(复兴号)动车组列车,今天是8月1日建军节,列车长携全体乘务人员,向乘坐本次列车的人民解放军指战员、民兵、复转军人,以及军烈家属同志们致以崇高的敬意和节日的问候,祝您节日快乐!

11.“九月十日教师节”问候语

女士们、先生们:欢迎您乘坐中国铁路成都局集团有限公司(复兴号)动车组列车,今天是9月10日教师节,我们每个人的成长道路都离不开老师的谆谆教诲和辛勤付出。在此,列车长携全体乘务人员,向乘坐本次列车的教育工作者道一声“您辛苦了”,祝您节日快乐!

12.“重阳节”问候语

女士们、先生们:欢迎您乘坐中国铁路成都局集团有限公司(复兴号)动车组列车,今天是农历九月初九,是我国民间的传统节日——重阳节。列车长携全体乘务人员,向乘坐本次列车的老年朋友们致以节日的问候和祝福,祝您福如东海、寿比南山。您在旅行中有什么需求，请与乘务员联系，我们将竭诚为您服务。

13.“中秋节”问候语

女士们、先生们：欢迎您乘坐中国铁路成都局集团有限公司（复兴号）动车组列车，今天是农历八月十五中秋节，月到中秋分外明，每逢佳节倍思亲，在这思念、团圆的节日里，列车长携全体乘务人员祝大家中秋快乐，阖家幸福！您在旅行中有什么需求，请与乘务员联系，我们将竭诚为您服务。

14.“十一国庆节”问候语

女士们、先生们：欢迎您乘坐中国铁路成都局集团有限公司（复兴号）动车组列车，今天是十一国庆节，在这举国欢庆的日子里，让我们共同祝愿祖国母亲生日快乐，也祝朋友们节日快乐！您在旅行中有什么需求，请与乘务员联系，我们将竭诚为您服务。

三、应急广播词

播放时机：遇突发应急情况时播出。

适用车型：所有车型。

1. 中途临时停车通告词

女士们、先生们：现在是临时停车。

2. 雨情信息预报通告词

女士们、先生们：根据天气预报，今日（明日）××地区将××（以接收的雨情预报命令为准），可能导致列车晚点，我们将密切关注列车运行情况及时向您通告，感谢您的配合！

3. 天气影响封锁通告词

女士们、先生们：我们抱歉地通知您，因暴雨、台风、××影响，前方线路区间封锁，列车临时停车，请您耐心等候，感谢您的配合！

4. 因吸烟触发烟雾报警造成列车降速晚点通告词

女士们，先生们：我们很抱歉地通知您，由于×车厢×座位（旅客无座时只播出车厢号）的旅客在车内吸烟，触发烟雾报警，造成列车降速运行，可能导致列车晚点，由此给您带来不便，敬请谅解。铁路公安将根据《铁路安全管理条例》依法追究该名旅客责任。我们再次提醒：列车车厢和卫生间内均安装有烟雾报警装置，请您不要在列车任何部位吸烟，感谢您的配合！

5. 自然灾害造成列车晚点通告词

女士们、先生们：我们抱歉地通知您，受××（暴雨、暴雪、霾、大风）影响，为确保旅行安全，本次列车需降速运行，将造成列车晚点，预计晚点×分（能确定大概晚点时间的时候播报）。感谢您的配合！

6. 铁路原因（事故影响、设备故障等）造成列车晚点通告词

女士们、先生们：我是本次列车列车长×××，我们抱歉地通知您，因××（说明原因，不明原因时为“因故”）造成列车晚点运行，预计晚点×分（能确定大概晚点时间的时候播报）。因列车晚点给您造成不便，我代表铁路部门向您表示诚挚的歉意，敬请谅解。感谢您的配合！

7. 被迫停车通告词

女士们、先生们：我们抱歉地通知您，本次列车因（××原因，不明原因时为“因故”）临时

停车，有关部门正在组织抢修，开车时间暂不能确定，由此给您带来的不便，我们深表歉意，敬请谅解，感谢您的配合！

8. 空调发生故障通告词

女士们、先生们：我是××次列车列车长，我们抱歉地通知您，因××原因，空调不能正常使用(不明原因时为“空调系统发生故障”)，铁路部门正在组织抢修，给您造成不便，我们向您表示诚挚的歉意，敬请谅解，感谢您的配合！

9. 空调故障需敞门运行通告词

女士们、先生们：我们抱歉地通知您，因空调系统发生故障，为保持车内空气流通，工作人员将打开部分车门进行通风，为了您的安全，请您不要靠近打开的车门，谢谢您的合作！请列车工作人员做好打开车门的安全防护值守。

10. 旅客换乘通告词

女士们、先生们：我们抱歉地通知您，本次列车由于发生故障，暂时不能修复，我们将组织大家换乘另外一趟列车。请大家整理好行李物品，在乘务人员引导下有序前往。下面，向大家介绍一下换乘的车厢号×(换乘方案)，您也可以选择在本站终止旅行，办理退还未乘区间的票款。(换乘普速旅客列车加播：换乘至终到站的旅客，我们将会为您退还换乘区段的票价差额)。由此给您带来的不便，我们深表歉意，敬请谅解，感谢您的配合！

11. 换乘后继续运行通告词

女士们、先生们：本次列车即将从本站开出。请您整理好行李物品，看护好小孩。由此给您带来的不便，我们深表歉意，敬请谅解，感谢您的配合！

12. 席位调整通告词

女士们、先生们：本次列车因原车体故障临时更换车体，席位有所变化，如果您车票上的指定席位与实际不符，请与列车乘务人员联系，乘务人员将为您引导、安排。给您带来不便敬请谅解，感谢您的配合。

13. 紧急疏散通告词

女士们、先生们：由于突发紧急情况，我们将要组织大家迅速撤离列车。乘务人员将打开运行方向左(右)侧×号、×号车门。请大家下车后不要在线路上停留，按照乘务人员的引导有序疏散。感谢您的配合！

14. 险情排除后通告词

女士们、先生们：现在列车险情已经排除，本次列车将继续运行。由此给您带来的不便，我们深表歉意，同时，也衷心感谢您对我们工作的支持和配合。谢谢！

15. 站发生车门故障通告词

女士们、先生们：由于列车设备故障，列车到站以后，将由乘务人员进行手动开门。请大家在座位上耐心等候。感谢您的配合。

16. 寻医通告词

女士们、先生们：现在×号车厢有位旅客突发疾病，急需医生诊治，如您是医务工作者，请到×号车厢帮助诊断治疗，谢谢。

17. 寻人通告词

女士们、先生们：现在广播找人，×××旅客，听到广播后，请您到×号车厢有人找。谢谢！

18. CRH3C 型动车组烟雾报警被触发，乘务员迅速确认报警车厢和报警原因为旅客吸烟时，为防止旅客恐慌及时安抚旅客，立即连续两次播报

女士们，先生们：我们很抱歉地通知您，由于×号车厢有旅客吸烟触发烟雾报警，工作人员正在处理，请大家不要惊慌。

19. CRH3C 型动车组烟雾报警成功处置后，为做好旅客宣传解释播报

女士们，先生们：我们很抱歉地通知您，由于×车厢×座位（旅客无座时只播出车厢号）的旅客在车内吸烟，触发烟雾报警，造成列车降速运行，可能导致列车晚点，由此给您带来不便，敬请谅解。铁路公安将根据《铁路安全管理条例》依法追究该旅客责任，铁路部门将按照相关规定纳入征信管理，一定期限内限制其购票。我们再次提醒：列车车厢和卫生间内均安装有烟雾报警装置，请您不要在列车任何部位吸烟，感谢您的配合！

20. 高峰期“买短乘长”应急处置通告词

各位旅客：为确保列车安全，维护良好旅行环境，请按票面记载的到站下车。如果旅客强行越站乘车，到站后铁路部门将加收已乘区间应补票价 50％的票款，同时对拒绝下车、影响铁路安全的旅客纳入征信管理，在一定期限内限制购票。

附件 3

保洁服务内容及质量标准

一、动车组列车库内保洁内容及质量标准

<table>
<tr><th rowspan="2">项目</th><th rowspan="2">保洁内容</th><th rowspan="2">质量标准</th><th>考核标准</th></tr>
<tr><th>(分/处、次)</th></tr>
<tr><td>吧台</td><td>1. 清洁厨房空调口、天花板。
2. 清洁微波炉、烤箱、冰箱、服务台、吧台。
3. 清洁车内门缝。
4. 备份箱格、装饰板。
5. 清洁餐台、餐桌、座椅。
6. 清洁厨房地板</td><td>1. 厨房的空调口和天花板表面无污迹,无灰尘。
2. 微波炉、烤箱、冰箱内无碎渣,无食物,无油迹服务台、吧台台面干净整洁。
3. 车门缝干净无污迹。
4. 备份箱格、装饰板表面无污迹,无灰尘,化妆镜干净明亮。
5. 餐台、餐桌、座椅、凳摆放整齐,桌(椅)缝无杂物、无碎渣,桌(椅)缝无杂物。
6. 地面清洁干净,无污物、见本色,无卫生死角</td><td></td></tr>
<tr><td>卫生间及洗面间</td><td>1. 清洁卫生间门、外壁板。
2. 清洁厕所内壁板、天花板、厕所镜面。
3. 清洁厕所垃圾桶、厕所纸架、厕所用品用具存入格、地面。
4. 清洁洗手池、便器、不锈钢部件。
5. 清洁垃圾箱、垃圾投掷门和垃圾箱门。
6. 补充卫生卷纸、擦手纸、一次性座便垫圈、洗手液等易耗品</td><td>1. 卫生间门及厕外壁板干净、无污痕。
2. 厕所内壁板、天花板干净,无污迹。厕所镜表面干净、明亮,无污迹。
3. 厕所垃圾桶内垃圾装袋封口,垃圾清空,无异味桶壁擦抹干净;纸架、用品存放格表面无积尘、内无杂物;地面干净、无积水。
4. 洗手池(盆)内外洁净无积垢、无杂物、无积水排水通畅;便器洁白无尿垢、无堵塞、内无污物和积水,无异味,内外擦抹干净,脚踏干净不藏杂物。
5. 保持不锈钢部件亮洁、无水迹。
6. 垃圾箱、垃圾投掷门和垃圾箱门干净无污物,擦抹干净,无异味,桶壁内外擦抹干净。
7. 地板洗刷干净见原色,无污迹,无杂物,无积水。
8. 洗手液、芳香球(香芯)、卫生卷纸、面巾纸(盒装)、一次性垫圈(或卫生间消毒巾)等各类旅客使用的备品配放齐全。换上的卷纸、盒纸首张叠成对称三角形,方便抽取使用</td><td></td></tr>
</table>

续上表

项目	保洁内容	质量标准	考核标准（分/处、次）
车厢内乘务间连接处及通过台	1. 清洁车内壁板、天花板、空调口、擦遮阳板、玻璃镜、连接处踏板。 2. 擦窗台、小桌板、行李架、座椅扶手。 3. 座位靠背袋清理。 4. 更换脏的座椅靠背头巾和椅套。 5. 地面卫生。 6. 座位方向调整，遮光帘拉放。 7. 清理污脏的座椅。 8. 清洁空调通风口。 9. 清理垃圾箱。 10. 备品整备。 11. 卧铺动车组卧具更换	1. 天花板、壁板、空调口、遮阳板、踏板、窗户玻璃外表无积尘、无污迹；玻璃镜干净、明亮。 2. 窗台、小桌板、行李架、大件行李存放放格里外擦抹干净、无污迹和杂物。座椅扶手清洁无积尘污垢黏接胶等。 3. 靠背袋内清洁无垃圾和杂物；清理座位靠背袋中使用过的清洁袋，补放新袋。补充卷角、撕坏或被旅客带走的免费读物。 4. 更换和收集使用过的头枕片；按使用周期及时更换椅套。 5. 地板干净，无积尘、无污物。 6. 有转向功能的座椅全部转为面向列车前进方向。遮光帘拉放位置统一。 7. 座椅如有呕吐物及明显污迹，需及时清洗处理。 8. 空调通风口无灰尘、无污渍。 9. 垃圾箱清空无污物，箱盖擦抹干净，更换垃圾袋。 10. 头枕片、清洁袋、免费读物等各类旅客使用的备品按型号配放齐全。 11. 铺套、边座套、沙发套、小单、被套、枕套等卧具及时更换，折叠整齐	
司机室	1. 清理地面、内壁面。 2. 擦抹操作台面（不含各类显示器、按钮开关和话筒等设备）。 3. 前台空调出风口（CR200J 型动力集中动车组）	1. 无电时段作业，有电作业时段严禁进入司机室。 2. 地面、四壁干净，无积尘、无污物。 3. 操作台干净、无积尘，严禁触碰操作台面上的各类显示器、按钮开关和话筒等设备。 4. 空调通风口洁净	
其他	1. 清洁工具备品定位摆放。 2. 保洁时间控制。 3. 垃圾、污水排放	1. 清洁工具及备品定位摆放在规定位置。 2. 保洁员在规定时间内完成库内保洁任务，未影响列车正常秩序。 3. 垃圾装袋，在站台存放在规定位置，保洁产生的污水不得倒入集便器及车门口，应提至车外指定位置处理	

二、动车组列车随车保洁内容及质量标准

项目	保洁内容	质量标准	考核标准（分/处、次）
吧台	清洁垃圾桶	垃圾桶内装袋，无垃圾，桶内无异味	
卫生间	1. 收集处理厕所垃圾，清洁空气，补充消耗备品。 2. 清洁洗手池、便池。 3. 清洁卫生间镜子、台面、洗手液瓶。 4. 清洁厕所垃圾桶、厕所纸架、厕所地面	1. 随时进行卫生间清理；及时清理厕所废物箱内的垃圾收集装袋；厕内空气清新无异味，卫生间内按规定配齐用品。 2. 洗手池、便池通畅，无明显污垢、无污水。 3. 镜子、台面及地板、洗手液瓶擦拭干净；废物箱清除干净。 4. 换上的卷纸、擦手纸叠成对称三角形	
车内	1. 清扫地面。 2. 收取席位、网袋内垃圾，更换清洁袋。 3. 洗脸间台面及地面。 4. 清理污脏的座椅套	1. 地面卫生做到随脏随扫，表面无垃圾、纸屑、碎杂等杂物。 2. 清扫垃圾，装袋封口，避免垃圾袋漏出液体，再放上垃圾车；不需要更换垃圾袋的，清空内物即可。 3. 洗脸间台面无积水，洗脸池下水道畅通，地面无垃圾、污物及积水。 4. 座椅套如有呕吐物及明显污迹，需及时清理或更换	
车厢内 乘务间 连接处及 通过台	1. 清理座椅后口袋垃圾，补插清洁袋。 2. 清扫地板。 3. 清理垃圾箱。 4. 清理污脏的座椅。 5. 清理桌面、台面。 6. 整理车容	1. 座椅后面的报纸、糖纸、用过的清洁袋等杂物清理干净。 2. 清扫地板，做到表面无垃圾、纸屑、碎杂等杂物。 3. 清理垃圾箱，垃圾袋封口定点投放。 4. 座椅如有呕吐物及明显污迹，需及时清理。 5. 小桌板、窗台上干净，无水渍污物。 6. 座椅靠背头巾干净，无缺少；座椅上无杂物、碎渣座椅扶手、桌板无污迹、水渍、无粘胶；座椅后兜内免费读物、清洁袋、服务指南按顺序整齐摆放；每个座位配备一个干净清洁袋；车内座位椅套整洁，遮光帘拉放位置统一	
其他	1. 清洁工具、消耗备品定位摆放。 2. 车厢、卫生间清洁工具区分使用	1. 清洁工具、消耗备品定位摆放在洁具柜、备品柜及垃圾小推车内。 2. 清洁工具张贴标识，避免交叉污染	

三、动车组列车折返保洁内容及质量标准

项目	保洁内容	质量标准	考核标准（分/处、次）
吧台	清洁垃圾桶、处理垃圾	垃圾桶内装袋，无垃圾，桶内无异味	
卫生间	1. 收集处理厕所垃圾，补充消耗备品。 2. 清洁洗手池、便池、厕所壁棚。 3. 清洁厕所镜子、台面、洗手液瓶及出水口。 4. 清洁厕所垃圾桶、厕所纸架、厕所地板。 5. 对厕所进行消毒、喷洒空气清新剂	1. 厕所废物箱内的垃圾装袋收集；厕内空气清新无异味，卫生间内按规定配齐用品。 2. 洗手池、便池通畅，无明显污垢、无污水。厕内四壁、顶棚无明显污迹。 3. 镜子、台面及地板、洗手液。瓶擦拭干净；废物箱出水口清除干净。 4. 换上的卷纸、擦手纸盒纸叠成对称三角形。 5. 对厕所进行消毒、喷洒空气清新剂	
车厢内乘务间连接处及通过台	1. 清理座椅后口袋垃圾，补插清洁袋。 2. 清扫地板。 3. 清理垃圾箱。 4. 清理污脏的座椅。 5. 清理桌面、台面。 6. 整理车容。 7. 卧铺动车组卧具更换	1. 座椅后面的垃圾（报纸、糖纸）、用过的清洁袋等杂物清理干净。 2. 清扫地板，做到表面无垃圾、纸屑、碎杂等杂物。 3. 清理垃圾箱，垃圾袋封口定点投放。 4. 座椅如有呕吐物及明显污迹，需及时清理。 5. 小桌板、窗台上干净，无水渍污物。 6. 座椅靠背头巾干净，无缺少；座椅上无杂物、碎渣座椅扶手、桌板无污迹、水渍、无黏胶；座椅后兜内免费读物、清洁袋、服务指南按顺序整齐摆放；每个座位配备一个干净清洁袋；车内座位椅套整洁，遮光帘拉放位置统一。 7. 铺套、边座套、沙发套、小单、被套、枕套等卧具及时更换，折叠整齐	
其他	1. 清洁工具、消耗备品定位摆放。 2. 保洁时间控制	1. 清洁工具及消耗备品定位摆放在规定位置。 2. 保洁员在旅客下车完毕后 5 分钟内完成保洁任务，未影响列车正常秩序	

四、动车组列车深度保洁内容及质量标准

项目	服务内容	质量标准	考核标准（分/处、次）
吧台	1. 清洁厨房空调口、天花板。 2. 清洁微波炉、烤箱、冰箱、服务台、吧台。 3. 清洁车内门缝。 4. 备份箱格、装饰板。 5. 清洁餐台、餐桌、座椅。 6. 清洁厨房地板	1. 厨房的空调口和天花板表面无污迹，无灰尘。 2. 微波炉、烤箱、冰箱内无碎渣，无食物，无油迹服务台、吧台台面干净整洁。 3. 车门缝干净无污迹。 4. 备份箱格、装饰板表面无污迹，无灰尘，化妆镜干净明亮。 5. 餐台、餐桌、座椅、凳摆放整齐，桌（椅）缝无杂物、无碎渣，桌（椅）缝无杂物。 6. 地面清洁干净，无污物、见本色，无卫生死角	

续上表

项目	服务内容	质量标准	考核标准 (分/处、次)
卫生间及洗面间	1. 清洁卫生间门、外壁板。 2. 清洁厕所内壁板、天花板及厕所镜子。 3. 清洁厕所垃圾桶、厕所纸架、厕所用品用具存入格、地板。 4. 清洁洗手池、便器。 5. 清洁不锈钢部件。 6. 清洁垃圾箱、垃圾投掷门和垃圾箱门。 7. 地板。 8. 配备备品	1. 卫生间门及厕外壁板干净、无污痕。 2. 厕所内壁板、天花板干净，无污迹。厕所镜表面干净、明亮，无污迹。 3. 厕所垃圾桶内垃圾装袋封口，垃圾清空，无异味桶壁擦抹干净；纸架、用品存放格表面无积尘、内无杂物；地面干净、无积水。 4. 洗手池(盆)内外洁净无积垢、无杂物、无积水排水通畅；便器洁白无尿垢、无堵塞、内无污物和积水，无异味，内外擦抹干净，脚踏干净不藏杂物。 5. 保持不锈钢部件亮洁、无水迹。 6. 垃圾箱、垃圾投掷门和垃圾箱门干净无污物，擦抹干净，无异味，桶壁内外擦抹干净。 7. 地板洗刷干净见原色，无污迹，无杂物，无积水。 8. 洗手液、芳香球(香芯)、卫生卷纸、面巾纸(盒装)、头靠巾(套)、一次性垫圈(或卫生间消毒巾)等各类旅客使用的备品配放齐全。换上的卷纸、盒纸首张叠成对称三角形，方便抽取使用	
车厢内乘务间连接处及通过台	1. 清洁车内壁板、天花板、空调口、擦遮阳板、玻璃镜、连接处踏板。 2. 擦窗台、小桌板、行李架、座椅扶手。 3. 座位靠背袋清理。 4. 更换脏的座椅靠背头巾和椅套。 5. 地面卫生。 6. 座位方向调整，遮光帘拉放。 7. 清理污脏的座椅。 8. 清洁空调通风口。 9. 清理垃圾箱。 10. 备品整备。 11. 卧铺动车组卧具更换	1. 天花板、壁板、空调口、遮阳板、踏板、窗户玻璃外表无积尘、无污迹；玻璃镜干净、明亮。 2. 窗台、小桌板、行李架、大件行李存放放格里外擦抹干净、无污迹和杂物，座椅扶手清洁无积尘污垢。 3. 靠背袋内清洁无垃圾和杂物；清理座位靠背袋中使用过的清洁袋，补放新袋。补充卷角、撕坏或被旅客带走的免费读物和服务指南。 4. 更换和收集使用过的座椅靠背头巾；按使用周期及时更换椅套。 5. 地板干净，无积尘、无污物。 6. 有转向功能的座椅全部转为面向列车前进方向，遮光帘拉放位置统一。 7. 座椅如有呕吐物及明显污迹，需及时清洗处理更换。 8. 空调通风口无灰尘、无污渍。 9. 垃圾箱清空无污物，箱盖擦抹干净，更换垃圾袋。 10. 头靠巾(套)、清洁袋、服务指南、免费读物等各类旅客使用的备品按型号配放齐全。 11. 铺套、边座套、沙发套、小单、被套、枕套等卧具及时更换，折叠整齐	
其他	1. 清洁工具备品定位摆放。 2. 保洁时间控制。 3. 垃圾、污水排放	1. 清洁工具及备品定位摆放在规定位置。 2. 保洁员在规定时间内完成库内保洁任务，未影响列车正常秩序。 3. 垃圾装袋，在站台存放在规定位置，保洁产生的污水不得倒入集便器及车门口，应提至车外指定位置处理	